U0107174

# 功过格

明清时期的
社会变迁
与道德秩序

## The Ledgers of Merit and Demerit

### Social Change and Moral Order in Late Imperial China

〔美〕包筠雅 著

杜正贞 张林 译

上海人民出版社

# 目 录

# 致　谢

　　这项研究的完成得到了很多人的帮助。我想感谢我论文委员会的各位老师，史华慈、孔飞力和余英时，他们给予我很多建议和鼓励。我非常感激那些阅读了论文的部分篇章并给予评论的朋友，他们是卜正民、柯文、杜赞奇、韩德琳、周绍明、韩书瑞、欧大年和裴德生。我还没能吸收他们的所有建议并回应他们的所有批评，但是他们的意见对于指导我修改论文有重要的意义。论文的终稿从周锡瑞的批评和帮助中获益良多，他一直督促我要更关注思想与社会变化之间的联系；韩森总是热心地同时又充满同情心地让我把论证做得更简明清晰；与杜维明几次关于刘宗周的讨论，让我对这位思想家有了更深的理解。我要把最深的感谢留给贾德讷，他几乎和我同时开始这个课题的研究，作为一位批评者，他绝对是完全值得信赖的。他不断地揪着我，梳理我的论证、精炼我的语言、检验我的逻辑，虽然有时不那么有耐心，但是不知疲倦。如果说这部书稿中还留有很多遗憾的话，那肯定是因为我没有听从他的建议。

　　我要特别谢谢酒井忠夫和奥崎裕司。1979—1982年，我在日本做研究时，两位非常慷慨地花了大量时间与我分享他们对善书文本精深的知识。这项研究很明显从他们已经发表的善书研究中获得了很多，在此我要向他们的好心表示感谢。

　　这项研究是在美国和日本的多所图书馆中进行的。我要感谢哈佛燕京图书馆的乔治·波特、Ho Chien 和蒂莫西·康纳；普林斯顿葛思德图书馆的戴安娜·普鲁斯科；国会图书馆的居蜜；加州大学伯克利分校东亚图书馆的工作人员；感谢他们的协助和耐心。在日本，我非常仰赖于东京大学东洋文化研究所和京都大学人文科学研究所，东洋文库、内阁文库和尊经阁文库的藏书。在每一处，我都感受到无尽的耐心，善意的幽默和帮助。

　　最后，我要感谢美国学术团体联合会和拉德克里夫学院玛丽·英格拉哈姆·邦亭研究所在 1986—1987 学年中提供的资助，这部书稿的主要部分是在这期间写就的。

　　书中有一部分以《袁黄（1533—1606）与功过格》为题在《哈佛亚洲研究杂志》第 47 卷 1 期（1987 年 6 月）发表，在征询编辑同意后收入此书。

# 序　论

　　在明清时期的中国，16、17 世纪是政治、经济、社会和思想文化都躁动不安的时代。朝廷腐败、商业经济迅猛发展、农村中旧的等级关系瓦解、对理学正统的普遍怀疑——所有这些，都使明清之际既面临着巨大的机遇，又充满了极大的焦虑。那个时代的观察者也意识到了这些变化的重要性：当时的地方志、书信和诗文常常使嘉靖朝（它显然是一条重要的分界线）前后的情形显现出引人深思的对比，此前的生活有序、平静、稳定，此后却变得混乱、充满竞争、越来越不确定。

　　当时没有哪类文献能比功过格更敏锐或更丰富地反映出那个时代社会与道德的无序。作为一种旨在帮助人们控制其命运的手册，明末清初的功过格在那个高流动性、价值观和信仰都变动不定的时代，为人们行为得当（也可能因此获利），提供精确的指导。它们因而也就特别详细地揭示了精英阶层对这些时代变化所做出的反应。而且，通过解读功过格提供的、操纵命运的机制，我们可以洞察社会精英的宇宙观，这些社会精英假设：宇宙力量受人的行为的影响，并决定社会和政治秩序的稳定。

　　功过格是一种善书。善书这种文类在 16、17 世纪十分流行。它可以被简单地定义为一种教人趋善避恶的书籍。[1]功过格和所有善书一样，是建立在信仰超自然报应的基础上的，这种信仰相信上天和神明会奖善罚恶。功过格与其他善书的区别在于它的形式，功过格通过列举善恶行为，指导人们的行动。它们详细描述了应该做什么样的事以得到奖赏，不应该做什么样的事以免受到惩罚。大多数（但不是所有）功过格还给它所列的每一件善行与恶行规定了分值。比如，17 世纪的一件功过格给救人一命的人记 100 "功"，给一个 "兵荒之际，见人困厄，势力有余，吝财不肯施惠" 的人记 100 "过"。[2]功过格通常还附有一个简单的日月历，以便使用者记下他每天的得分。如果在一天中他花了 500 钱给穷人买药或衣服就得了 5 功（每100 钱 1 功），但是在同一天里他诽谤他人，散布谣言，这就得了 30 过。这样，他那天的得分就是 25 过。每月结账可以帮助他衡量其道德进步与否。到了年底，他的积分就会告诉他，来年神将赐予他好运还是恶运。

与台湾现在出版的、简陋、廉价的同类书籍相比，明清之际存留下来的功过格是一种相当复杂的作品。[3]早期功过格的作者来自士大夫阶级的各个阶层：其中一些是没有获取功名的无名学者，另一些人获得了低级功名（生员或贡生），还有很少一些人是著名官员。编写功过格的最大中心在中国东南各省，

---

[1] 关于善书的一般介绍，见 ［日］酒井忠夫的《中国善书研究》第 1—3 页及 ［日］奥崎裕司的《中国乡绅地主研究》第 19—31 页。功过格，至少是这里提到的功过格，应该与同样提供道德与宗教指导的书籍——"宝卷" 区分开来。宝卷与民间宗教教派关系密切，在许多情况下是这些 "异端" 组织秘密文献的一部分。见奥崎裕司：《中国乡绅地主研究》，第 27—29 页。

[2] （清）陈锡嘏：《汇纂功过格》卷 7，第 37 页下。

[3] 沈雅礼：《一个中国村庄的寺庙组织》，第 51—62 页。

尤其是那些在 16 世纪末和 17 世纪初经历了深刻的经济、社会变化的地区，如：江西、浙江、南直隶（清代的江苏和安徽）、福建和广东。虽然功过格后来也在其他地方印行——最远北至满洲——但大多数还是南方的文本。本项研究旨在以功过格为工具，分析精英阶层在明清之际对南方重大问题和社会巨变的反应。这些问题和变化包括：晚明中央政权的腐败和低效，不断加剧的商业化对社会的影响（尤其是对农村土地关系和商人地位变化的影响），还有理学一统局面的瓦解。

## 16—17 世纪的历史背景

朝廷显然并没有帮助人民从不安定和无序中解脱出来，而这种不安定是 16 世纪中叶至整个 17 世纪的时代特征。至迟到 16 世纪晚期，官僚集团内部的党争和厌烦政务、愤世疾俗的万历帝（1572—1620 年在位）对朝政的荒疏，大大削弱了朝廷的效率。甚至在臭名昭著的宦官"皇帝"魏忠贤（1568—1627 年）倒台之后，政府被李自成（1605？—1645 年）、张献忠（约 1605—1647 年）的大规模农民起义所困扰，仍然无法恢复对帝国的有效控制。清朝 1644 年入主北京，并致力于国家的重新统一与和平，但混乱不定的状况却没有终结：由于散布各地的忠明义士的抵抗和大规模的三藩之乱，清朝的统治直到 17 世纪末才得以巩固。

同样深刻的背景是经济变动和随之而来的社会变迁。经济上的商业化也许是 16 世纪最引人注目的变化了，这在长江下游（江南）和东南沿海地区尤其明显。外国对中国奢侈品（主要是丝和瓷器）的大量需求，刺激了出口贸易的发展，也使得中国急需的白银从日本、菲律宾及欧洲大量流入中国。白银的大量流入使得经济交换的货币化成为可能，进而刺激了农业商品化和手工业的发展，并促进了地区间贸易网和市场体系的形成。[1]

经济机会的扩大强烈地冲击了社会结构，这既扰乱了传统的等级秩序，也加剧了阶级间的紧张关系。最值得注意的是商人地位的上升。尽管在儒家的社会观中，商人居于社会底层，但随着这一时期商业的发展和金钱作用显而易见的增长，他们实际上享有相当的权力并受人尊敬。富商可以轻而易举地与士绅联姻，与官宦结成政治和经济联盟。他们开始购置地产，采用乡绅们的生活态度和习惯，摹仿他们的兴趣和爱好。汪道昆（1525—1593 年）是一个出身于商人家庭的官宦，他在给那些著名的大商人所写的传记中，描述了这些人是如何通过置买地产和地方慈善行为得到乡里认同的。[2]他们也可以通过捐纳获得生员或监生的资格，向国家巨额捐输，或者从破落的士绅家庭那里购买族谱等更便捷的途径，使自己成为士绅中的一员。[3]

从某种程度上说，商人身份现在已经由于他们本身实实在在的成就而得到赞扬。一个商人在实际的权势和社会作用上可以与有进士功名的人相匹敌。徽州大盐商重视做生意甚于做官也许并不令人惊奇，但面对晚明商人的实力，即便是士大夫也开始修正他们对商业活动的传统敌视态度，强调商人对社会的

---

〔1〕 ［美］威廉·阿特维尔：《白银，对外贸易与晚明经济札记》，第 5 页。

〔2〕 （明）汪道昆：《太函副墨》卷 13，第 21 页上—23 页下。

〔3〕 ［美］孙凝芝：《明代（1368—1644）商人的社会经济地位》，第 138 页、第 140—142 页。

重要性了。[1]阳明学派的追随者何心隐（1517—1579 年）改变了传统的社会和职业分层，把"商"置于"农""工"之上（虽然仍低于"士"）。[2]由于许多学者都乐于承认商业对社会做出了积极的贡献，所以商人也不再被认为是寄生者或社会等级中的"下等人"。[3]

在 16 世纪末到 17 世纪初的商业发展中，商人并不是唯一受益的阶层。缙绅（即官僚地主，他们可以根据职衔的高低免除某些徭役）和庶民地主也得益于新的经济机会。他们把做官得来的收入和地租收入都投资到商业和借贷活动中。比如说，江南最富有的缙绅家庭之一，声名不佳的湖州董氏，他们的生财之道就是投资当铺和当地商栈，以及向需要资本的手工业者和肩负沉重赋役的普通人放高利贷。[4]谢肇淛（1567—1624年）说，在他的家乡福建，许多有进士功名的人在做官时就已卷入贩盐活动，致仕后更是专心致力于商业。[5]缙绅家庭经常将地产交给一位家庭成员或管家经营，而自己却离开乡下，迁到附近的大市镇或城市，以便能更直接地参与新的商贸活动，同时也能享受城市生活的更多乐趣。

但是，这绝不是说缙绅已对占有土地兴趣索然。如果说与以前相比有什么不同的话，那就是晚明缙绅地产的规模在不断

〔1〕　［美］孙凝芝：《明代（1368—1644）商人的社会经济地位》，第 143 页。

〔2〕　（明）梁汝元（何心隐）：《何心隐集》，第 53 页。

〔3〕　（明）李贽：《藏书》第 3 卷，第 587 页，转引自孙凝芝：《明代（1368—1644）商人的社会经济地位》，第 183 页。

〔4〕　［日］佐伯有一：《明末董氏之变——兼论所谓"奴变"的性质》，第 30—35 页；傅衣凌：《明代江南市民经济初探》，第 31—51 页；石锦：《1368—1840 年间太湖地区的农业经济和乡村社会》，第 52—68 页。

〔5〕　（明）谢肇淛：《五杂组》卷 15，第 51 页下，引自［美］孙凝芝：《明代（1368—1644）商人的社会和经济地位》第 185 页。

扩大。随着里甲制（一种由地方上的头面人物轮流负责督派赋役的乡村组织）的瓦解和 16 世纪税制改革的完成，官府对缙绅家庭的严密控制稍有放松，缙绅们由此得到了相对的自由。他们得益于这种自由，便利用免役特权建立起散布于各地的大地产。无力负担沉重徭役的贫苦农民不得不放弃自耕农的身份，把土地交给缙绅地主支配，自己则成为后者的佃户。庶民地主为了逃避交纳全部赋税，也将自己的土地冒名登记到官僚家庭的名下。[1]

但是地主并不能形成一个统一的集团。不同类型的农业管理方式将地主阶级分成不同的类型。16 世纪商业和政府税收变化的结果，是越来越多的地主成为遥领地主或食租地主。同时还存在着一小批拥有 20 到 100 亩土地的经营地主，他们自己也从事田间劳作，监督和协助他们的雇农。与遥领地主和食租地主不同的是，经营地主对保持地主与雇农之间那种相互依靠、紧密合作关系的有道德承诺。[2]一位典型的经营地主张履祥（1611—1674 年）抨击当时的缙绅食租地主忽视了这种关系，实际上也就是忽视了整个农业生产过程："今以卿士庶人，思

---

[1] ［日］鹤见尚弘：《明代的乡村控制》，第 266—273 页；梁方仲：《一条鞭法》，第 16—17 页、第 19—26 页；及 ［日］山根幸夫：《15 和 16 世纪赋役制度的改革》，第 297—306 页。16 世纪的赋役改革——最著名的是十段锦法和一条鞭法——致力于纠正制度的不公平，其主要的方法是逐渐将田赋和劳役都合并为一种税，根据拥有土地的多少来摊派。但是因为放弃了里甲系统而将赋役合一，结果就是政府部分牺牲了它在主佃关系之上的权威性。因为不再监管里甲和徭役征发，政府（由地方官代表）并没有太大动力去严密管理这种关系。简言之，在赋役制度合理化和保证国家岁入的过程中，政府向大地主割让了对主佃关系的大部分控制权。参见 ［美］顾琳、［美］周锡瑞：《从封建制度到资本主义制度：日本学界关于中国农村社会变迁的学术研究》，第 409 页。

[2] ［美］居蜜：《明代江南地区社会经济变化》，第 203 页、第 206—227 页。

不逮乎雨旸，趾不举乎疆场，祁寒暑雨人受之，水旱螟虫人忧之……。秫秔菽麦不之别……。燕息深居，坐资岁入，几不知稼穑为何事，面目黧黑、手足胼胝为何人。"[1]到清朝前期，张履祥所描述的情况已经成为一种主要的趋向。学者们估计，到 18 世纪，江南地主中的 80% 到 90% 以上是住在市镇和城市中的遥领地主。[2]

16、17 世纪，商业化的加剧和地主制的巩固自然而然地改变了江南地区农业劳动力的构成。男女奴仆的数量大量增加，他们根据契约在一段时期内为主人家干某些特定的工作。在明朝初年，这些奴仆通常是皇帝赐予高官的战俘、罪犯或罪犯的家属。但是，随着王朝的发展，越来越多的人出于经济上的算计或者绝望将自己或孩子托庇于某一主人。贫农可能是为了还债或仅仅为避免挨饿而被迫受奴役，而小康之家却为了逃避徭役而心甘情愿地接受这种身份。根据法律规定，只有官僚家庭才允许拥有奴仆，但富裕人家可以通过收养"义男""义女"的方式钻这条法律的空子，实际上这些"义男""义女"就是些被使唤的奴仆。[3]同时，大官僚家庭也继续蓄养更多的奴

---

[1]　(清) 张履祥：《杨园先生全集》卷 19，第 21 页，引自 [美] 居蜜：《明代江南地区社会经济变化》，第 148 页。

[2]　[美] 居蜜：《明代江南地区社会经济变化》，第 206 页。

[3]　经君健：《关于清代奴婢制度的几个问题》，第 60—64 页。关于奴仆的一般讨论，参见 [日] 西村和代：《明代的奴仆》，第 24—50 页；[美] 周绍明：《晚明时期太湖流域的奴仆：被误解的身份一例》，第 675—685 页；以及韦庆远、吴奇衍、鲁素：《清代奴婢制度》，第 1—135 页。

正如沦为奴婢的原因有很多一样，奴婢劳役的条件和期限也有相当多的种类。一些奴婢被束缚在土地上，而另一些则不；一些人选择了永久、世袭的劳役，而另一些人只有短期的服务契约；一些人被承诺付给报酬并得到全面的照顾，作为劳役的回报，而另一些（通常是一些逃避徭役的富裕平民）则既不给报酬也不提供照顾。

仆。根据顾炎武（1613—1682 年）估计，太湖流域的一些地主拥有的奴仆数量多达 2 000 人。[1]

处境最悲惨的是被称为"贱民"的奴仆。他们在明朝法律中的地位极其低下，所以多少任其主人摆布；在面临残酷的剥削时，也无处求助以得到公正的待遇。张履祥这样描述这些常在田间劳作的奴仆受到残酷对待："予所见主人之于仆隶，盖非复以人道处之矣。饥寒劳苦不之恤，无论已甚者，父母死不听其缞麻哭泣矣；甚者，淫其妻女若宜然矣；甚者，夺其资业莫之问矣；又甚者，私杀之而私焚之莫敢讼矣。"[2]

但同时也存在着这样一类奴仆，尽管他们的社会和法律地位很低，但他们却力图在这种身份下得到发展。他们实际上可能把这种奴仆身份看作是翼附在有钱有势的主人之下，以求得经济发展的一个机会。一些遥领地主或食租地主委托仆人管理产业，这些仆人寡廉鲜耻，他们经常利用主人的财富或缙绅地位去胁迫佃户、农民和地方官，以此积聚私财。奴仆为自己积聚财富的另一渠道，是受主人委托经管主人的商业投资和一些店铺、作坊。[3]

结果就出现了这样一小批奴仆，他们在明末清初的社会实力和财富，与他们身居底层的低微法律身份极不相符。清朝前期的一则材料记载，一些江南富商和大地主家的奴仆地位上升了：

[1] ［美］周绍明：《晚明时期太湖流域的奴仆：被误解的身份一例》，第 685 页，注 79。

[2] （清）张履祥：《杨园先生全集》，第 25 页上一下，引自 ［美］居蜜：《明代江南地区社会经济变化》，第 149 页。然而，由于奴仆法律地位低下，官府到底会为他们提供多少保护是不清楚的。见经君健：《关于清代奴婢制度的几个问题》，第 66—70 页。

[3] ［美］周绍明：《晚明时期太湖流域的奴仆：被误解的身份一例》，第 691—698 页。

徽州之汪氏、吴氏，桐城之姚氏、张氏、左氏、马氏皆大姓也。恒买仆，或使营运，或使耕凿。久之，积有资，即不与家僮共执贱役。其子弟读书进取，或纳资入官，主不之禁。惟既以卖身，例从主姓，及显达，即不称主仆而呼主为叔矣。[1]

这样，到了晚明，正如一些商人已经超越了儒家正统思想和国家法律为他们限定的地位一样，一些奴仆也支配着与他们低微的法律地位不相符的财富和社会权力。

作为晚明和清朝主要农业劳动者的佃农，受这一时期商业发展的影响也许更大。[2]农民获利机会比明初增多了，这得益于 15 世纪新作物（最值得注意的是玉米、花生和番薯）在长江三角洲的引种，也得益于对粮食作物和经济作物需求的增加，后者是伴随商业贸易的发展而来的。[3]而且，佃农通过更多地从事农村手工业，在某种程度上从地主的控制下解脱出来。[4]

---

〔1〕（清）徐珂：《清稗类钞》卷 10，第 82 类，第 2—3 页，引自〔美〕居蜜：《明代江南地区社会经济变化》，第 254—255 页。

〔2〕〔美〕居蜜：《明代江南地区社会经济变化》，第 285—287 页。佃农享有的法律身份比奴仆高（他们被视为平民而不是贱民），但是他们在经济上受到巧取豪夺。在江南地区，大多数佃农交纳定额租，无论是何种土地都占预期收成的 40% 到 80%。他们可能还要交纳附加的田租费用（如"冬礼"）、修改或更新契约的费用，以及押租和给地主代理人的小费，有时共占地租费用的 30%。

〔3〕〔美〕罗友枝：《中国南方的农业变化和农村经济》，第 147 页。

〔4〕〔美〕居蜜：《16—18 世纪的地主和农民》，第 13—14 页。绝不应当夸大这种独立性带来的收益：在棉花和丝绸纺织让佃农得到补充性收入的同时，农村手工业结构也促使佃农开始依赖捐客、包买商和市场力量，这种市场力量具有超出佃农简单理解的复杂性。正如一位学者述及的，佃农的确和大多数农村劳动者一起"因选择可能的剥削者能力有所增长而获利，他们可以选择其中的一个而离开另一个"，然而同时又"因为没有能力控制或安排他们中的任何一个而受苦"（见〔美〕邓尔麟：《嘉定忠臣：17 世纪中国的士大夫统治与社会变迁》，第 130 页）。尽管如此，16 世纪晚期不断增长的商业化为江南地区的佃农提供了多种经营的选择，削弱了他们被地主控制的束缚。

实际上，由于许多农民离开土地到手工业市镇工作，佃农劳动力的数量减少。为了使农民租种土地，许多地主不得不对佃农做出更多的让步。[1]"一田两主"的出现在某种程度上就是这种情况的产物，它通常使佃农事实上占有所耕土地，从而显著提高了佃农相对于地主的经济实力。[2]

到 16 世纪晚期，至迟到 17 世纪早期，已有明显的迹象表明，在这个时期商业发展的巨大推动下，明朝早中期的经济关系和社会等级关系已经经历了剧烈而广泛的变化。17 世纪早期，尤其是 30 到 40 年代这 20 年间的许多危机，进一步加速了社会经济变化的步伐。对外贸易的急剧衰落造成了白银流入的减少，从而导致了南直隶、浙江、江西、福建等省严重的经济萎缩。[3]南直隶和浙江北部在 17 世纪 30 年代末 40 年代初遭受了干旱、洪水，最后是蝗灾，谷物大量减产，这一系列自然灾害加剧了经济低迷。伴随这些自然灾害而来的饥荒和瘟疫使这一地区的人口大约减少了 40%。[4]官僚集团的内部争斗、领导层的无能和宦官的阴谋严重削弱了朝廷，因此即便是在励精图治的崇祯帝（1627—1644 年在位）的统治下，朝廷也无法缓解粮食短缺，无法稳定物价，无法救民于饥荒瘟疫之中，更无力消灭李自成、张献忠领导的大起义，或是抵抗满洲的军事威胁。

---

[1] ［美］居蜜：《16—18 世纪的地主和农民》，第 15 页，第 20—21 页。

[2] 同上，第 12—16 页、第 29—34 页。在复杂的土地所有制下，遥领地主或食租地主可能依然拥有土地的所有权——所谓的田底权——而且有义务为它纳税，而它的佃农将拥有田面权——即耕种土地的权利。拥有耕种权逐渐被解释为一种永佃权，它包括出卖或进一步转租田面的权利。由于这等同于赋予佃农他所耕土地的部分所有权，所以这项新安排是有利于佃农的。

[3] ［美］阿特维尔：《白银札记》，第 10—16 页。

[4] ［美］邓海伦：《晚明的流行病初探》，第 1—59 页。也见 ［美］魏斐德：《中国与 17 世纪的危机》，第 5—6 页。

到这一危机即将登峰造极时，主佃关系也日趋紧张，奴仆阶层内部那种法定地位与其真正实力之间的矛盾也一下子爆发出来。佃农受到新获得的力量的鼓舞，通过一系列的抗租运动反抗地主的控制，这在 17 世纪 30—40 年代尤为紧张激烈。比如，1631 年，南直隶太仓州的佃农起来反抗地主，拒交地租，焚烧地主的宅院，并威胁他们的生命。几乎与此同时，闽南数县的佃农聚为斗桮会，用暴力迫使地主采用统一的收租粮斗。整个清初，中国南方（尤其是江苏、浙江、福建、安徽和湖南）一片动荡，佃农反抗不公平的租约、强行额外增租和使用不公平粮斗的起义随处可见。[1]

奴变是社会无序的又一原因，在清朝统治之初，其势力还没有完全稳固之时尤其如此。嘉定、昆山、吴淞、南翔、上海、崇德、溧阳、泰州、太仓（江苏），徽州（安徽），泉州（福建），光山、商城、固始（河南），顺德、新会（广东）都爆发了奴变。[2]其中包括了两种不同的类型：一类是财富和实力超过自身地位的豪奴强占主人的财产；另一类是贫苦的奴仆试图解除奴役契约的反抗斗争。后一种斗争的参与者提出了最广泛的社会要求。比如，这类起义的一位领袖宋乞提出：既然已经改朝换代，那么别的东西，尤其是社会等级关系也应该颠倒过来："家主亦应作仆，事我辈矣。"[3]

这两种起义最长远的影响也许在于，它们使清朝人在产

---

〔1〕 〔日〕田中正俊：《晚明的民众起义、抗租和奴仆反抗》，第 205—210 页。

〔2〕 〔日〕森正夫：《奴变与抗租》，第 113—178 页，也见谢维桢：《清初农民起义资料辑录》，第 121—154 页；及 〔美〕汤米强：《在前近代社会的集体暴力：明朝的反叛与盗匪行为（1368—1644 年）》第 1 卷，第 201—202 页。

〔3〕 〔日〕田中正俊：《晚明的民众起义、抗租和奴仆反抗》，第 195 页。

业管理和农业劳动中大大减少了对奴仆的使用。"豪奴"经常霸占主人的财富，这使遥领地主觉得把地产交给奴仆管理非常危险。其他一些因素也造成对奴仆的使用减少：奴仆起义要求从世袭的奴役中解脱出来；清初统治者试图对使用奴仆进行管理；当然，还有农民通过参与手工业带来更大的经济独立性。所有这些因素都使得清朝前期的奴仆在管理和农业生产中的作用不断减小。[1]到了18世纪，富人主要将奴仆用于家务劳动，让佃农和雇农耕作，而将产业管理交给一批新的职业经营者。[2]

17、18世纪，大地主一直让自己远离产业经营和农业劳动。同时，由于他们离乡居城，他们也就放弃了维持乡里社会秩序的责任。15到16世纪，地方士绅总是领导着赈饥和慈善机构的工作。但到明末清初，他们变得对佃农、奴仆、雇工和乡里成员漠不关心。当然，这种情况也有例外，就像我们将要看到的，当时的善书作者们就依然兴致勃勃地致力于维持地方秩序。但总的说来，这一时期的士绅们逐渐把处理地方事务的主动权交给政府。到18世纪晚期，国家承担了更多的赈灾等地方福利事务。正如森正夫所解释的：清代的士绅精英"本质上是私人性的"，他们对地方福利事业兴趣索然。[3]

---

[1] ［日］小山正明：《明末清初江南三角洲地区的大土地所有制》，第136—147页；也见石锦：《农业经济》，第167—177页；及韦庆远等：《清代奴婢制度》，第164—188页。对这点更充分论述见［日］细野浩二：《明末清初江南的主仆关系——从家训中看到的新成果》。

[2] 石锦：《1368—1840年间太湖地区的农业经济和乡村社会》，第173页；［美］居蜜：《16—18世纪的地主和农民》，第30—31页。

[3] ［日］森正夫：《晚明的缙绅——对士大夫与地方社会关系的概述》，第52页；及《16—18世纪的荒政与主佃关系》。

# 精英对社会变革的反应

16、17世纪的剧变，深刻地影响了精英阶层的经济和社会稳定。一方面，新的致富机会就在眼前：缙绅和文人（持有功名而又没有一官半职的人）都可以利用晚明的商业繁荣致富。但同时他们又面临经济机会扩大的另一个结果：对精英身份的竞争越来越激烈了。被传统文人所轻视的富商，现在由于拥有雄厚的经济实力，可以更容易地买到功名和官职。而且，它们往往能尽情享受那些原本属于精英的活动，诸如藏书、绘画、书法、组织地方慈善活动和宗教节日等。甚至一些低等奴仆也能积聚起超过其主人的财富和实力。晚明清初，获得书籍手段的增加、教育机会的扩大，都意味着书香门第之外的人也能一心向学，甚至参加科举考试。[1]由于各种人都力图在科举中出人头地，传统上只有少数精英涉足的文官体系也变得更具竞争性了。

今天的学者们依然在争论上述变化的性质、范围和意义，但不论他们争论的最终结果是什么，有一个事实是显而易见的：中国人，至少是那些留下思想记录的人都感到自己生活在一个经济和社会发生巨变的年代。一些精英的确为变化带来的新机会而欢欣鼓舞。来自江西永丰富裕家庭的何心隐赞同这种社会抱负，即每个人都应为超越他与生俱来的社会地位而奋斗，通过提高道德修养向更高的社会等级迈进。[2]另一些人则通过撰写教育手册——日用百科全书、经典导读和应试范

---

〔1〕　罗友枝在《清代中国的教育和大众识字能力》中讨论了这些发展，更简要的论述见她的论文《晚期帝国文化的经济和社会基础》，第17—28页。

〔2〕　（明）梁汝元：《何心隐集》，第53—54页。

文——为非书香门第的普通人提供科举所需的知识，以此鼓励向上流动。[1]

但是，在史料中最常见的还是作者的抱怨。他们对商业化和不断增加的社会流动性所引起的社会变动感到不安。李维桢对其故乡湖北京山的道德败坏表示惋惜，将这种变化归罪于16世纪早期的城市化和商业化，此时"京山、府城联系愈密，商贩以微力致富，各业云集"[2]。一位来自徽州的无名学者，在16世纪末撰文谴责人们对商业的热衷，并认为正是这种对商业的追求导致了贫富差距的扩大："迨至嘉靖末隆庆间……末富居多，本富尽少；富者愈富，贫者愈贫……迄今三十余年……富者百人而一，贫者十人而九。贫者既不能敌富，少者反可以制多。金令司天，钱神卓地。"[3]大概一代人以后，御史李邦华（1574—1644）抱怨新的财富使北京这样的城市中的平民矫饰虚荣，"卑贱之人头饰金珠，庶民之妻身着锦袍"[4]。

大多数文人和缙绅非常担心，权力、财富与法律地位的不相符会导致社会动荡。晚明学者、著名的散文家归有光对当时社会分工的紊乱表示担心，"古者四民异业，至于后世，士与农商常相混"[5]。谢肇淛敏锐地注意到豪奴这一新的社会力量——他看到许多这样的人，他们一旦赎身，就可以与显贵的

---

[1] ［日］酒井忠夫：《儒教和通俗教育著作》，第331—338页。

[2] 《古今图书集成》"职方典"，第1142册，第38页上（第10卷，第415页下），引自［英］伊懋可《中国历史的模式》第244页。

[3] （清）顾炎武：《天下郡国利病书》第9册，第76页上—76页下，引自［美］孙凝芝：《明代（1368—1644）商人的社会经济地位》，第150—151页。

[4] （明）李邦华：《皇明李忠文先生集》卷6，第54页下，引自［美］陈伦绪：《明代的光荣与衰落》，第314页。

[5] （明）归有光：《震川先生集》卷13，第2页上—第2页下，引自何炳棣：《中华帝国晚期的成功阶梯》，第73页。

缙绅家庭联姻。许多家境败落的主人被迫向他们过去奴仆的儿子们点头哈腰。[1]事实上，最困扰学者们的是教育体制的弊端。晚明浙江的提学金事伍袁萃非常惊讶地发现，奴仆们的儿子能够很容易地进入苏州府学学习："令甲，娼优隶卒之子不许入学，迩来法纪荡废，胶序之间，济济斌斌，多奴隶子"[2]，而众人恬不为怪。

那个时代的作品说明，当时精英们敏锐地关注着这样一个问题：这个相对开放的社会对上等人意味着什么？一位作者告诫他的子孙说，由于富家得到了太多不应得的特权，所以不可避免地要遭受衰败的命运："凡富家久则衰倾，由无功而食人之食。夫无功而食人之食，是谓厉民自养，则有天殃。故久享富佚，则致衰倾，甚则为奴仆、为牛马。是故子侄不可不力农作。"[3]这样，新的经济机会在为缙绅和文人提供新的致富渠道的同时，也创造了一个更具竞争性的社会——他们现在不得不更努力奋斗，以保持他们的精英地位。

人们也更加认识到，新的社会和经济状况需要新的行为规则，尤其是新的等级规范。地主们敏锐而又遗憾地发现，他们所构想的主佃或主仆之间传统的父权制关系破裂了。在一位作者的心目中，这种关系原来是以亲密、慷慨和互惠的谦恭态度为特征的：

---

[1]　（明）谢肇淛：《五杂组》卷 14，第 31 页下—32 页上，见［美］孙凝芝：《明代（1368—1644）商人的社会经济地位》，第 142 页。

[2]　（明）伍袁萃：《漫录评正·前集》卷 2，第 5 页上，译文（稍有变动）引自周绍明：《太湖流域的奴仆》，第 694 页。

[3]　（明）霍韬：《会训》，《霍渭厓家训》卷 1，第 28 页上—28 页下，引自［日］细野浩二：《明末清初江南的主仆关系——从家训中看到的新成果》，第 4 页。

> 每冬春征租，旧皆佃主亲履田亩，以丰歉为完欠，田
> 丁例供一饭，田主上坐，田丁之老傍坐，举壶觞田主。或
> 缙绅之林下者，亦和颜与谈农事，劳苦而慰藉之。共饭毕，
> 乃退。租完将归，以只鸡、白米二三斗为赠，田主答以巾
> 扇之类。主佃相与以礼如此。[1]

在这幅理想化的图景中，地主要在饥荒之年照料佃农和奴仆的生计，借给他们"救命粮"以使他们度过歉收、旱涝之灾。[2]

但是在晚明的江南，由于地主从农村移居城市，也因为佃农和奴仆在手工业中找到了新的收入来源，这种互惠互助不再适用了。16 世纪中叶的首辅徐阶批评他家乡松江主佃关系的变化："昔之所谓相资相养者，始变为相猜相仇。不惟债不可取偿，而租亦多负矣。债不可取偿，其始若止于病大家，而不知佃户无所仰给，则不免于坐毙。"[3]徐阶抱怨地主对佃农的权威衰弱了，还警告说，这种变化不仅削弱了"大家"，也会危及佃农本身的福祉。

到了 17 世纪，地主们即便不是很高兴、却也非常敏锐地觉察到，他们有必要对佃农作出让步。比如，17 世纪早期的一位湖州地主纪懋勋教导他的家人，要宽容大度地对待他们的佃农："待佃户自宜宽容。我见上乡人呼为'租亲'，盖田

---

[1] 《泉州府志》卷 20，第 13 页下；引自 [美] 居蜜：《16—18 世纪的地主和农民》，第 12—13 页。

[2] [美] 居蜜：《16—18 世纪的地主和农民》，第 13 页。

[3] （明）徐阶：《世经堂集》卷 22，第 21 页上—22 页下，引自 [美] 邓尔麟：《嘉定忠臣：17 世纪中国士大夫统治与社会变迁》，第 82—83 页。

主佃户相须为功，原无尊卑之分。我待之以礼，彼亦不忍欺我。间有一二顽梗亦只徐为改召，无非我乡曲伴侣，何忍以升斗结怨也。"[1] 稍欠圆通的地主们在 16 世纪晚期和 17 世纪抱怨其奴仆、佃农和雇工不可信任、懒惰、没有道德。这些抱怨反映了精英们对这部分人感到不安，因为后者新的经济力量和独立性都在不断增长，还拒绝接受旧的上下等级关系，而这种关系实际上根植于家庭等级制度内部的儒家互惠理想。[2]

简言之，处于传统社会等级制度上层的人——官员、大缙绅地主及文人——显然注意到，他们正面临着来自商人、农民，甚至是奴仆对财富和地位的竞争，而且这种竞争变得日益激烈。他们也注意到，竞赛规则发生了变化：在 16、17 世纪更具流动性的社会经济背景下，原来确立地位关系的传统准则不再有效了。尤其是地主和农民之间的关系，过去是被父权制规则所支配的，强调雇工要服从地主或主人，而地主或主人要指导他的劳动，并（至少在理论上）照顾他和他的家庭。到了 17 世纪，这种关系日益由契约所限定，而相对于地主，这种模式给劳动者带来新的优势。[3]

## 思想界对理学正统的挑战

晚明的经济和社会变迁削弱了精英的社会统治权力，同时，

---

〔1〕 《南浔志》卷 53，第 4 页上一4 页下，引自石锦：《1368—1840 年间太湖地区的农业经济和乡村社会》，第 168 页。
〔2〕 ［日］细野浩二：《明末清初江南的主仆关系——从家训中看到的新成果》，第 11—32 页。
〔3〕 ［美］居蜜：《明代江南地区的社会经济变化》，第 235—236 页。

一些文人也对来自程朱学派的正统理学提出了质疑。[1]长期以来，正统理学观念被视为精英权威的思想基础而受到珍视。事实上，对这种正统（是以宋朝大思想家程颐和朱熹的学说为基础的）的挑战出现在上述经济和社会变化之前。早在15世纪末，王阳明（1472—1529年）就怀疑修身的正统模式是否真的有效，而修身向来被认为是训练道德精英的方式之一。一些活跃于16世纪早期的王阳明信徒更明确地认为，精英们在道德和思想上并不具有优越性。例如，王艮（1483—1541年）就断言，芸芸众生在道德完善方面机会均等。16世纪中后期的社会变化削弱了这样一种刻意迎合士大夫精英的信念：即相信道德价值与社会地位之间通常是有关联的。由于现在商业财富往往比学术成就更值得夸耀，由于更多的佃农和奴仆要求经济独立和更高的社会地位，善于思考的人更有理由反思这一信念，特别是考虑到它是通过科举制度被表达出来的，而科举是通往上等社会的主要渠道。他们开始怀疑，在考试体制下以经书作为学习或教育的课本，真的能造就君子和清官吗？从政真的就是君子的既定目标吗？

晚明时期就这些论点并没有达成新的一致的意见。也许关于这一时期思想活动最引人注目的一般事实，就是它的多样性和有争议性。由于在某种程度上受到较为自由的经济环境的刺

---

[1] 我使用"正统理学"和"理学正统"这两个术语来表示两种不同的、但又互有重合的意思。首先，它们可以指明朝学者所阐释的程颐（1033—1108年）和朱熹（1130—1200年）——程朱学派的哲学；其次，它们也指在科举考试体系中被制度化了的程朱学派的思想。第一种意思强调明朝一般学者对程朱理学的理解；后一种意思则强调为政府赞许和支持的理解。显然，每种解释随着时间的推移多少有些变化，而且它们之间互相影响。在这里指的是哪种意思，是可以通过上下文看出来。

激，晚明文人，尤其是那些江南才子，似乎在国家支持的正统以外感觉到了较多的思想独立，对政治腐败问题的广泛关注，无疑进一步鼓励了这种独立性。

正是明朝最著名的思想家王阳明创立了一套理论，从哲学上证明了倡导这种独立性的正当性。在16世纪早期，王阳明就已经对传统教育所持的修身方法提出了挑战——即这种教育方式是为保证科举考试的成功而设计的，是以朱熹理学课程的严格说教为基础的。王阳明最大的贡献在于，他指明了道德学问的一个新的源泉。正统理学认为，只要孜孜不倦地向外部世界和经典文献求"理"，就可以致善。王阳明则怀疑这种方法的有效性，他认为在自身之中，在每个人与生俱来的良知中就可以找到"理"。他并不是完全拒绝各种外界的规则和标准，而是主张，这些规则和标准只有发自每个人自己的天生良知，才能被正确地、真诚地履行。[1]

王阳明的立场动摇了关于学习和修身的正统方法的一些基本假设。对于王阳明的弟子们来说，经典不再是关于道的最终权威，非接受不可。相反，这些过去让人诚惶诚恐的文本，不得不根据人生而知之的善的标准而被重新审视："求之于心而非也，虽其言出于孔子，不敢以为是也。"[2]在这里，王阳明所质疑的与其说是经典本身，还不如说是受国家支持的整个学习传统，这种传统自元以来形塑了精英的道德和职业。王阳明在他的"良知"说中也暗示了这样一个观点：任何人（不仅仅

---

[1]　关于王阳明思想的简介，见〔美〕杜维明：《行动中的理学思想：王阳明（1472—1509）》和〔美〕狄百瑞：《晚明思想中的个人主义与人文主义》，第150—157页。

[2]　（明）王阳明：《传习录及其他理学著作》，第159页。

是博学的文人）都能通过适当的训练成为圣人。如果并不是非要先仔细钻研那些难以获取的经书的每一句话，就能达至道德的完善，那么还有什么能阻止城里的小店主或乡下的奴仆意识到他们心中的善，然后成为圣人或官员呢？[1]

王阳明的弟子发挥了他的这些思想，并从中挖掘出其他更"危险"的成分。王畿（1498—1583 年）发展了王阳明的一个较为模糊的论述——即"无善无恶心之体"，并得出结论说：善恶的行为规则都是人为制定的，并不是出于人的本心。因此，他认为学习者在修身过程中不应该强迫自己遵守这种规则。为了达到真善，他应该只在内心的激励下直接、自然地行事，而不要有为善而善的意念和目的。[2]后来一位批评者带着些许厌恶概括王畿的议论："信得良知过时，独往独来，如珠之走盘，不待拘管，而自不过其则也。以笃信谨守，一切矜名饰行之事，皆是犯手做作。"[3]王畿否定道德论证或有意识的道德追求，这受到泰州学派成员的拥护，这些成员是王阳明弟子中最"激进"的部分。他们主张，只有当行善避恶的意欲没有妨碍他天生良知发挥作用时，人才能完美地行事，他必须生活在"当下"，自发地回应每一种变化着的形势。[4]

泰州学派的创始人王艮，选择强调王阳明哲学中的这一观点：每个人，而非仅仅是能学习经书的人，皆能成圣。他声称，作为一个普通人，最好到日常生活及"愚夫愚妇"的感受中去寻找"道"，而不是到深奥难懂的书本中去搜寻。[5]王艮一生

〔1〕 （明）王阳明：《传习录》，第 225—226 页，第 239—240 页。
〔2〕 〔日〕冈田武彦：《王畿与存在主义的兴起》，第 126—127 页。
〔3〕 （明）黄宗羲：《明儒学案》，第 116 页。
〔4〕 〔德〕卜恩礼：《东林书院及其政治和哲学意义》，第 79 页。
〔5〕 〔美〕狄百瑞：《晚明思想中的个人主义与人文主义》，第 168 页。

都在努力实践这个主张，他遍行乡村，向来自乡里各个社会阶层的听众讲演，一直致力于把"道"与日用所需结合起来。[1]

　　然后，泰州学派为传"道"而努力扩大听众的范围，这里所说的"道"超出了由国家认定的正统学说对它的狭隘界定，即学者通过准备科举考试或从政而达到某种道德修养。事实上，更多人被排除在这一制度之外，泰州学派的思想家们正是希望能为这些人提供入"道"的途径。同时，他们也力图扩大道的学说的涵盖面，因此他们从佛、道二教的思想和文献中汲取资源，以支持他们对道德完善途径的定义。事实上，王畿和泰州学派成员所拥护的"自然而为"，不论其真正的思想渊源是什么，都与禅宗教义中的"无心"而为非常近似，而且经常被异端学说所认同（见本书第二章）。在整个泰州学派的历史中，禅宗扮演了一个重要的角色：这一学派的最后一位大家周汝登（1547—1629 年?）甚至在他的《圣学宗传》中断言，儒学和禅宗教义是基本相同的。[2]

　　泰州学派的思想家和王阳明的其他许多弟子们一样，也对学者社会角色的传统定义表示怀疑。王阳明最终接受了传统学者的职业，在科举考试中表现出色，在多个官位上恪尽职守。但是，他的很多弟子们却被官僚体系的腐败及仕途中诸多严格的限制所耽误，或多或少地致力于一些非传统的公共事务。何心隐尽管在科举之阶的开头大有希望，但他还是放弃了对仕途的追求，从此改变了以此为职的家世。[3]同时，另一些人却颇

---

[1]　侯外庐等编：《中国思想通史》，第 4 卷，第 2 章，第 958—995 页。

[2]　[德] 卜恩礼：《东林书院》，第 85 页。

[3]　[美] 丁博：《圣人与社会：何心隐的生活与思想》，第 40 页、第 43—47 页；也见 [美] 裴德生：《匏瓜：方以智及其对思想转变的促进》，第 87 页。

具"游侠"之风，致力于消除世间的不平或痛苦。[1]王阳明知行合一的学说在此被赋予了新的、个人主义的解释，所以不可避免地也会对什么是正确的行动产生新的、不同的理解。

这些人在他们那个时代备受关注，主要是因为他们大大偏离了文人的传统，也偏离了理学正统对知识分子的要求。但是，他们虽然可能支配了当时思想界的辩论，却不能被当作晚明文人思想或缙绅生活的代表。缙绅当中的许多人讨厌泰州学派同人的"放荡"和相对不受约束的生活：让麻城的缙绅老爷们心怀恐惧、同时也是迫害李贽（1527—1602年）的理由，与其说是他的著作，还不如说是他招收女弟子的举动。[2]而其他文人（也许是大多数）则专注于个人事业，忙于"攀登官僚等级阶梯和聚积财富"，根本忽视泰州学派提出的问题，或者对其采取冷漠的态度。[3]

也有人异常认真地反对这个学派的哲学基础，尤其反对周汝登关于人心和人性一样无善恶的惊人理论。顾宪成（1550—1612年）在1604年创立的东林书院，比其他任何群体都抵制泰州学派的"野教"。尽管东林书院包括的一批思想家并不是因为共同的哲学主张、而是由于共同反对君主专制联合起来的，但这些人却在反对泰州学派"无善无恶"学说这一点上思想一致。[4]东林思想家们害怕，文人们一旦相信善恶可以由个人主观解释，并开始按照这一观念行事，就会导致道德舆论和政治

---

[1] [美]裴德生：《匏瓜：方以智及其对思想转变的促进》，第84—94页；[美]丁博：《圣人与社会：何心隐的生活与思想》，第41—42页。

[2] 黄仁宇：《万历十五年》，第217—221页。

[3] [日]森正夫：《晚明的缙绅》，第49页。

[4] [日]沟口雄三：《所谓东林派人士的思想——前近代时期中国思想的展开》，第123—126页。

统一性的瓦解。比顾宪成年轻的同道高攀龙（1562—1626年）攻击主张"生活在当下"的泰州学派的修身方式，认为它把修身说得太轻巧、太容易了。他主张，为了启蒙，一个人必须循序渐进地学习艰巨的课程，并且进行包括格物、敬修和静坐在内的自我反省。[1]启蒙的目的是使人认识到人与万物的大同，即人与万物拥有同样的本体或宇宙物质——气。"气"生成不同的事物，每个事物都有它自己的理，有它自己的规律或原则。首先要学习的便是这些"理"。学者在领悟大同之前，必须先通过格物、敬修及静坐以理解气。[2]

在很大程度上，人们认为东林派思想家介乎于程朱正统与王阳明理学之间。他们被程朱学派建议的道德训练所吸引：格物事实上是正统的修身之道的主要特征。[3]东林书院的规矩鼓励权威经书所提倡的经典儒家行为，这恰恰是反映了这种较为传统的道德训练方式。[4]但是，东林思想家们却不同意朱熹"理""气"二元论的形而上学。相反，他们与王阳明学派的大多数追随者一样相信"气"的主宰作用，轻视"理"（对朱熹来说，"理"是所有事物的一种超越性的道德"原理"），把它定义为决定一切事物之间差异的各种法则。这种变化导致了这样一个结果：人的欲望作为"气"的产物，不再被视为一种危险的、不确定的力量，不认为放纵它就很容易导致恶（按正统的解释正是如此）；而是被视为潜在的、积极的力量，在适当

---

〔1〕　〔德〕卜恩礼：《东林书院》，第122—129页。

〔2〕　对东林党思想比较完整的论述，见〔日〕沟口雄三：《所谓东林派人士的思想》，第231—245页。

〔3〕　沟口解释了东林思想家对朱熹和王阳明的矛盾态度，见《所谓东林派人士的思想》第235—245页。

〔4〕　〔德〕卜恩礼：《东林书院》，第87页。

引导下可以鼓舞人行善。这些哲学上的转变，也使他们多少像泰州学派一样去关注、理解和面对普通人的欲望及经济需要。东林思想家们曾批评晚明朝廷几乎完全忽视了百姓的需求。[1]

东林党在另一方面也与泰州学派很相似：他们毫不犹豫地批评当时的社会和官府。事实上，他们与泰州学派思想家们一样，对日益加强的中央专制集权政治深表怀疑。他们先是反对张居正（1525—1582 年）加强中央对地方社会经济的控制，而后在 16 世纪末和 17 世纪初，他们进一步抗议宦官干政及对帝国力量的滥用。16 世纪晚期以来朝廷的腐败、低效和专制是由平庸及（或）无能的统治者、追名逐利的官僚以及宦官集团造成的。出于对这种情况的忧虑，东林党人认为，他们的当务之急是保证君子——也就是他们的同志或支持者——在朝中任职；显然，这是一个极具儒家色彩的目标。事实上，宦官魏忠贤倒台之后，东林党在这点上的成功鼓励了各种团体的形成。这些团体为了保证其成员能在科举考试中成功，并成为官僚体制中的新成员，变得更加狭隘。其中最著名的复社，成功地控制了明朝最后几十年的选官网络。[2]

但并不是所有东林党人都致力于官僚集团内部的党同伐异。他们的领袖以设计独特的社会统治蓝图为己任。为了防止帝国政府的专断和专制主义的加强，为了避免支持政府的大缙绅地

---

〔1〕 ［日］沟口雄三：《所谓东林派人士的思想》，第 244 页及其他各处；也见 ［美］裴德生：《匏瓜：方以智及其对思想转变的促进》，第 72—73 页。

〔2〕 关于东林书院的政治目的与改良主义目标之间的冲突，见 ［美］魏斐德的 《自治的代价：明清政治中的知识分子》；关于复社，见 ［美］威廉·阿特维尔的 《从教育到政治：复社》，以及 ［日］井上进的《复社之学》；关于东林书院与复社的区别，见 ［美］邓尔麟：《嘉定忠臣：17 世纪中国的士大夫统治与社会变迁》，第 23—39 页、第 158—171 页。

主实行过重的压迫和剥削，这些人主张一种更分散的政权分配方式，并组织一个建立在"公论"形式上的政府。他们坚信政治权力应该与地方精英——中小地主、文人和商人——分享，据说这些人比高高在上的皇帝或遥领地主更能理解人民真正的需要和"隐情"。[1]

许多东林党人在他们的乡里将此信念付诸实施，如建立乡约，对人民进行道德教化和政治管理；或建立同善会，帮助本地穷人。高攀龙和东林党的支持者陈龙正（1585—1645年）都是这类慈善社团的领导人。[2]其他人也领导过社区的开荒、防洪、赈饥或建设公共工程。[3]东林党也是"均田均役"改革的主要支持者，这项改革通过限制缙绅的免役特权，以及根据实有土地数派役这样的方法，使农民和中小地主受益。[4]他们也反对万历朝的矿监，保护晚明新兴的商业利益。[5]

在晚明社会中，东林党的支持者们认为他们肩负多种使命。他们"经世致用"的兴趣涉及从朝廷到乡里、从政治经济到社会秩序的几乎所有层面。但是，与许多泰州学派思想家不同的是，东林党似乎还多少接受一点传统的政治改革办法，他们并不怀疑传统的社会模式、政府的基本结构或儒家道德内容的有效性。他们的敌人是那些威胁传统结构和价值观的人，像魏忠贤或温体仁（卒于1638年）那样腐败的、不能胜任的掌权者，

---

〔1〕　〔日〕沟口雄三：《所谓东林派人士的思想》，第203页。

〔2〕　〔日〕夫马进：《同善会小史——明末清初在中国福利史上的地位》，第37—76页；〔美〕韩德琳：《同善会：明末清初时期慈善活动的重建》，第311页。

〔3〕　〔日〕森正夫：《晚明的缙绅》，第47—51页。

〔4〕　〔日〕滨岛敦俊：《明代江南农村社会研究》，第207—209页。

〔5〕　〔日〕沟口雄三：《所谓东林派人士的思想》，第131—135页，及黄仁宇：《隆庆及万历朝，1567—1620》，第530—531页。

或者像泰州学派那样在野的、不负责任的学者。前者由于自私地独掌权柄而扰乱了政治秩序，后者则由于否认既定是非标准的权威性而倾覆了道德秩序。

随着改朝换代，许多过去与东林书院有关的、较保守的哲学和伦理观点在知识界取得了明显的优势。尽管存在着调和朱王的运动，但王阳明学派，尤其是它的泰州学派分支，随着明朝的灭亡而受到极大的怀疑。与泰州思想家相联系的"空疏之学"以及随之而来的对入仕为官的忽视，被士人领袖视为明王朝衰亡的原因之一。[1]程朱学派逐渐恢复了它早先的声望。张履祥是比早期任何一个东林党人都更忠实的朱熹的支持者，他强调学习经书是"穷理"的主要方式。为了恢复因泰州思想家们的放纵而打乱的社会秩序，他力主永远恭行"礼"，严格传承"礼"。[2]程朱的另一位弟子陆世仪（1611—1672 年）则强调实践的重要性，并力劝学者们将他们的学术应用于地方教育和慈善活动，就如同应用于政务一样。[3]现在，知识分子领袖关注的焦点是经世致用和实学，那些被清政府疏远的人尤其如此。当顾炎武、黄宗羲（1610—1695 年）这样的明朝遗民正在为政治和社会的彻底变革制定纲领时，其他学者（他们当中许多是官员）继续早先经世致用拥护者的嗜好，将注意力转向地方秩序的重建——发展公共讲学体制、建立乡校等等[4]。这样，对晚明思想中较为激进的、独立因素的反动，以及对实用

---

〔1〕 ［美］本杰明·埃尔曼：《从理学到朴学：中华帝国晚期的思想与社会变化面面观》，第 50—53 页。

〔2〕 ［日］冈田武彦：《张杨园与陆桴亭》，第 1—12 页。

〔3〕 同上，第 15—26 页。

〔4〕 ［美］本杰明·埃尔曼：《从理学到朴学：中华帝国晚期的思想与社会变化面面观》，第 53—55 页。

道德、经世致用（这些原本属于东林党及其他志趣相投的学者的思想范畴）的继续推动，共同构成了清前期的思想氛围。

# 功　过　格

正是在这种经济、社会、政治和思想剧变的背景下，功过格重新流行起来，这初看起来的确有些让人吃惊。作为道德日记，功过格鼓励的道德培养方式十分机械，似乎并不能引起中国文人的认真关注。但是，在晚明，它们的确吸引了精英们的兴趣。士大夫中的一部分人倡导使用功过格，另一些人则诋毁它。功过格成为当时的思想家们争论那些关键问题的平台——仅拣最重要的说：比如功德与社会地位之间的关系、修身的正确方法、人与其命运的关系等等。

功过格经历了漫长而复杂的发展过程，在帝国晚期达到了顶峰。功过格的基础是"报"的思想，这在中国有相当长的历史，可以追溯到最早的儒家经典。不过，功德积累体系的发展却迟至公元4世纪才开始。在接下来的几个世纪中，一系列的道家经典和真伪不明的佛经，详尽描述了成仙和超度的方法，并使之成为一个体系。这个体系中最著名、也是最普及的文本《太上感应篇》出版于12世纪末，它为超自然报应的运作提供了一个简明的大纲。此后不久，现存第一个功过格《太微仙君功过格》问世了，它是第一个给所列的善恶行为制定分值的文本，并建议人们记录功德。《太微仙君功过格》作为宋朝一个新道教派别的手册，其最初目的是帮助教派成员修炼成仙，但也许更有意义的是，它在因金人入侵而引起的军事巨变、社会失序和政治混乱中，为人们提供了行为准则。

　　尽管功德积累体系，尤其是《太上感应篇》中解释的那种功德积累体系，在宋朝和元朝（1279—1368 年）颇受官员和朝廷的注意，但是功过格本身得以广泛流行却是 16 世纪以后的事。此后，主要通过一位名叫袁黄（1533—1606 年）的浙江籍士大夫的努力，它们才在文人当中普及开来，并一直持续到 20 世纪早期。袁黄把他自己一生的成功归因于积累功德；事实上，他把自己使用功过格的经历记录了下来。在 16 世纪晚期到 17 世纪功过格在文人中推广的过程中，这本记录扮演了重要角色。整个 17 世纪产生了一系列新的、更复杂的功过格，这恰恰证明时人需要这种书籍。虽然新创作品的数量在 18 世纪减少了，但原有的功过格在 18、19 世纪（事实上直到 20 世纪）不断再版。

　　本书旨在解释明清代嬗时期功过格的广泛流行。在何种程度上，功过格反映了精英阶层对尤其是发生在东南地区的社会经济变化的反应？功过格中的条文是否显示了人们对商业化及商人阶层态度的转变？功过格特别关注于获得现世社会地位的报答，在具有高度竞争性的晚明社会，它们满足了何种需求？在相对有序、控制更为严格的清初社会又如何呢？这些文本表达了哪种社会意识形态——也即，它们是如何解释地位等级制度、如何定位等级关系的？它们是否为应对当时等级制度的变化作了安排？比如说，功过格中是否含有承认农民日益增长的社会经济独立性的内容？17 世纪佃农和奴仆的反叛尤其显示出对等级体系的挑战，功过格是否承认这种挑战？如果是，那么它们又是如何处理的呢？它们是反映了一种顺应社会变化的意愿，还是一种控制、阻止它的愿望？

　　功过格设想了一幅清晰的报应运作的图式，它以相信众多神明（在体系中扮演监督者的角色）的存在为基础，而且通常与"非正统"的佛教和道教教义、甚至流行的"迷信"有关联。精英们是如何证明他们对功过格的兴趣是正当的呢？袁黄，这一明朝首位拥护功过格的主流学者，他自己是如何相信这种文本的呢？他又是如何解释或证明他的信仰的呢？学者从异端和民间信仰中接受功过格的理念和文本，他们是否改造了功过格，使其适应自己的目的？如果有这样做，那他们是怎么做的？袁黄以后的功过格使用者，尤其是那些仕宦精英，是如何接受功过格的？他们又是如何证明自己确信这样的文本的呢？简言之，在关于当代学界常说的，中华帝国晚期大众文化与精英文化之区别的问题上，晚明功过格的普及究竟说明了什么？

最后，我想考察一下功过格的使用对理学修身方法的意义。学者们对功过格中约定俗成的道德有何反应？这种文本的流行恰好与王阳明的许多弟子对传统道德行为定义提出怀疑同时——他们的思想是否影响了功过格的使用方法呢？较为谨慎和保守的东林思想家对这些书反应如何，尤其是对书中所宣扬的人的自律和自我控制有何看法？功过格中公正的天报体系是如何与理学宇宙观相调和的？这些书是否与理学的某一学派有关？而且，（回到第一组问题）理学对功过格的哲学主张与功过格表达的社会意识形态，它们之间的结合点又在哪儿呢？

总之，在探寻16、17世纪功过格的历史时，我希望既能呈现明末清初思想氛围的主要变化，又能考察理学意识形态与社会变迁之间的关系。

# 一　积功的早期传统

功过体系的宗教哲学核心，是对超自然报应的信仰。这种信仰从中国有文字记载的历史开始，就一直是中国宗教的基本信仰。简言之，相信报应就是相信某些力量——像上帝或神那样的超自然力，或者是宇宙自动的反应——势必以一种合理的方式赏罚人的行为：它奖励某些"善"行，比如宗教献祭、官方善政或个人义行；并惩罚恶行。

甲骨文的记载证明，早在商朝（公元前1766—前1025年？[1]）人们就相信王和神之间存在着赏罚关系，这些神包括王室祖先及至上神——帝，他们对祈祷和祭品总会有相应的回报，包括从医治王的牙疼到打胜仗等所有事情。[2]公元前11世纪征服商朝并取而代之的周朝（公元前1025？—前256年）也相信统治者和超自然力之间存在着互惠关系，并赋予它一种商朝所没有的、新的道德尺度：新的神——天，将天命赐予那些证明自己能够进行德治的人，而且他及他的子孙们只要能继续治之以德，就能保有这种天命。周天子和他的大臣们因

---

〔1〕　现在学界一般认为商朝灭亡、周朝建立的年代是公元前1046年。

〔2〕　［美］吉德炜：《商代史料：中国青铜时代的甲骨文》，第33—35页、第85—87页。

此就要为他们自己的政治命运负责。正如周穆王告诫他的官员们的那样："永畏惟罚。非天不中，惟人在命。"[1]

认为命运是一种道德报应的观点，充斥着最早的周代文献，其中有些后来编入儒家经典。《尚书》告诫说："作善，降之百祥；作不善，降之百殃。"[2]《诗经·大雅》中反复出现的诗句表明了统治者应该实现上天的道德期望："命之不易，无遏尔躬，宜昭义问，有虞殷自天。"[3]《国语》预言：淫佚、荒怠、粗秽、暴虐的统治者将会受到超自然力量的报复："神……观其苛慝而降之祸。"[4]《左传》里充满了王者最终自取灭亡的警世寓言。[5]所有这些都假设存在上天或诸神，他们关注着人的活动，并且有力地实行惩罚或奖赏。这是真正的替天行道。

此后，汉朝（公元前202—公元220年）的作者们在保留报应基本概念的同时，也为这种信仰发展了多少不同的宇宙论基础。报应不再必须依靠道德清醒、行动公正的上天或诸神。弥漫四处的、敏感的"气"组成了万物，宇宙通过"气"的运行，自动地、如实地对人的行动做出反应。[6]人们的行动作为

---

[1] ［英］理雅各译：《中国经典》第3卷，第610页。这种对超自然的信仰也反映在人与人的互惠与"报"的价值观中。《礼记》是这样解释这种社会价值观的："太上贵德，其次务施报。礼尚往来，往而不来非礼也；来而不往亦非礼也。"见［美］杨联陞：《作为中国社会关系基础的"报"的概念》，第291—309页。

[2] 同上，第198页。后来功德积累体系中的关键词"阴骘"也出自《尚书》。这个词语最初是指上天赋予每个人的"隐藏的本性"（见同书第320页，322页），后来用于指人为了改善自己的命运所积累的阴功。

[3] ［英］亚瑟·威利译：《诗经》，第251页（第241篇）。

[4] 《国语·周语》卷1，第11页下—12页上。参见冯友兰：《中国哲学史》第1卷，第24—25页。

[5] 例如，参见［英］理雅各译：《中国经典》第3卷，第540页，另见［日］内山俊彦：《汉代的报应思想》，第17—20页。

[6] ［英］约翰·汉德森：《中国宇宙论的发展与衰落》，第26—27页。

气的一种运动，影响或"感"了它周围的宇宙之气，引起正好适合于它自身性质和大小的"应"。后来功过体系中的一个关键词"感应"即"行动和反应"，在汉朝就是指作为一种宇宙过程的报应，这一过程是通过人与超人界域之间复杂的联通体系来运作的。[1]在应用于政治领域时，这种学说意指，自然灾祸或福报都是上天对特定的行为或帝王政治的反应。夏季的强风被视为统治者或他的大臣违背礼仪的征兆，春夏的洪水则被看作是对统治者拒不听取臣下意见的警告。[2]

对报应的信仰并不仅仅局限于儒家的政治理论，汉朝追求成仙的人也相信，行善是成仙的一种方法。比如，东汉追求成仙的黄老学派，为长生不老而实践各种慈善行为：养育孤儿、修路架桥等等。[3]东汉一个术师折像，为了消灾避难，将其家产分给别人。他解释说："吾门户殖财日久，盈满之咎，道家所忌。今世将衰，子又不才，不仁而富，谓之不幸。墙隙而高，其崩必疾也。"[4]太平道和五斗米道的追随者都相信疾病是恶鬼对作恶者的惩罚，他们只有在坦白罪行后才能痊愈。[5]

---

[1] 据我所知，"感应"一词首先用于《易经》中对咸卦的注释："'咸'，感也。柔上而刚下，二气感应以相与，止而说，男下女，是以亨利贞，取女吉也。天地感而万物化生，圣人感人心而天下和平。观其所感，而天地万物之情可见矣。"这里，弱和强，阴和阳之间的互相影响或感应，创造了一种和谐。所以，天地感而万物生，并引起"天下和平"的反应。见《周易引得》第20页，译文来自沈仲涛：《华英易经》，第135—136页。也可见［英］约翰·汉德森《中国宇宙论的发展与衰落》中的解释，第20页、第22—28页。

[2] 这些具体的例子取自董仲舒：《春秋繁露》，卷14，第64，第2页上，转引自［英］李约瑟：《中国的科学与文明》，第2卷，第379页。

[3] 余英时：《汉代中国思想中的生与不朽》，第103—108页。

[4] 《后汉书》卷13，列传第82上，第2720—2721页。参见［法］马伯乐：《道教与中国宗教》，第323页。

[5] ［日］窪德忠：《道教史》，第123—124页；《后汉书》卷12，列传第75卷，第2436页。

因此，对某种形式的宇宙报应的信仰在最早的中国本土宗教与政治图景中居于核心地位。随着佛教在汉代传入中国，这种信仰更加流行。佛教教义断言，人们生活中的所有事情（一般而言，世界上的所有事情也同样）都受因果或感应的支配。每一件事都由特定的起因而生，就如同某种种子必定长成某种植物一样地自然与不可避免。反应或感应在行动和起因中就是天生固有的，以萌芽的状态存在；在这一过程中不需要外在的动因、道德敏感的上天、气的运动的介入。善有善报，恶有恶报。这种关系存在于人和生物都将经历的整个轮回过程。因此，个人在此生的"业"——即他的行为和目的——通过"因缘"决定他来生的地位。[1]虽然佛教报应与感应过程与天命的报应运作有很大的不同，但是这些概念的最终寓意在本质上是相同的：善生善，恶生恶。

在中古早期，中国最主要的信仰学派——儒教、神仙崇拜和佛教——不论它们在其他方面的哲学观和伦理观有什么不同，它们都基本相信某种方式的宇宙感应。后来16世纪的功过格作者为了使他们的书籍获得广泛的支持，便利用了这一事实，他们尤其喜欢宣扬儒家经典对这一信仰的支持，这些经典中值得注意的是《尚书》、《诗经》、《易经》及《春秋》。尽管这些宣扬有许多是合理的，但是功过格实际上假设了一种报应过程，它在复杂性和宗教含义上都与早期儒学或就此而论的神仙学说、佛教大相径庭。功过格与上述文献不同，它确立了一套功德积

---

[1] 关于佛教的因果解释较全面的论述，见中村元《因果》第3—53页。中村认为（第24页）对因果关系的道德理解是非常普遍的。"在日常谈话中提到因果时，大多数人一般都会想到因果报应。"关于佛教的报应概念在中文中的转变问题，见［美］保罗·瓦罗·马丁逊：《报应和赎救：中国宗教社会——基于〈金瓶梅〉研究》，第121—135页。

累的方法，这套方法是为人类操纵报应过程而精心设计的，富于理性、包罗万象。

　　早至汉朝的书籍就暗示积功可以带来长寿和好运。[1] 但是，直到公元 4 世纪才有证据证明存在着积累功德的量化方法及有组织的体系。在葛洪（约 283—343 年）的《抱朴子》中，这种尚未发展成熟的体系出现了，但它仅仅是为助人成仙而设计的多种方法之一，例如 300 件功德将使一个人成为地仙，1 200 件功德能使人升入天府，成为天仙。葛洪自己作为一名"养生"的拥护者和热衷追求成仙的人，也描述了一个神灵官僚体系，他们高高在上，监督着人们积累功德的实践。[2] 因此，在 4 到 16 世纪某些道教与佛教教派的经典中，功德积累体系具有五花八门的形式。不同的文本提出不同的神系，宣扬不同的功德积累目标，或者制定不同的赏罚标准。创作这些文本的教派彼此之间随意借用概念和神明，道教经典警告人们防备罪业的后果，佛经中也有对道教神的祈祷。[3] 因此，实际上不

---

[1]　例如，见《汉书》卷 7 第 71 卷，第 3046 页，及卷 8，第 100 卷上，第 4208 页；瞿同祖：《中国法律与中国社会》，第 217 页。

[2]　王明：《抱朴子内篇校释》，第 47—48 页、第 114—115 页。

[3]　非常粗略地说，在道教灵宝经、上清经一系的经文中，包含了对功过格体系最详尽的描述。近来的研究清楚地表明，在所有这些不同的文本传统之间，存在着大量的互相影响：上清经从灵宝经中借用，而且在他们的体系中结合了佛教教义，甚至是民间宗教信仰。参见 ［美］司马虚：《茅山志》，第 28—30 页、第 40 页，第 139—144 页；［法］贺碧来：《内丹对道教及中国思想最初的贡献》，第 1 卷，第 190—195 页；［美］柏夷：《灵宝经的来源》，第 434—444 页、第 477 页。

　　这里所叙述的功过体系的发展史，显然是高度简化的概括。据我所知，还没有人写过这个体系的通史。最完整的历史学研究是 ［日］吉冈义丰：《道教研究》，第 2 卷，第 167—227 页，也见于 ［德］艾伯华：《传统中国的罪与过》，第 359—369 页；郑志明：《中国善书与宗教》，第 5—61 页和其他各处；［美］司马虚：《茅山志》；和 ［法］苏远鸣：《中国肖像画札记：地藏神谱》，第 1 部第 45—78 页和第 2 部第 141—170 页。

大可能将功德积累体系或概念排他性地与某一学派或教派挂起钩来：他们都援用了中古宗教思想共有的基本词汇。

## 功德积累的基本原理

尽管早期功德积累方法五花八门，但我们还是有可能看出构成其基础的特定原则。一般而言，即便不是所有人、也是绝大多数人都认可这些原则。[1] 许多经书都认为，应该秘密进行获得功德的活动，因为如果一个人因其行为而获得公众的称赞或酬劳，他就不能再指望从神那里得到任何奖赏——一件善行不能两次受到报偿。善和恶被看成须经过计算和测量的品质，每一件善或恶的行为，不论它多么微小，都要加入个人的总数当中。《易经》解释说："善不积不足以成名，恶不积不足以灭身。小人以小善为无益而弗为也，以小恶为无伤而弗去也。故恶积而不可掩，罪大而不可解。"[2] 报应也被精确地估量过，赏罚的施与同个人积累的功过相对应。因此，初唐的一部道教经卷解释说，可以料想一个做了530件恶事的人，他的孩子会因早产而死，而一个做了720件恶事的人，将受到更严重的惩罚——有一串女儿，却不幸没有儿子。[3]

为了审查监督这一人类行为的复杂过程，为了计算和估量每个人的事迹，为了在天庭的登记簿上记录它们、算出最后的

---

[1] 在简述这些原则时，我的文献来自不同时期和范围广大的宗教和思想派别，希望能为读者提供一些功过积累体系的丰富多样的表现。这一部分我都很依赖于第 34 页注释 3 中提及的研究。

[2] 《周易引得》，第 47 页上，译文来自沈仲涛：《华英易经》，第 319—320 页。

[3] 《道藏·要修科仪戒律钞》，《道藏子目引得》（哈佛燕京学社汉学索引丛书第 25 号）463，第 12 卷第 10 页上—11 页上，引自〔法〕马伯乐：《道教与中国宗教》，第 273 页。

成绩并施以适当的赏罚，就需要一个庞大的神灵官僚系统。如果说，周王对于受到身份模糊的上天的裁决感到敬畏，那么，信仰功德积累的人则要面对一大批让人迷惑并且变化无常的诸神的详细调查，这些神既有来自佛教的，又有来自道教的。这些神无所不在，在天上、地下、甚至人身上——没有人能逃脱诸神的监视。在这里，报应不是不受外界动因调节的自发过程，相反，赏罚是由干预性神灵的巨大网络刻意安排的。

为了确保能够记录所有有关个人报应的因素，这种相对复杂的"行政管理"是必需的。因为报应并不仅仅以个人的行为为基础。首先，它在很大程度上是以家庭为单位运作的。《易经》非常清楚地阐明了这条原则："积善之家必有余庆，积不善之家必有余殃。"[1]这就意味着个人继承了他祖先积累的功过。为了抵消祖先积累的恶，他们应该努力行善。因此，郗回（4世纪）——一个早期茅山派的弟子渴望成仙，他受到上清诸神警告说，由于他父亲的罪恶，他成仙甚难：

> 郗回父，无辜戮人数百口，取其财宝，殃考深重。怨主恒讼诉天曹，早已申对。回法应灭门，但其修德既重，一身免脱，子孙岂得全耶。回当保其天年，但仙道之事去之远矣。[2]

自然，一个人也会设法尽可能积累额外的功德传给他的子孙，以保证其家系的延续和昌盛。

---

[1] 《周易引得》，第4页上，译文来自沈仲涛：《华英易经》，第319—320页。
[2] ［美］司马虚：《茅山志》，第164页，引自《道藏·真诰》，《道藏子目引得》（哈佛燕京学社汉学索引丛书第25号）1010，第8卷，第5页下。

　　由于相信人在出生时就有定"数"，即他的寿命及其命运大势，所以报应的计算变得更加复杂。这种定数虽然可以因人们的行为而变易（更好或更坏），但依然对他的生活影响颇深——很明显，一个出生时只有 20 岁"本命"的人将不得不加倍努力，以求比有 60 岁"本命"的人活得更长。当然，确知一个人本命的寿数和内容是很重要的，用生辰八字算命成为揭示个人本命的最流行的方法。[1]

　　最后，个人会发现他前世的"业"决定他现世的状况。他不能控制这种"业"——他只能接受其以往行为的不可避免的后果。事实上，过去用来指明这些结果的佛教用语"宿命"，很快就有了先天命定的意思，个人没有力量去改变这种命运。[2]但是，个人当然要留心他现世的行为，它们至少会给他一个较好的来生，这也可能抵消或改变他过去行为的一些影响。

　　所有这些偶然因素都影响个人在这个世界上的命运安排。这对于解释迟到的和明显不公的报应现象大有好处。好人没有好报，而恶人却坐享其成的情况太普遍了；参照个人的"本数"、功过继承或转世说，能够很容易地解释这些明显的不符。

　　人们积累功德的最终目标是获得某种神赐——对佛教徒来说是投胎到更高等级的生命形态，对道教徒来说是成仙（或者长寿与健康）。善行被赏以神赐的福祉，这些善行主要由慈善行为、节俭以及（尤其在佛经中）像吟诵经文那样的宗教信仰活动组成；恶行将受惩罚，投生为动物或虫类，或在地狱中遭受折磨。至少在整个宋代，积累功德的目标是预防性的，列出

〔1〕　［美］司马虚：《茅山志》，第 160—161 页；侯锦郎：《中国宗教中的捐赠与财富观念》，第 106—108 页、第 116—126 页、第 130 页。

〔2〕　［法］贺碧来：《道教史中上清派的启悟》第 1 卷，第 100—101 页。

的事迹主要是坏事，着重强调可怕的惩罚在等待着作恶使坏的人或他的家庭。事实上，这种功德积累经常被看成是对"王法"的一种补充，一种检查神是否真的用"阴律"降罪于应受惩罚者的方法。"为不善乎显明之中者，人得而诛之；为不善乎幽闲之中者，鬼得而诛之。"〔1〕

这种复杂的方法在 12 世纪以前的发展过程中，与佛教和道教教派有关。结果就是发展出了很多不同的超自然报应的神，功德积累的原则也五花八门，通常反映了教派信仰的不同。然而在 12 世纪晚期，两部里程碑式的经文产生了，它们最终被认为是功德积累的最权威的陈述。一部是《太上感应篇》（约 1164 年），它对功德积累和超自然报应运作进行了简明而全面的综述；另一部是现存第一个功过格——《太微仙君功过格》（1171 年），它通过给行为表现赋予分值的办法，让功德积累的逻辑引导出自然的结果，因此它允许功过格的使用者计算自己积攒的功德。

尽管我们无从知道这些文本在出现之时影响如何，但是到了晚明，它们一并成为了功过体系的"圣经"。从那时起，它们被看成是道德修炼的工具，《太上感应篇》解释功过体系的运作，《太微仙君功过格》则提供实用的指导。正如 17 世纪一位作者所解释的："《感应篇》、《功过格》皆勉人以积德累功，修身立命。《感应篇》则提示夫大端，《功过格》则详求于细行。要之，《感应篇》未尝不重细行，正可与功过格参合。"〔2〕另一位拥护者也督促士民，在每天使用《功过格》填写当天的

---

〔1〕 《庄子引得》，第 63 页，译文来自〔美〕华兹生：《庄子全书》，第 255 页。关于功过格与刑律之间引人注目的相似，见于君方：《佛教在中国的更新：株宏与晚明的圆融》第 129—134 页。

〔2〕 （清）陈锡嘏：《功过格绪言》，《汇纂功过格》卷末 21 页上—21 页下。

功过之前，复习一下《太上感应篇》。[1] 这两部经书都是理解明末清初功过体系的关键。

## 《太上感应篇》

《太上感应篇》详细解释了功过的理论，据说它是太上——"至高无上"（把哲学家老子神化后的称号）的演讲录。太上以引自《左传》的话为开篇，断言人最终要对自己的命运负责："祸富无门，唯人自召。"[2] 接着，他又描述了一个取自于中国早期宇宙论和《抱朴子》的神报体系，来证实这个真理：

善恶之报，如影随形。是以天地有司过之神，依人所犯轻重以夺人算（百日寿命），算减则贫耗，多逢忧患，人皆恶之，刑祸随之，吉庆避之，恶星灾之。算尽则死。

又有三台北斗神君在人头上录人罪恶，夺其纪（12年寿命）算。又有三尸神在人身中，每到庚申日辄上诸天曹，言人罪过。月晦之日，灶神亦然。

凡人有过，大则夺纪，小则夺算。其过大小有数百事，欲求长生者先须避之，是道则进，非道则退。[3]

---

〔1〕《同善录·卷末跋》第 1 页下，引自〔日〕酒井忠夫《中国善书研究》第 368 页。

〔2〕〔英〕理雅各：《中国经典》第 5 卷，第 502 页。

〔3〕《太上感应篇》，《道藏子目引得》（哈佛燕京学社汉学索引丛书第 25 号）1159 第 1 卷第 1 页上—21 页下。关于这里的翻译，我用了《道藏》中标准的 30 卷本（包括有李石的注和郑清之的诗）。我参考了下列译文：〔美〕保尔·卡路斯、〔日〕铃木大拙译《太上感应篇》；迈克尔·科伊尔译《太上感应篇》；儒莲译《太上感应篇》；〔英〕理雅各译《太上感应篇》；詹姆斯·韦伯斯特译《感应篇》。

太上在此仅仅给出了一个掌管报应的简单的官僚体系，就使读者相信超自然监督者无所不在。三台星君包含了重要的司命星，它和北斗神君是掌管报偿系统的主要（但不是仅有的）星神。[1]这段话强调，地上同样存在着监督神：三尸神实际上是隐藏在人体内的神，它们热切等待着人死去的那天，也即它们获得自由的那天到来。因此，它们勤勉地向司命报告这个人所有隐秘的恶行和思想。灶神则利用它居于厨房中心的优势，观察这个人及其家庭，补充这些报告。[2]这样，人在所有方面都受到超自然官僚们的监视，它们不仅能看到他的所有行为，而且，还能度量出其中哪些是重要的。

接下来是对好人善行的一番简述，主要包括一般的善行和有德的思想：行忠孝、怜孤寡、助贫弱、谦恭、慷慨等等。这种好人将在有生之年被赐以财富与成功。如果他积善达到一定数量，甚至还可以成仙："人皆敬之，天道佑之，福禄随之，众邪远之，神灵卫之；所作必成，神仙可冀。夫欲求天仙者当立一千三百善，欲求地仙者当立三百善。"[3]

---

[1] 早期断代史中的天文（或天官）部分，包含了对负责报应的星神及其职位的叙述。道藏经文中也常提到它们。比如，见《太上洞玄灵宝业报因缘经》，《道藏子目引得》（哈佛燕京学社汉学索引丛书第 25 号）336，第 4 卷第10 页上及第 8 卷第 4 页下；《太上灵宝诸天内音自然玉宇》，《道藏子目引得》97，第 3 卷第 22 页上—22 页下；《元始无量度人上品妙经通义》《道藏子目引得》89，第 4 卷第 10 页上—10 页下。还有几种二手资料讨论了这些不同神之间的复杂关系：[日] 稻畑小一郎《司命真相的揭示》第 1—15 页，[日] 小柳司气太《老庄思想与道教》第 340—352 页，[日] 窪德忠《庚申信仰与北斗信仰》第 24—25 页，[法] 石泰安《2 到 7 世纪的道教与民间宗教》第 76—77 页，及郑志明《中国善书》第 42—47 页。

[2] 关于三尸神的更多内容，见 [日] 窪德忠《中国的三尸信仰与日本的庚申信仰》第 6—12 页；关于灶神，见 [日] 稻畑小一郎《司命真相的揭示》第2—3 页、第 9—10 页，及郑志明《中国善书》第 46 页、第 161—182 页。

[3] 《太上感应篇》，《道藏子目引得》（哈佛燕京学社汉学索引丛书第 25 号）1159，第 1 卷第 22 页上—第 6 卷第 5 页上。

再接下来的较长篇幅是有关坏人坏事的，这暗示着《感应篇》与较早的道教及佛教经典一样，最关心的是防范作恶，即以惩罚的威胁使人们害怕，从而远离罪恶。尽管这些行为的排列并没有一目了然的逻辑顺序，但它们还是可以被分成几种不同的行为类型。有相当数量涉及最初儒家经典中定义的五伦关系，"暗辱君亲"、"慢其先生、叛其所事"、"恚怒师傅"、"骨肉忿争"、"男不忠良"、"常行妒忌"等等。[1]当然，其他关系也没有被忽略，比如，《感应篇》告诫说，反对"诳诸无识"、"凌孤逼寡"、"壅塞方术"、"耗人货财、离人骨肉"、"埋蛊厌人"、"见他失便，便说他过"。[2]如同在善行那一组中一样，有几条是有关个人修行的——即消除可能诱人犯错的恶念、思想及暴躁的脾气："刚强不仁"、"愿人有失"、"包贮险心"、"见他色美起心私之"、"淫欲过度"、"贪婪无厌"等等。[3]然后，描述了与各种职业相关的违法违规事例。它告诫官员不能"弃法受贿"、"扰乱国政"、"赏罚不平"、"轻蔑天民"；商人不能出卖或交易没有价值的东西，不能为谋私利而短斤缺两，或者以伪充真；农民不能败人苗稼。[4]最后，还列举了某些亵渎文化和宗教禁忌的事：从井和炉上跳过，用灶火

[1] 《太上感应篇》，《道藏子目引得》（哈佛燕京学社汉学索引丛书第25号）1159，第6卷第14页；第7卷第1页上—2页下；第20卷第1页上；第25卷第2页下、第4页上、第12页上；也见于君方《佛教的更新》第110—112页；郑志明的《中国善书》第52—59页。

[2] 同上，第7卷第4页上；第10卷第1页上；第11卷第6页上；第14卷第6页下—8页上；第19卷第9页上、第4页上。

[3] 同上，第8卷第1页上；第13卷第1页上；第16卷第10页下；第18卷第12页上；第24卷第1页上、第14页上。

[4] 同上，第9卷第1页上，第2页下；第10卷第2页下；第13卷第8页上；第15卷8页下；第21卷第2页上；第24卷第7页上—8页上、第9页上。

燃香，用脏的薪柴烧煮食物，向星星吐痰，朝北方（北极星君的住所）咒骂，等等。[1]

在这个长长的恶行单子之后，是一段提醒，声明作恶者本人及其家庭都不能逃脱惩罚：

> 如是等罪，司命随其轻重，夺其纪算。算尽则死，死有余责，乃殃及子孙。又诸横取人财者，乃计其妻子家口以当之，渐至死丧。若不死丧，则有水火盗贼、遗亡器物、疾病口舌诸事，以当妄取之直。又枉杀人者，是易刀兵而相杀也。取非义之财者，譬如漏脯救饥，鸩酒止渴，非不暂饱，死亦及之。夫心起于善，善虽未为，而吉神已随之；或心起于恶，恶虽未为而凶神已随之。[2]

但是而后，残酷的语调变得明快起来，这是由于太上借用佛经《法句经》解释说，即便是一个作恶多端的人，如果他悔过自新，依然能得到幸福。"其有曾行恶事后自改悔，诸恶莫作，众善奉行，久久必获吉庆。所谓转祸为福也。"[3]

这篇简短的经文以一个对报应体系的概述作为结论，它利用了佛教言、视[4]、行的分类，来分析人的善恶之行："故吉人语善、视善、行善，一日有三善，三年天必降之福；凶人语

---

[1] 《太上感应篇》，《道藏子目引得》（哈佛燕京学社汉学索引丛书第25号）1159，第27卷第1页上—第29卷第3页上。
[2] 同上，第29卷第5页下—第30卷第6页上。
[3] 同上，第30卷第7页下，见保尔·卡路斯、铃木大拙译《太上感应篇》第79页。
[4] 作者在此译为"thought"——译者注。

恶、视恶、行恶，三年天必降之祸；故不勉而行之?"〔1〕

　　这本经书仿佛是为一般的俗众而写的，它的无名作者在简化和展现功过体系方面获得了令人钦佩的成功——这当然是与此前多少秘传的道教和佛教经典比较而言的。事实上，《太上感应篇》的许多内容都取自于或渊源于《抱朴子》。〔2〕但是，在《抱朴子》中，积累功德仅仅是成仙的众多方法之一，而且实际上几乎淹没于葛洪炼金术的处方中。在《太上感应篇》中，功过体系是独立的：行善是获得神赐的唯一途径。成仙固然仍是主要目标，但是《感应篇》也承诺（虽然相当含糊）可以得到诸如平常的幸福和财富这样更直接、也较易得到的回报。

　　《太上感应篇》中的报应宇宙观对普通听众来说也是可以接受的；与早期的道教和佛教经典不同，它不把报应与特殊教派的神绑在一起。一个众所周知和万众膜拜的太上，代替了《抱朴子》中开列的相对深奥难懂的经文，成为这个体系背后的权威。〔3〕《感应篇》中其他的报应神，无论是天神还是地祇，都是至迟在汉朝就已出现的，他们中的大多数都不独属于某一教派。《感应篇》中的诸神无疑不为儒、释、道三教中任何一教所独有。

　　此外，善恶两部分中所列的事例，反映了大多数中国人的价值观，并且它们也适合所有人，不管其身份或宗教信仰如何。由于这个经文包含了孝道、家庭关系及对国家的忠诚几类行为，

---

〔1〕　《太上感应篇》，第30卷第9页下，见于君方《佛教的更新》第108页。

〔2〕　〔日〕吉冈义丰：《道教研究》，第91—104页。

〔3〕　王明：《抱朴子内篇校释》第6卷第114页；所提及的经文是《易内戒》、《赤松子经》及《河图记命符》。

所以有些学者强调这部著作具有强烈的儒家色彩。但是，因为这些价值观这时已经完全结合进道教及佛教经卷中，所以最好还是认为它们是被普遍接受的"中国人的"道德标准。同样，《感应篇》也不存在把读者与任何特定教义或教派团体联系起来的宗教禁忌。

作者还以更直接的方式提及当时所有主要的学派。《感应篇》引用儒家经典《左传》中的文字作为开篇，肯定报应的效力。但是，更重要的是佛教因素，尤其是它引用了鼓励改过的《法句经》。《太上感应篇》在这里再一次稍稍改动了原有的报应规则。《抱朴子》的规定很严厉，甚至一件很小的坏事也可以抵消1 199件善事——对犯错者不施仁慈。但是在《感应篇》中，神灵们要慷慨得多；他们希望人们行善，而且只要信徒真心忏悔并改弦易辙，他们就愿意原谅其过错。[1]

我们完全不清楚现存这篇简短的经文（大约1 280个字）的出版时间。我们知道它的版本最早大约出版于1164年，这时有个叫李石（大约卒于1182年）的人"传"经，他增加了大量的注释，使这部简短的《感应篇》增扩为30卷的巨著，占了《道藏》中的6卷。李石是四川资阳人，原名知几。他为考取进士功名向梓潼神（后来的文昌神）祈祷，神答复他，教他改名为李石。李石遵命改名，结果他真的进士及第，并且最终被荐举做太学博士。他的传记解释说，由于他不愿奉承上司，他最终没有获得这个职位。事实上，尽管有几个身居高位的朋友的帮助，但李石除了做过短暂的四川眉州县令外，从来没有在

---

〔1〕 《太上感应篇》，《道藏子目引得》（哈佛燕京学社汉学索引丛书第25号）1159，第30卷第7页下—8页上。

仕途上得意过。然而，作为学者，他获得了极大的声誉，尤其以他高深的学识和对《易经》及《春秋》的研究而著名。

李石似乎认同《太上感应篇》，把它作为太上为引导人们远离恶习所传授的教诲。他这样叙述《感应篇》：

> 篇中之语皆天府所定世人罪福条目。然世人行事多只取快一时，不知过后一一皆有罪报，太上所以垂传此篇于世者，正欲世人知所避就也。故近岁周麓以此篇劝化而立能脱饥馑之殃，王公一念愿行亦获延一十四年之寿。则太上利人之意从可见矣。[1]

没有太多的证据能够证明李石与 12 世纪以前传播功德积累的道教或佛教教派有关。但是，他显然通晓佛、道经文，因为他在对《感应篇》的注释中，经常提及这些经文中的神或方法。当然，他的注释是兼收并蓄的——他既引用儒家经典，也引用道教和佛教经书，还提供了许多历史上的和当时的报应事例。[2]

关于宋代《太上感应篇》的读者问题，很难得出一个确定而有力的结论。毫不令人奇怪，我们没有这部经文在 12 世纪以

---

〔1〕（宋）李石：《乐善录》卷4第13页下—14页上，也见卷6第2页下—3页上、第6页上—9页下。

〔2〕比如，见《太上感应篇》，《道藏子目引得》（哈佛燕京学社汉学索引丛书第25号）1159，第25卷第2页下。李石显然通晓早期道教经典的教义，并且甚至熟悉许真君派的信条。这一教派最终创造了现存第一个功过格《太微仙君功过格》。李石在《太上感应篇》，《道藏子目引得》（哈佛燕京学社汉学索引丛书第25号）1159第1卷第20页上及《乐善录》卷4第10页上—10页下中提到了许真君；关于他对灵宝宇宙论的描述见《方舟集》卷9第4页下。

前或 12 世纪期间被广泛使用的证据。但一些学者暗示，早在那个时代以前，《感应篇》就是受欢迎的、广为流行的文本。而李石那冗长的学究式集注，只是给那个简短且相当简单的小册子提供了一种形式和合法性，这很显然使它受到了高级知识分子精英的关注，并保证了这部经文写本的流传。[1]

我们确有大量证据说明当时文人对《感应篇》有兴趣。当然，李石本人就是受过教育的精英中的一员：他拥有进士功名，密友中先后有两位宰相：赵雄（1129—1193 年）和王淮（1126—1189 年），侍御史胡晋臣（1157 年中进士，1193 年卒）也与他交往甚密。这部经文稍后的一个注释者郑清之（1176—1251 年）是著名学者和高官，被理宗皇帝（1225—1264 年在位）两次任命为宰相。[2]更有声望的理学家、官员真德秀（1178—1235 年）则鼓励这部经书的传布。在《感应篇》的两篇不同的序中，他用儒家辞句来肯定这部著作："世谓感应之言独出于老佛氏，非也。《书》有作善降祥之训；《易》有积善余庆之言。"[3]他甚至举出后来的理学家来支持"感应"信仰："抑尝闻伊川有言曰：凡有动皆为感，所感必有应，所应复为感，所感复有应。"[4]尽管真德秀对《太上感应篇》是否对学者有作用持保留态度，但是他相信它可能有助于指导普通人的言行。甚至宋理宗似乎也与真德秀一样肯定这本著作的教化价值。这位皇帝甚至不惜花费一百万钱，让工匠刻

---

〔1〕 ［日］吉冈义丰：《道教研究》，第 70 页、第 78 页；也见 ［日］ 小柳司气太：《老庄思想与道教》，第 368 页。

〔2〕 同上，第 90 页；傅海波编：《宋代名人传记辞典》第 1 卷，第 156—163 页。

〔3〕 （宋）真德秀：《西山真文忠公文集·感应篇》卷 35 第 549 页；参考 ［日］吉冈义丰《道教研究》第 83 页。

〔4〕 （宋）真德秀：《西山真文忠公文集·感应篇序》卷 27 第 423 页。

印这部经书向全国分发。[1]

　　当然，我们无法确知，这些士大夫们以及理宗皇帝到底有多么深刻并真诚地相信功德积累。不过，有许多理由（除了个人信仰方面的理由外）说明为什么《太上感应篇》可以吸引他们。在诸神的支持下，它提供的方法有利于维持社会的和谐稳定：一个信仰者必须遵循传统美德，这种美德与他（或她）作为儿子、丈夫、妻子、学生、老师、官员、商人或者仅仅是一个良民的社会身份息息相关。由于剔除了《抱朴子》中秘密的、昂贵的炼金术，不再提及通常属于排他性道教和佛教教派的特定神祇，《感应篇》简化了功德积累体系，更贴近广大读者。这样，它毫无疑问成了传布功过体系的主要载体。

## 《太微仙君功过格》

　　《太上感应篇》问世不到 10 年，《太微仙君功过格》就出现了，它后来成为《太上感应篇》的姐妹篇。《太上感应篇》确立了这一体系的基本原则，而《太微仙君功过格》为功德积累的切实执行提供了精确的指南。事实上，它是现存第一个详细解释人们怎样才能保存自己的道德记录的文献。与《太上感应篇》一样，《太微仙君功过格》被说成是从天而降帮助人们纠正错误，脱离痛苦的著作。但是与《感应篇》不同的是，《太微仙君功过格》与一个特定的道教教派，甚至是这个教派特定的历史阶段相联系。

---

[1] ［日］吉冈义丰：《道教研究》，第81—82页。

《太微仙君功过格》是崇拜许逊（239—292/374 年?）的许真君教派的作品。许真君教派创立于 4 世纪晚期的江西新建县。它的文献记录了关于许逊生平的许多不同说法，而许逊也因为在各种身份上的表现而受到怀念——儒家官员、屠龙者、道教巫医及神仙。许逊在晋朝（266—316 年）做过四川旌阳县令，因为为官公正且顺乎民意而赢得人们的爱戴。这个教派的经文说他保护人民不受贪官污吏及其他小人的侵扰，并教之以忠孝、仁爱、忍耐、勤俭。[1] 同时，他施行道教巫术帮助人们：他用点金术把屋瓦点化成金，使人们能缴清赋税；他还散发符篆，使人民免遭瘟疫之害。他从恶魔那里将百姓解救出来，特别是那些需要崇拜和昂贵的献祭仪式才能禳解的龙怪。在晋朝灭亡后，他辞官远行，云游四方，修炼法术。374 年，他已年逾百岁，两个仙人造访他，告诉他说，由于他前世避免了杀生和不敬祖先的罪过，今生又通过散发符篆、医治疾病、惩罚罪恶等积了许多功德，所以，他被赐列仙籍。随后，他与 42 名亲戚、弟子一起升入天界。在许真君成仙的地方，江西新建县逍遥山，建起了一座庙宇。这座后来被命名为玉隆万寿宫的庙宇，成了许真君派的祖庭。[2]

这个崇拜许真君的教派与那时大多数道教教派一样，都

---

〔1〕 ［日］秋月观暎：《中国近世道教之形成——净明道之基础的研究》第 90 页，关于《太微仙君功过格》的作者，见第 197—199 页、第 210—216 页；关于对这个教派的文献及它所来源的经典传统的讨论，见第 239 页、第 241—243 页。以下关于许真君派及净明忠孝道的几乎所有材料，都依据秋月观暎的研究。

〔2〕 《净明道师旌阳许真君传》，《道藏·净明忠孝全书》，《道藏子目引得》1102，第 1 卷第 1 页下—2 页上、第 8 页下—9 页下。关于许真君传记的部分译文，见 ［日］秋月观暎《中国近世道教之形成》第 76—83 页、第 90—92 页及 ［美］鲍菊隐《10 至 17 世纪的道教文献考》第 70—78 页。

把成仙作为主要的精神目标。以许逊本人为例，这个教派为成仙制定了一个兼收并蓄的实践方法——既奉行孝道，也使用符箓。到了晚唐和宋代，许真君派已经赢得了相当数量的信徒，甚至得到了两位皇帝的支持。宋真宗（998—1022 年在位）在 1010 年给这个教派的祖庭赐名"玉隆"；一个世纪以后，1112 年，宋徽宗（1101—1125 年在位）赐许逊以"神功妙济真君"的尊号。显然，徽宗对许逊降妖除魔的传说，留下了特别深刻的印象，徽宗认为"淫祠"的流行会威胁国家的安全，所以他希望在禁毁淫祠这件事上得到许逊的帮助，把他列为王朝的守护神。[1]

但是，在 12 和 13 世纪，教义及教派的性质最终发生了相当大的变化，为民族存亡而战的责任被大大强化了。正是在这个时期，《太微仙君功过格》产生了。变化的压力部分来自不断恶化的政治局势。12 世纪 20 年代，南方成为金宋交战的战场。金军在 1129 年跨过长江追击宋高宗（1127—1162 年在位），并且在 1131 年最终北返之前，设法攻下了杭州和宁波。尽管许真君派的中心新建县，不在战斗最激烈的地区，但也受到了金军的侵扰。金兵们曾试图烧毁教派的祖庭玉隆万寿宫，据说玉隆万寿宫的柱和椽不可思议地自动喷水，才把大火给扑灭了。[2]

1129 年，由于对人民饱受金宋交战之苦感到不安，这个教派的领袖何真公恳求许真君解救他的信徒。许真君答应解救，

---

〔1〕 ［日］秋月观暎：《中国近世道教之形成》，第 117 页、第 206 页，及 ［美］鲍菊隐：《10 至 17 世纪的道教文献考》，第 72 页。

〔2〕 《许真君传》，《道藏·修真十书》，《道藏子目引得》263 第 34 卷第 5 页上—5 页下，参见 ［日］秋月观暎《中国近代道教之形成》第 202—203 页。

三年之后果然降下了"灵宝净明秘法"和"净明忠义大法"。我们不太清楚什么是"灵宝净明秘法"，也许是新的符箓，也许是其他用于自保和修炼成仙的法术。第二件大法提供了帮助信徒平安度过惨烈战争的指南，[1]教义强调忠君报国，这虽然与许真君本身作为一个有德官员的身份非常相符，但它尤其反映出对国家统一和国力的关心，这在中国受到"蛮族"入侵时是很自然的。[2]教派领袖感兴趣的是，提供道德教化与法术以缓解当时的社会失序。

《太微仙君功过格》在很大程度上体现了这种变化对教派事务的影响。尽管战争的高潮到1131年就过去了，但新建地区并没有从困境中摆脱出来。1162年，由于岁币问题，金与南宋的战争再次爆发。[3]10年后创作的《太微仙君功过格》就被教派成员解释成神仙帮助他们度过当时无序状态的另一种努力。与《太上感应篇》及此前其他许多道教经典类似，《太微仙君功过格》也声称是由神仙传给一个凡人的，后者只是被动记录了神的旨意。这个人就是又玄子，是住在玉隆万寿宫惠真殿的

---

〔1〕《序》，《道藏·灵宝净明新修九老神印伏魔秘法》，《道藏子目引得》562，第1页上—1页下；也见《西山隐士玉真刘先生传》，《道藏·净明忠孝全书》，《道藏子目引得》1102，第1卷第19页下—20页上。两者都参照秋月观暎的《中国近世道教之形成》第121页，也见于第120—126页、第204—210页的讨论。

〔2〕"忠"在此也指个人对自己思想的忠诚，或者更简单地说，就是"诚"。这是理学家通常的解释，而且这个教派在元朝变成净明忠孝道，这个词进入教派文献后，也是这个意思。但是秋月观暎在此令人信服地主张，在宋朝，它至少也有对皇帝、对国家忠诚的意思。《太微仙君功过格》中的条规包括"为国"做某些事情，这证实了秋月观暎的观点。见他的《中国近世道教之形成》第157—158页、第181—184页、第207—298页，也见〔美〕鲍菊隐：《10至17世纪的道教文献考》，第76—77页。

〔3〕〔日〕秋月观暎：《中国近世道教之形成》，第209页。

一名道教法师。他在序中解释了这个经文是如何写就的：

> 余于大定辛卯之岁仲春二日子正之时，梦游紫府，朝
> 礼太微仙君，得受功过之格，令传信心之士。忽然梦觉，
> 遂思功过条目，历历明了。寻乃披衣正坐，默而思之，知
> 是高仙降灵，不敢疏慢，遂整衣戴冠，深砚挥笺，走笔书
> 之，不时而就，皆出乎无思，非干于用意。

然后，他描述了使用功过格的方法：

> 著斯功格三十六条，过律三十九条，各分四门，以明
> 功过之数。付修真之士，明书日月，自记功过，一月一小
> 比，一年一大比，自知功过多寡，与上天真司考校之数昭
> 然相契，悉无异焉。[1]

在经文的正文部分，太微细述如何正确使用功过格，他鼓
励人们将它置放在床边，以便睡前不忘记录当天积累的功过。
他警告人们不要企图夸大功德、隐瞒罪过，并解释说，功和过
是相互抵消的。太微指出，个人能够仅凭一个数字看到他的全
部，从而"自知罪福，不必问乎休咎"[2]。这正是这个功过格
的一大优点。

又玄子也解释了每天使用功过格将会产生的道德后果：

〔1〕《太微仙君功过格》，《道藏子目引得》（哈佛燕京学社汉学索引丛书第25
号）186，《序》，第1页下。
〔2〕同上，第1页上—1页下。

> 　　大凡一日之终，书功下笔乃易，书过下笔的难。即使
> 聪明之士明然顿悟罪福因缘，善恶门户，知之减半，慎之
> 全无。依此行持，远恶迁善，诚为真诚，去仙不远矣。

尽管经文具有明显的道教风格——它以太微仙人为"作者"，将成仙说成是使用功过格的目的——但是又玄子在序言的开始强调，他认为《太微仙君功过格》具有同样坚实的儒家合法性：

> 　　《易》曰："积善之家，必有余庆；积不善之家，必有
> 余殃。"《道科》曰："积善则降之以祥，造恶则责之以
> 祸。"故儒道之教一无异也。古者圣人君子、高道之士，
> 皆著盟诚，内则洗心炼行，外则训诲于人，以备功
> 业矣。[1]

这个带有道教和儒家双重合法性的声明，当然是与许真君本人兼收并蓄的实践，及其教派融会贯通的教义一致的。

《太微仙君功过格》之所以值得注意，是因为它是我们所拥有的第一个真正的功过格。与先前的任何文本相比，它使人们能够在更大程度上控制功过，从而控制自己的命运。正如又玄子向读者保证的，"自知功过多寡与上天司真考校之数昭然相契"[2]。当然，这部经文也说明了功过计算的道德价值，它要比在其他经卷中发现的解释稍微复杂一些。一个人持有功过格，期望它能有助于指导和净化他的心灵，让他了解犯错的内

---

〔1〕 《太微仙君功过格》，《道藏子目引得》（哈佛燕京学社汉学索引丛书第25
　　　号）186，《序》第2页上，第1页上—1页下。
〔2〕 同上，第1页下。

在根源。只要"内则洗心",那么他就能控制其外在行为并行善了。

　　这里,功过体系转向强调内心修炼,这与宋朝新出现的、广大知识分子感兴趣的修身之学恰好相合。当时的炼丹术活动也反映了脱离"外丹"转向"内丹"的发展趋势。"外丹"为了成仙,严重依赖长生不老药和丹丸,以及其他物质技术;而"内丹"解释说,丹药不是外在的物质,而是体内通过冥思可以被运动和操纵的力量。因此,"内丹"的主要拥护者,即在12和13世纪都很流行的全真派及金丹道的信徒们,相信修炼人自身体内的能量,是成仙最有效的方式。[1]更加明显的是发生在理学内部的变化,它偏离了经典儒学对政事的关注,转而强调内在的道德修养过程。理学的集大成者朱熹,利用北宋几位思想家的成果,把个人道德的完善作为他新哲学纲领的主旨。对朱熹来说,这个修身过程依靠某种心理状态的培养——在内心中寻找诚和敬,同样也依靠对心外之物——经典、历史事件、当代事物及人际关系——的考察。[2]《太微仙君功过格》由于强调在行善和积累功德分时反省内心,也加入到了上述时代思想主流之中。

　　这个功过格中所列的行为,既反映了许真君派杂取百家的传统,也反映了它所关注的问题的新变化。许多条规显示了教派的道教取向:"以符法针药救重疾一人为十功,小疾一人为五功,如受病家贿则无功。""传人保益性命符法药术等每一事

---

〔1〕　见〔美〕尉迟酣:《道教:道的分离》,第131—132页;〔法〕贺碧来:《内丹对道教及中国思想最初的贡献》,第297—307页。

〔2〕　秋月观暎在《净明道教学管见——儒佛道三教关系》第20—35页中讨论了儒学与许真君派及净明忠孝道之间的关系。

为五功，如受贿而传为一功。""修圣像、坛宇、幢盖、幡花、器皿、床坐及诸供养之物，费百钱为一功，贯钱为十功；如施与人钱物修置，百钱为半功，贯钱为五功，或以什物一件为一功。"为教派发展成员的活动受到很高的评价——度受戒弟子一人为三十功，印造散施与人小经（谓千字以下者）一卷为十功，大经（谓千字以上者）一卷为二十功。[1]

这些道教行为与其他儒家的规定、被广泛接受的价值观混合在一起。不崇敬长辈、老师或父母将被计以三十过，而且"教人为不廉、不孝、不义、不仁、不善、不慈、为非作过"，一事为一过。正面的鼓励是，尊敬祖先一人就值十功。作为教派新教义的"忠"的重要性被放入几条规定中："旦夕朝礼，为国为众焚修，一朝为二功"；"章醮，为国为民为祖先为孤魂为尊亲，祈禳灾害，荐拔沉魂，一分为二功"，并且"为国为民，或尊亲先亡，或无主孤魂，诵大经，一卷为六功"。[2]

最后，还有几种行为集中在为减轻人民痛苦的慈善行动上。例如，鼓励人们为埋葬死者而捐钱（葬无主之骨一人为五十功）；赈济鳏寡孤独穷民百钱为一功；济饥渴之民一饮一食皆为一功；济寒冻之民暖室一宵为一功；若造船桥济渡、不求贿赂者，所费百钱为一功，等等。[3]

在那个不要说成仙，就连长寿的希望都很渺茫的年代里，《太微仙君功过格》以一个详细的指引单，为教派成员提供了清晰的拯救方法。尽管没有提及社会失序的具体原因，但它所

---

〔1〕 《太微仙君功过格》，《道藏子目引得》（哈佛燕京学社汉学索引丛书第25号）186，第1页下—2页上、第4页上—下、第3页下、第4页上。

〔2〕 同上，第10页下—11页上、第4页下—5页上。

〔3〕 同上，第2页下—3页上；也见郑志明《中国善书》第65—69页。

描述的实际行为显示出它对减轻社会危机、确保民族生存的关心。但是，这个功过格真的起到了什么作用吗？遗憾的是，其他教派文献没有明确提及《太微仙君功过格》。不过，写于1112 年和1297 年的另一个教派经卷提及对《净明功过簿》的使用，这至少说明这个教派的成员如果不是一定使用《太微仙君功过格》，至少也是在使用功过格。[1] 许真君派的后继者、成立于1297 年的净明忠孝道，似乎也将功过格的使用与其拯救纲领结合起来。它的一部经卷督促教派成员不要忘了"日记"所行，而另外一部经卷则赞扬这种记录，说它是净化自我道德的工具。[2] 从元到明，坚持记录功过格一直是该教派修行的方法之一。[3]

在 12 世纪，绝不仅仅只有许真君派和净明忠孝道的领袖才认为人们的行为既需要精神上的引领，也需要实用的指导。事实上，这两个教派内部对《功过格》的创作及使用都是南宋缔造"新道教"这股更大的宗教浪潮的一部分。在反对较古老的主流派——茅山派和天师派秘传的、相对晦涩的经卷和仪式的同时，几个新的教派发展了教义和实践，力图迎合人们的需要，他们被战争、饥荒及盗匪所压迫，需要真正的道德、宗教及某种程度的社会组织。这些教派——太一、真大和全真，还有许真君（及净明忠孝道）——并没有放弃通过仪式和巫术进行拯

---

〔1〕 《灵宝净明院行遣式》，《道藏子目引得》（哈佛燕京学社汉学索引丛书第25 号）619，第 10 页上，参考秋月观暎《中国近世道教之形成》第 199—202 页。

〔2〕 《太上灵宝净明飞天度人经法》，《道藏子目引得》563，第 1 卷第 18 页下；《太上灵宝净明入道品》，《道藏子目引得》557 第 1 页下；也见秋月观暎的《中国近世道教之形成》第 141—164 页，第 179—194 页、第 200—201 页。

〔3〕 ［日］秋月观暎：《中国近世道教之形成》，第 199—202 页、第 256—260 页。

救的主张，但他们自由地借用佛教及儒教资源，以扩大其教义的适用性。现在，他们可以召唤起更多的俗人信众，而不仅仅是那些愿意并能够献身于道术的人。[1]

毫无疑问，《太微仙君功过格》包含的善恶行为具有普适性（这些行为与特殊的教派实践混杂在一起），这证明了部分教派领袖对扩大教派信徒的关注。许真君派和净明忠孝道显而易见的特点之一，是相信农民与皇帝、官员、贵族们一样，都有可能获得拯救；教派经卷对于各个等级群体在成仙方面是一视同仁的。两个教派在传播信仰时都没有严格的限制，他们努力向教派外的人们宣扬其教义。[2]

但是要确定两个教派是否成功地吸引了广大的信众是困难的。与《太上感应篇》的情况一样，我们仅有的可靠证据只是证明官员和皇帝对许真君派及净明忠孝道有极大的兴趣和一定的了解，农民和普通人的情况则并不清楚。它也没有得到所有士大夫的赞赏：比如朱熹就攻击许逊派"荒谬"（因为它鼓励男女混杂），并对人们深受其骗表示惋惜。[3]但是，另一些士大夫的确把这个教派看成是向人们传播儒家基本价值观的工具。著名的改革家王安石（1021—1086 年）就是这样一个支持者，他认为儒生们应该看到许真君派致力于减轻人民痛苦这一非常儒家化的目标，从而公正地赞扬这个教派的教义。[4]宋朝有

---

〔1〕 ［日］秋月观暎：《中国近世道教之形成》，第 247—250 页。关于这些教派的更多情况，见 ［日］窪德忠《道教史》第 288—336 页；及陈垣《南宋初河北新道教考》。

〔2〕 ［日］秋月观暎：《中国近世道教之形成》，第 247 页、第 260 页注①。

〔3〕 朱熹：《朱子语类》，第七册，卷 106，第 2646 页，引自秋月观暎《中国近世道教之形成》第 130—131 页。

〔4〕 （宋）王安石：《重建旌阳祠记》，《逍遥山万寿宫志》卷 15、第 6 页下—7 页下，引自秋月观暎《中国近世道教之形成》第 126—127 页。

26 位学者，包括真德秀、黄庭坚（1045—1105 年）、洪迈（1123—1202 年）那样的名人，为这个教派的寺庙写过纪念文章。[1]一位稍后的支持者，元朝的副都御史赵世延（活跃于 14 世纪早期），显然也真诚地相信这个教派的符箓具有治病神力，他赞扬这个教派向人们传播早期儒家的基本价值观：

> 夫臣职忠、子职孝……然则纲三纲（君为臣纲、父为子纲、夫为妻纲）、常五常（仁、义、礼、智、信）者，其惟忠孝乎。呜呼，尧舜之道，孝悌而已矣；夫子之道，忠恕而已矣。是知大道至德之要，其在兹乎。太史愤世，高骛虚玄，徒事清淡，未能力践，去大道愈阔也。于是即秉彝之固有，开简易进修之径，以化民范俗。言近指远，厥惟休哉，窃惟大哉。[2]

由此看来，《太上感应篇》与许真君派（及后来的净明忠孝道）的教义至少都得到了一些来自仕宦精英的支持。从支持者自己的作品判断，这些支持的动机颇不相同：一些人似乎真的信仰《太上感应篇》和许真君派的教义，而更多的人之所以对其印象深刻，看起来只是因为这些经文和教派对传播有利于社会稳定的“儒家”价值观有潜在的作用。

---

〔1〕 〔日〕秋月观暎：《中国近世道教之形成》，第 119 页、第 126 页、第 139 页注③。

〔2〕 《净明忠孝全书》，《道藏子目引得》（哈佛燕京学社汉学索引丛书第 25 号）1102，《序》第 1 页下—2 页上；参考秋月观暎《中国近世道教之形成》第 150 页。《序》对人与道之间悬隔渐远表示担心，这也许是暗指《中庸》第 13 章（见理雅各《中国经典》第 1 卷，第 393 页）。

# 功过体系与儒家命运观

当然，有许多思想家批评《太上感应篇》和《太微仙君功过格》中确立的报应与命运观——实际上是批评其整个信仰体系。在中国传统中不存在对命运和超自然报应概念唯一的、明确的定义，到今天也是如此。我们的确面临着众说纷纭的解释和信仰。对于商王来说，报应就是报偿，是王室祖先对祭品和牺牲的报答。对于早期儒家经典的作者们来说，道德报应是天命。汉儒则偏向于自然主义的报应观，这种报应是由宇宙间的相互"感应"驱动的，与《太上感应篇》和《太微仙君功过格》中想象的、由超自然的官僚所操控的报应大不相同。对于佛学家来说，报应是一个人的行为自然的、也是必然的产物。

但是，也有思想家反对超自然报应的整个思想，否认它由一个有道德意识的上天所监督，受宇宙之气所推动，或者被神的官僚体系所管理。对于这些人来说，命运是随意的和任意的，是完全不受人控制的力量。王充（27—97年?）也许是宿命论主张最坚定的拥护者，他解释说："夫性与命异，或性善而命凶，或性恶而命吉。操行善恶者，性也；祸福吉凶者，命也。"[1]另一些思想家力图调和各种不同的命运观。比如，流行于汉代的"三命说"认为，人的生活被"寿命"、"随命"和"遭命"所控制，"寿命"是一个表示生命长短的固定数字；"随命"像报应那样赏罚他的行为；"遭命"则是王充所信仰的

---

[1] （汉）王充:《论衡》,《王充哲学文集》第 1 卷，第 226 页。

那种任意的力量。[1]

尽管这些五花八门的命运和报应观可能来自相当不同的宗教及思想背景，但是用于表达这些观念的词语，却几乎都是可以相互借用的。因此，"感应"可能是指造成报应的宇宙之气的自然运动，但也可能代表人格化的神灵所控制的、对报应的官僚化管理，就像《太上感应篇》这个书名所表现的那样。毫无疑问，至迟到 12 世纪，"感应"和"因果"（及"因果报应"）在一些语境下被替换使用：在道教和佛教经文中，它们都意指超自然的报应，尽管在高深的哲学著作中，它们可能还保持着各自的原始含意。"命"是意义最宽泛的词。它也许是指一个人与生俱来的、最初的、先定的命运，就好像它是上天任意的命令一样；它也可以指上天赐予统治者的天命，统治者通过他们自己的功德成就获得天命。这里的"命"的确很像英语单词中的"fate"，它包含了两个潜在互相矛盾的观念：一是预先安排好的，不可改变的命（正如汉朝的"遭命"概念）；一是通过个人的道德努力所获得的成败（正如周朝统治者的"天命"，或黄老学派的信徒成仙的"命定"）。因此，王充的结论是"命之不可变"，而葛洪以同样坚定和准确的话语宣称："我命在我，不在天。"[2]

早期儒家学派则为"命"提供了另一种颇为精致的理解，它最终对建立在功过体系之上的命运概念和超自然报应概念形成了最大挑战。正如功过体系的支持者敏锐地指出，最早的经典——《诗经》、《易经》、《尚书》、《春秋》及其传注和《礼记》——都表达了对超自然报应的某种信仰。但是以对天人关

---

[1]　曾祖森译：《白虎通：在白虎观中的大论辩》第 2 卷，第 572—273 页。
[2]　王明：《抱朴子内篇校释》第 16 卷，第 262 页，转引自［法］贺碧来《道教史中上清派的启悟》第 1 卷第 100 页。

系颇不相同的理解为基础，孔子（公元前551—前479年）、孟子（公元前4世纪）在对命运的解释上，有明显的变化。这种变化导致了超自然报应观念的淡化，并导向这样一个主张，即人为为善本身而行善的责任。

孔子的确从来没有明确否认上天会奖善惩恶。事实上，在某些问题上——正如他暗示善行比祈祷更能防止夭折一样——他显然持这样的主张：人们能够通过善良的行为感动上苍。但是在别的地方，他又断言人是身不由己的："生死有命，富贵在天"。最终，孔子似乎持这样的观点：人们应该关心的是改进他自己的行为，而不应考虑上天对他行为的反应。"义民之义，敬鬼神而远之"，这是他所认为的明智之举。[1]

孟子主要通过提炼孔子对命的定义，使这种观点更加明确。命运对他来说不仅仅是上天判决了什么，而是意味着潜在的道德"命令"，这种命令是上天通过赐予他可臻完善的道德天性，并强加给他某些外在的限制，而直接指向每个人的。人一生的外在情况——寿命、地位和财富——都由上天判定，但是君子并不把这些情况看成是对他行为的限制，而是对其道德行为的指引。人不能决定或控制外界的力量，却能够控制自己对它们的反应，因为他可以掌控他可臻完善的道德天性。如果他修炼这种天性并完善自身，使自己能对所有外界的情况都做出恰当的回应，这样他就履行了他的"正命"："莫非命也，顺受其正。是故知命者不立乎岩墙之下。尽其道而死者，正命也；桎梏死者，非正命也。"[2]正如当代学者唐君毅所解释的："我们

---

〔1〕《论语引得》第7篇第35则（第13—14页），第12篇第5则（第22页），第6篇第22则（第11页）。译文来自刘殿爵译《论语》，第113、84页。

〔2〕《孟子引得》第7页上，第1节和第3节（第50—51页）。译文来自刘殿爵译《孟子》，第182页。

所遇到的任何情况都在暗示我们应该怎样做，我们理应按照我们的职责去应付这些情况。"[1]

孟子说得很清楚，人不应该因为善行而希望得到有形的和物质的（外在的）奖赏。有趣的是，他从未断然否认存在着某种超自然报应，而仅仅是否认人们期望赏罚的道德合法性。一个人不应该总是关心他该得到什么，而应关心为培养"内在"的善和道德天性，他能做什么："求则得之，舍则失之，是求有益于得也，求在我者也。求之有道，得之有命，是求不益于得也，求在外者也。"因此，孟子在他非常著名的关于命运的论述中，得出这样的结论：知命者为善本身而行善，毫无怨言地接受上天判付给他的自然和物质际遇——实际上，是接受其作为道德之路上的指引："尽其心者，知其性也。知其性则知天矣。存其心，养其性，所以事天也。夭寿不二，修身以俟之，所以立命也。"[2]通过对孔子思想的详尽阐述，孟子相信个人能通过修身而"立命"。

这种解释后来成为正统理学理解人与命运关系的基础——即它在1313年成为科举考试的标准解释。朱熹在很大程度上是这种正统的作者，他在集注里重申了孟子的思想。他解释说："立命为全其天之所付"此即为立于"正命"。不论是对全力遵守道德的好人还是忽视道德修养的坏人，吉凶祸福都是"无来由的"，这与佛教的主张完全相反。朱熹赞同赵岐（卒于201年）对孟子内求与外求之别的分析，他引述说："为仁由

---

〔1〕　唐君毅：《中国先秦的"天命"》第2卷第35页，第31—37页；及唐君毅：《中国哲学原论：导论篇》第500—612页。
〔2〕　《孟子引得》第7篇，第1—3节（第50—51页），译自刘殿爵译《孟子》，第182—183页。

己，富贵在天。如不可求，从吾所好。"[1]

正如我们在《朱子语类》中所看到的那样，朱熹也将孟子的命运观融入了他自己的哲学体系。他从"理"和"气"两方面来解释"命"，理和气是构成万物之气质的"心物"。从"理"上说，命是指人可臻完善的天性，是天自禀受的；尽管用词不同，但这与孟子的"正命"基本相同，对这个"命"，个人可以决定是顺受其正还是置若罔闻。但是根据"气"，"命"既意指一个人一生中的外部境遇——富有、贫穷等等，也是指一个人与生俱来的气质，这种气质一开始就决定了人的道德品质和智力。据《孟子》所说，前者是命定的，而后者是可以变化的。如果一个人修炼他内在的理，他就可能成功地净化他的气，可以成为圣人。尽管朱熹命运观的本体论基础要比孟子的更复杂，但两者最终的寓意在本质上是相同的：君子总是修身以俟，顺受正命，而不会去理会外在的命运。[2]他当然不会埋头于精心计算善行，以期获得上天的奖赏，而这恰是《太微仙君功过格》所鼓励的做法。

由于朱子哲学及其对经典的解释成为科举考试制度的基础，他在命运问题上的观点自然影响了士人，这种影响尽管并不一定深刻，却也波及甚广。即便是程朱学派的重要挑战者王阳明在这一点上也与朱熹一致。他关于孟子对命运的理解与朱熹一样，而且非常坚定地反对个人为获益而行善："仁人者，正其谊不谋其利，明其道不计其功。一有谋计之心，则虽正谊明道亦功利耳。"[3]当然，并不是所有中国士人，尤其不是所有的

---

[1] （宋）朱熹：《四书集注》中的《孟子》卷7，第1页下—2页上。

[2] 钱穆：《朱子新学案》第1卷，第480—552页。

[3] （明）王阳明：《传习录》第14页，也见王阳明的《王阳明哲学通信》第36页。

官员都支持孟子对命运的这种解释。但是，我们能肯定，参加科举考试的绝大多数人至少被教之以关心自身人性的完善，同时等待接受上天为他判定的任何命运的改变。

这两种截然不同的命运观——考虑周详的功过体系命运观及经典儒学和正统理学的命运观——自然暗示了关于人在宇宙中位置的完全不同的看法。两者都假设了一个道德的宇宙，此外就毫无相同之处了。对于儒家来说，上天是超凡的道德秩序或道，它是人的知识或控制力不能直接企及的。尽管上天已经赋予每个人善的本性，但它与人们的生活密切相关；人们自己决定是否从善，并因此必须去努力了解上天的旨意。但是对于功过体系超自然报应的信仰者来说，人受制于庞大的神灵官僚体系（天实际上在此消失了），这个官僚体系以人类的官僚体系为模本并与其相毗连。上天的官僚阶层极其关心人间的事务，考察他们恶迹最细微的发端和最深层的思想根源。这种严密的监视对于在某种程度上维持功过体系中的道德程序是必须的。功过体系的作者似乎并不赞同孟子的信仰，即人性本善，只需要锤炼这种原始的禀赋就可以成为圣人。相反，墨子（活跃于公元前 5 世纪晚期）和法家认为，人们需要不断地接受教育——追求奖赏，更重要的是惧怕受罚——以使行为得当。事实上，人们是被迫向善的。功过体系的文献上有一长串应该避免的恶行，并描述了紧随恶行而来的、令人恐怖的惩罚，强调神无所不在、全知全能，监视着人类的恶行。功过格还精确地叙述了记账方法，这种方法可以确保所有事情都被记录下来；这些当然都说明功过体系一般倾向于认为人性恶。

因此，严格地说，整个功过体系对于易犯错误的人类来说，的确具有威慑性。经文向我们保证，天网恢恢，疏而不漏。但也有某些信仰表明，体系的真实运作并非如此，上天对人的审判也不是完全毫不留情，步步紧逼的，甚至暗示神判也可能受人操纵。由于功过体系把神想象为人类官僚体系在神界的翻版，这让他们的行为易于被人类理解，并且也更易于受人影响。人对于生活在他体内的三尸神，居住在他家里的灶神，和高悬在他头上的众星神，都很熟悉且关系密切。而且，尽管经卷中信誓旦旦地保证报应体系的公正性，但似乎天上的官僚与人间的官僚一样容易犯收受贿赂、侵吞公款和偏听偏信的错误。在中国小说中充满了这样的故事，有些人能够贿赂或欺骗冥府官员以改变他们的善恶记录。比如，一件晚唐的敦煌文书描写了唐太宗（627—649 年在位）暴卒后沦于地府的一场谈判。唐太宗抗议说他对死亡没有准备，要求地狱判官崔子玉改变记录，放他还阳。崔子玉在拒绝了几次礼金后，终于为出任高官的诱惑所动，给皇帝延了 10 年阳寿作为回报。[1]这样的说法必定让人们难于对神判保持完全的敬畏之心。当功过格在宋朝问世时，报应审判的运作进一步清晰明朗起来——渴望帮助人们行善的神告诉人们每件事值几分，以此为人们制定道德秩序规则。这与孔子曾建议的"敬鬼神而远之"相去甚远，在实践功德积累的人的设想中，人与神的接触是频繁而密切的。

　　同样，对于善本身是什么，它是如何养成的，这些问题的理解在两套信仰体系中也非常不同。对于孔孟和朱熹来说，善是笃修慎行后获得的一贯品质。一个人一旦向善，就能循规蹈

---

〔1〕　故事全文翻译见亚瑟·威利：《敦煌韵诗》，第 165—174 页。苏远鸣讨论了这个故事和其他例子，《中国肖像画札记：地藏神谱》第 2 部第 147—170 页，也见第 1 部第 72—73 页。

矩，不用犹豫或三思，因为他已经将上天要求的道德规则与他
自己的本性融为一体了。但是对于功过格的使用者来说，善是
包括信仰行为在内的诸多具体善行的集合体。一个人只要行善
多于作恶，并且尽可能地多做至善至德之事，就能借此变善。
《太微仙君功过格》的序的确暗示了，积累功德是一种训练，
它将培养出一贯、全面的善，但是体系本身并不能保证这个结
果，或防止人们只是机械地运用其方法。分配给各种行为精确
的分值，加上功过相抵的概念，的确很容易鼓励一种粗糙的道
德实践形式。某些善行——比如劝人行善或救济穷人——就事
而论并不要求严格的内在修养或真切的善。而且为什么救
100 只蚂蚁的生命（每只值 1 个功）不能抵消谋杀一条人命
（值 100 个过）呢？毫无无疑，功过体系的创始者们很可能受
到过这类想法的震动，但是直到 16 世纪，没有文章解释过这类
质疑。

乍看起来，功过体系的确在极大程度上为人们提供了控制
其命运的方法。儒家只承认人能控制个人内在的道德进步，而
像王充那样的宿命论者甚至否认人对这个有限领域的掌控。但
是到了宋代，一些信仰功德积累的人开始主张，人生命中的许
多方面——寿命、家庭昌盛及精神状态——都能够通过行善来
改善。但是，功过体系由于其复杂的规则及其组织和运作上的
漏洞，最终仍然暗示了个人对其命运的掌握实际上存在着一些
严重的、不完全可知的局限。个人行为绝不是决定其命运的唯
一尺度——至少还有三个因素在计算中起作用：他的本数、他
继承自祖上的功过及他自己的"业"。因此，即便个人能对他
自己的行为做出完满的记录，也保证不了自己能立即或完全受
益，因为他不能对他的本数、他家庭的历史或他前世的表现施

加影响。同理，他也不必对他的恶运负全责。[1]

不仅如此，官僚制度的混乱与腐败，使人更难以确信他能真正控制自身命运。监督人类行为的大量神祇，以及用于记录人类行为的各种方法，虽然可能给人留下体系完整的印象，却也必定让人对其准确性产生怀疑。如果神灵们易为贿赂所动，他们就必然也容易犯胥吏常犯的错误，这对于倒霉的受害者可能是致命的不幸。[2]诚然，功过体系甚至连同它所有的复杂性仍然鼓励了善行：官僚制度的差错宁愿被视为例外而不是惯例；个人总是希望能改善自己的命运，并且指望能改善他来生或其后代的命运。但是，在至少是16世纪以前关于这一体系的表述中，没有提供一种保险的奖赏办法。

另一方面，尽管孟子和理学家限制了人能够控制的领域，但他们允许个人在这个范围内进行全面的控制。每个人都有潜力日臻完美，有潜力成为在任何情况下都行为得体的人。他不能改变外在的、考验他的环境——比如，他不能在富贵中而只能在贫穷中行善——但是在这强加于他的环境之下，他的行动是完全自主的。他因此要对他的行为负全责，不能责怪盛衰多变的家运，也不能责怪因果报应，甚至不能为"桎梏而死"埋怨天上记录者的失职。

也许正是因为功过体系给人的控制及责任设置了种种限制，它提供了一个几乎无懈可击的意识形态，一种与大多数社会现

---

〔1〕 橘朴提出，这些困难在部分中国人当中导致了一种宿命论，这种宿命论反过来又促使所有阶层都不愿变化（见《道教与神话传说——中国的民间信仰》第138—140页、第161—162页）。但是你也能轻易地反驳说，相信人能够在某种程度上通过他的行为控制自己的命运，这会使人对人生机遇产生乐观态度（见［美］郝瑞《中国民间思想中的命运概念》）。

〔2〕 也见［法］苏远鸣：《中国肖像画札记：地藏神谱》第1部，第72页。

象相符的解释。相反，儒家思想家除了相当模糊地谈到上天的任意判决，或是更具破坏性地攻击现存秩序的道德腐败（在这种秩序中君子得不到统治者的奖赏）以外，不能真正解释为什么一部分人，甚至是恶人会致富，而其他人，包括好人会贫穷。功过体系可以通过援用转世概念或功过继承的概念自圆其说。所有这些神灵用他们的记录和复杂的计算方法，计算出了一个人的道德账，他应得的奖赏可以自半功起算。他们保证社会秩序、物质世界完全就是内在道德秩序的反映：除了官场腐败低效的少数受害者（或受益者）外，每个人在此生中得到的，就是由一个精确灵敏的、超越时空的宇宙审判体系决定的。

这样，功德积累体系的原理和含意，使它与经典儒学及正统理学对人与命运关系的理解清晰地区别开来。在宋代，这两个体系之间的矛盾冲突还没有完全爆发；但是到了明代，当一个相信功德积累的精英力图既实践为善而善的儒家理想，又保有"非正统"的功过格时，它们就非摊牌不可了。

# 二　为升迁而积累功德

　　直到《太微仙君功过格》出现 4 个世纪以后，功过计算体系才开始受到中国士人的广泛关注。这场"善书运动"开始于 16 世纪，在 17—18 世纪达到高潮。[1] 虽然推动善书及功过格复兴的力量是复杂多样的，它与这个时代大的社会、经济和思想变化相联系，但是有一个人与这些书籍的重新流行关系特别密切，这就是袁黄，一名来自浙江嘉善县的士大夫。袁黄将他一生中的成功大多归功于他积累功德的实践，所以他能很好地为功过格代言。晚明功过格传播的主要工具之一，即他的自传性文章《立命篇》。袁黄在文中宣称他的科举成功，甚至他长子的出世，都是使用功过格的结果。从这篇文章看，袁黄显然坚信他改信功过格是十分正确的。

　　《立命篇》看来无疑曾是令人信服的书，因为在它出版后的一个世纪里，至少有 10 种新的功过格被创作出来。一位对此不满的观察者抱怨，它们在当时的士人中甚至比儒家经典更受欢迎。[2] 在整个 17 世纪，甚至直到 20 世纪，功过格都与袁黄

---

〔1〕　〔日〕酒井忠夫：《中国史上的庶民教育与善书运动》，第 295—296 页。
〔2〕　这些新的功过格将在本书第 4、第 5 章中讨论。（清）张履祥：《杨园先生全集》第 5 卷，第 10 页下（第 115 页）。

密切相关。许多后来的功过格和善书都是《太上感应篇》和《太微仙君功过格》这两部"经典"以及《立命篇》的翻版，它们实际上已经成为积累功德的基本指南。赞美者和批评者同样都把功过格与袁黄联系起来，甚至文集和地方志在偶尔提及这些书时也通常把它们与袁黄相提并论。

但这并不是说，功过体系从默默无闻变得声名大振，完全是袁黄的功劳。关于功过积累的知识在 12 到 16 世纪之间从来没有完全湮没无闻。《太上感应篇》仍然是受欢迎的书，在皇帝的赞助下不断重印，而且至少吸引了一位新的传注者的注意。[1]明朝初年，明太祖（1368—1398 年在位）资助了一场广泛的善书出版运动。这场运动产生出来的大部分书都暗示：凡违反善书所列规条者，都可能遭到上天诸神及国家的惩罚。[2]甚至有些新功过格可能就是在这 4 个世纪中写成的，例如《十戒功过格》和《警世功过格》被暂时断代于元朝。[3]

而且，从 15 世纪起，士人们越来越被一些修身和教育方法所吸引，这些方法在某些方面与功过格的方法相似。这些士人撰写忏悔文，在其中记叙他们的劣迹，或者开列一张关于恶言恶行的单子，提醒自己避免犯错。[4]记录德行的表格除了用于士人自我改正之外，也用于训练年轻的学子和规范普通人在乡

---

〔1〕 在元末，陈坚改编了这部经文，并以《太上感应灵篇图说》（1324 年）为题重刻。

〔2〕 ［日］酒井忠夫：《中国善书研究》，第 7—41 页。

〔3〕 这些经文在《道藏辑要·张集》卷 3 第 1 页上—81 页下中被重印。高罗佩在《中国古代的性生活》中简略地讨论过它们，见第 246—250 页。

〔4〕 关于这些著作的讨论见吴百益的《传统中国的修身与悔过》第 22—34 页；［美］韩德琳：《晚明思想中的行动》，第 186—212 页。这类记录的一个例子见吕坤《去伪斋文集》中的《省心记》，《吕子遗书》第 3 卷第 26 页下—32 页下。

约中的行为。吕坤（1536—1618 年）在他的《乡甲约》中使用了一个类似功过格的表格记录善恶，其中善恶行为被分成"大善"、"小善"、"大恶"、"小恶"几等；在某些情况下，一个犯错的人要付一笔罚款给乡里，以得到宽恕。[1]

16 世纪的士人也阅读和使用功过格。罗汝芳（1515—1588 年）虽然主要是作为王阳明的弟子而闻名，但他年轻时曾是净明忠孝道的信徒，并依据该教派的规矩有过一部功过格。[2]对这些经文有兴趣的绝不仅仅只有理学家。重要的净土宗师云栖袾宏（1535—1615 年），年轻时就读过《太微仙君功过格》，并且赞赏备至，将它重印并免费分发。而当他年迈时又对它做了大量的修订，并作为《自知录》（1606 年）刊行。[3]事实上，使袁黄本人改信功德积累体系的云谷（1500—1575 年），就是一名禅宗僧侣。云谷为他提供了一个与《太微仙君功过格》迥然不同的新的功过格。

因此，积累功德，甚至功过格形式本身，在 16 世纪并不是鲜为人知的。当时的士人和官员似乎把这种方法看作一种工具，它不仅有助于教化百姓，巩固社会秩序，也是改善他们个人道德的工具。特别是 16 世纪晚期，经济及社会关系的变化正在削弱士人的传统职责。商人的新的势力和影响力，以及很多不同阶层的农业劳动者从缙绅控制下取得更大的经济独立性，这些

---

〔1〕 （明）吕坤：《乡甲约》，收于《实政录》，《吕子遗书》第 5 卷第 23 页上—25 页上、第 27 页下—33 页上。

〔2〕 〔日〕秋月观暎：《中国近世道教之形成》，第 175—176 页，也见〔美〕韩德琳《晚明思想中的行动》第 194 页。显然王畿、高攀龙和屠隆（1542—1605 年）也很熟悉净明忠孝道的教义。

〔3〕 （明）云栖袾宏：《自知录序》，《自知录》第 1 页上，《云栖法会》。对袾宏功过格的分析与翻译，见于君方：《佛教的更新》，第 101—137 页、第 233—259 页。

都造成了一种社会及道德混乱的感觉。在一种相信社会秩序与道德秩序是互相影响的文化中，社会关系广泛而明显的变化，自然会让以维护神圣传统为己任的人感到不安或疑虑重重。王阳明直接挑战了这种传统的正统解释，加剧了这种不安与焦虑，甚至在接受王阳明思想的人当中也是如此。在这种背景下，很容易看出为什么提供具体行动纲领的书会吸引如此众多的士人，因为这些士人认为自己的职责，就是在寻常日用之中发现和领悟儒家经典中的真理。

虽然如此，要使士人对这些经文感兴趣仍然存在着许多困难。儒家学者对功过格的"非正统"的佛教和道教渊源感到不安，并且很容易拒绝承认功德积累中暗示的这样一种思想，即一个人可以期望自己的善行得到利益回报。许多儒生在私人的修身当中，仅仅小心谨慎地记录下罪过，唯恐产生功利思想。罗汝芳最终停用功过格，并且正是出于这种担心，销毁了它。另一些人不喜欢功过格这种修身方法的琐碎。邹元标（1551—1624年）、杨东明（1548—1624年）和冯从吾（1556—1627年?）告诫他们的朋友吕坤要反对功过格，声称它对完满地理解善毫无帮助。[1]文人们甚至在把功过格应用于教化公众的目的时，也仅仅强调这种方法的禁诫价值，而淡化善有善报的观念。吕坤明确告诫他的乡甲约成员，为求报答而做的善事，不能算作真正的善事。[2]因此，无论16世纪的思想与道德氛围多么有利于功过格的传播，袁黄以前的儒家学者绝大部分不愿全面接受功过格的这种形式，因为它包含了危险的道德含义和"非正

〔1〕 ［美］韩德琳：《晚明思想中的行动》，第189—190页、第200页。
〔2〕 （明）吕坤：《乡甲约》，《自知录》，卷5第23页下，《吕子遗书》。

统"的宗教成分。所以，毫不奇怪，在袁黄之前，两位功过格的公开支持者都是佛教僧侣，即上面提到的云栖袾宏和云谷。

袁黄又有什么不同呢？作为一名进士和官员，他与当时的士人同受理学教育。为什么当他同时代的人对功过格的非儒家因素犹豫不决时，他却能毫不含糊地热情接受它呢？更重要的是，袁黄用什么方法使功过格如此大受欢迎？是什么样的社会和道德环境使他的方法吸引了当时的士人们？

# 袁 家 的 传 统

袁黄本人的一生乍看起来无甚特别。他来自浙江嘉善县一个富有的地主家庭，是这个家庭中第一个参加科举考试的人。他在经历了 5 次失败后，最终在 1586 年进士及第。1588 年他被任命为北直隶宝坻县的县令，1593 年升任兵部主事，作为一名军营赞画被派往朝鲜。任期未满一年，他就因处理公务不当而受到弹劾。他回到家乡，从事写作，治理家产，一直活到 74 岁。[1]

但是，如果对袁黄的家庭传统及他本人在家世中的特殊位置作进一步的考察，就可以看到袁黄的背景实际上与常人大不一样：袁家知识传统非常特殊，家庭给予袁黄的成功压力也特别大。这有助于解释他对功德积累的敏感。

在 14 世纪晚期，袁家似乎是一个正在走向成功的家庭。袁家在嘉善县陶庄拥有大约 4 000 亩土地，是当地的势家之一。

---

[1]　关于袁黄本人的更完整的传记材料，见〔日〕奥崎裕司的《中国乡绅地主研究》第 129—206 页，及〔美〕富路特、房兆楹所编的《明人传记辞典》第 2 卷第 1632—1635 页。

这家的家长袁顺是本地一名通晓六经（即《易经》、《诗经》、《尚书》、《春秋》、《礼记》、《周礼》）的著名学者。地方文人创建了一个崇尚公义、修习礼仪的社团，袁顺是成员之一，他在其中实践着一种类似于功过格的道德修身方法：每个成员都要记录每天的活动，然后按月将报告提交给其他成员。成员在这个团体中的地位并不决定于年资，而是取决于成员善行的数量多寡和难易程度，"故人皆勇于为善而奔义"[1]。

但是，袁顺对德行孜孜不倦的追求却给家庭命运带来了不幸。在1399年朱棣（1360—1424年）起兵篡夺皇位，袁顺忠诚地支持反对朱棣的势力，等到朱棣1402年登基成了新皇帝，他不得不携家逃亡。他们舍弃了嘉善的老宅，迁居到南直隶的吴江县。他们在逃亡中失去了大部分财产，所以不得不寻找一些别的生计来源。仕途的大门当然向他们关闭了，因为袁顺政治上的鲁莽导致他的家庭成员被禁止参加科举考试。[2]他们选择了从医，对于那些无法竞逐仕途的士人来说，这已经成为一种最普遍也最受人尊敬的职业选择了。[3]袁顺之子袁颢解释说，选择从医主要是出于道德考虑：

[1] （明）袁颢：《袁氏丛书》卷1，第1页下。这里所使用的版本来自内阁文库，是袁颢的曾孙袁黄所编的晚明版本。奥崎裕司翻译过《袁氏家训》中的前两篇：《家难篇》和《明志篇》，《中国乡绅地主研究》第72—78页。

[2] 一个人想要应举必须报上他父亲、祖父和曾祖父的名字，如果他们中的任何一个曾经是罪犯，他就被排斥于科举竞争之外。袁顺作为一个"叛逆"也落入了这一类。在这一事件过后75年，袁颢仍然担心因袁顺的行为而可能受罚。他力劝他的家庭成员耐心等待，直到袁顺后的第四代（袁黄的那代）才等到机会参加科举考试。《袁氏丛书》卷1第31页，见奥崎裕司：《中国乡绅地主研究》，第82—86页。

[3] ［美］韩明士：《不是士绅？宋元时期的医生》，第44页、第52页、57—65页；梁其姿：《明清时期的医疗组织：长江下游地区的官立和私立医疗机构》，第151—153页。

士农工商，所谓四民也。吾家既不应举，子孙又未必能力耕，而工商皆不可为。所藉以养生者，不可无策也。昔邓禹有十三子，教之各执一艺，最可师法。今择术于诸艺中，惟医近仁。习之可以资生而养家，可以施惠而济众。[1]

袁顺的儿子袁颢（1414—1494年），孙子袁祥（1448—1503年），曾孙袁仁（1479—1546年）都是医生，甚至玄孙袁黄也研习过一段时间医术。

袁颢所写的《袁氏家训》刊行于1479年，它反映出这个家庭竭力在思想和社交上适应家庭命运的突变。袁颢遵循父亲的教导，再三劝诫他的儿子们放弃对追求名望和高官的妄想，专心做循规蹈矩的良民。对于袁颢来说，明太祖《教民榜文》就定义了良民应该遵守的训诫："太祖皇帝《教民榜文》云，'孝顺父母、恭敬长上、和睦乡里、教训子孙、各安生理、毋作非为。'此所谓民之职也，实体而力践之，可以希贤、可以希圣、亦可以希天懋哉。"[2]特别重要的是行为谦卑——作为普通人，袁家人现在与别人相处时要特别谦虚忍让，甚至要接受不公正的侮辱。由于害怕家庭仍然未能逃脱加在永乐皇帝反对者头上的严酷惩罚，袁颢提倡一种保守的、自我保护的家庭策略：袁家人应该做谦恭守法的臣民，避免与邻居和官府发生纠纷，静待时机，重建家庭经济，直到四、五代之后，应举时机到来。[3]

---

〔1〕 （明）袁颢：《袁氏丛书》卷1，第26页下。
〔2〕 同上，卷1，第23页下。
〔3〕 见［日］酒井忠夫：《中国善书研究》，第351—352页。

　　毫不奇怪的是，家道中落使袁家人接受了一种多少是宿命论的人生观。袁颢引述袁采（活跃于1140—1195年）的《袁氏世范》解释说，财富与社会地位是由上天一手裁定的，与个人行为无关："操履与升沉自是两途。不可谓操履之正自宜荣贵，操履不正自宜困厄。若如此，则孔、颜应为宰辅，而古今宰辅达官不复有小人矣。"[1]

　　这种命定论的观点能够解释，为什么袁顺勇敢正直地践行中国最重要的美德之一：忠于合法统治者，却会使袁家遭受苦难。由于命中注定不能得到官位，袁家人和所有真正理解命运运作的人们一样，应该致力于为善本身而行善：

　　　　吾家既不求仕，则已绝意于荣贵。而操履之正，自是吾人当行之事，言必缔审，行必确实，而读书明道、约己济人，绝无分毫望报之意。庶几学问日精、道德日茂而可以无愧于良民也。荣贵毋论矣……盖功名出处，原有定分，愚人不察，妄事奔趋，然奔趋而得者不过一二，而不得者殆千万人。世人终以一二者之故，至于劳心费力、老死无成者多矣，不知他人奔趋而得，亦其定分中所有者。若定分中所有，虽不奔趋，迟以岁月，亦终必得。故世有高见远识，超出造化机关之外，任其自来自去，胸中坦夷自在，略无忧喜，亦无怨尤。[2]

----

〔1〕（明）袁颢：《袁氏丛书》卷1，第30页下（也见卷1第30页上）。译文来自〔美〕伊佩霞：《宋代中国的家庭与财产：袁采的家训》，第233页，第234—236页。

〔2〕（明）袁颢：《袁氏丛书》卷1，第31页下—32页上。

在这里，袁颢描述了一种对家庭困境的非常儒家式的反应。孟子说，君子"修身以俟之"。就这样，袁家人致力于向学，循规蹈矩，承受他们面对的任何命运，"绝无分毫望报之意"。

但是，袁颢也明显存有与孟子的"正命"思想相矛盾的观念，即：几代人积累阴功，最终将改善家庭的命运。在提出宿命论、并力劝家庭成员"绝无分毫望报之意"而行善的同一篇文章中，他也做了如下的计算："吾舍举业而执是艺六十余年，虽不能无误，而怜贫救患所积阴功无数，子孙宜世世守之。"[1]最快在袁顺后的第四代，家庭成员得以进入考场，假定到那时，这笔功德的储蓄就将影响结果。袁黄的父亲袁仁解释说："吾家积德不试者数世矣，子孙其有兴焉者乎？"[2] 袁黄后来说，应举成功并不在于举子本人的能力，而在于他祖先积累的功德，这很明显是参照了这种传统的家庭信仰。[3]

袁家人对儒家道德与科举制度之间关系的矛盾情绪，回应并且解释了他们两种显然冲突的命运观。被科举制度拒之门外大略等同于被逐出社会的最高阶层，这对袁家就像对任何一个繁荣昌盛、抱负不凡的家庭一样，是一个巨大的打击。袁家决定接受这个事实，远离考试竞争，在不被事业和汲汲于名利的野心所腐蚀的氛围中践行儒家的善，以此得到慰藉。袁颢再三抨击当时的官员志大才疏，不能真正辅佐皇帝："古之仕者当其为学时，其志全在天下、国家。今之仕者当其读书时，其志惟求一身荣显。其用心大异，故其事业亦异。若是，真正君子

〔1〕 （明）袁颢：《袁氏丛书》卷1，第27页上。
〔2〕 （明）袁衷：《庭帏杂录》卷2，第15页。
〔3〕 （明）袁黄：《立命篇》第9页上。他写道："人家科第大率皆由祖宗积德。今少年得意辄嚣然自负，以为由我而致，不复念祖考累世缔造之艰，薄亦甚矣。"

不论仕。"〔1〕相反，在普通人当中更能发现至忠至善。如果袁家人认真履行《教民榜文》中所列的百姓之责，他们最终"可以希贤，可以希圣，亦可以希天懋哉"〔2〕。这样，袁家就能将他们被拒之科举门外解释为是一种好处了：因为这使他们能一门心思去实践儒家的真善。

当然，重返科举考场无论如何都是家庭的一个明确目标，只要在法律上一有可能，他们就开始准备。然而即便在那时，他们也仍然意识到，专习举业可能会对道德带来不良影响。因此，袁仁告诫他的儿子们（包括袁黄），要当心在追求举业的过程中丧失他们长期修炼成的道德：

> 士之品有三。志于道德者为上，志于功名者次之，志于富贵者为下。近世人家生子，禀赋稍异，父母师友即以富贵期之。其子幸而有成，富贵之外不复知功名为何物，况道德乎？

> 吾祖生吾父，岐嶷秀颖，吾父生吾亦不愚。然皆不习举业而授以五经义古义。生汝兄弟，始教汝习举业，亦非徒以富贵望汝也。伊周勋业，孔孟文章皆男子常（或"当"）事。位之得不得在天，德之修不修在我，毋弃其在我者，毋强其在天者。〔3〕

袁仁并非唯一一个对科举考试的道德有效性表示怀疑的人。

---

〔1〕（明）袁颢：《袁氏丛书》卷1，第33页下—34页上。
〔2〕同上，卷1第23页下。
〔3〕（明）袁衷：《庭帏杂录》卷1，第4页。引文也见于〔日〕酒井忠夫：《中国善书研究》，第328页。

明末清初的许多著名思想家，包括方以智（1611—1671 年）、黄宗羲及顾炎武，都批评过这种选官方法，认为借此而追名逐利会腐蚀举子的廉正诚实。[1]最后，袁仁对科举制度的感情显然是矛盾的：他不能不充分利用机会培养其后代的应试能力。但是，在他们埋头举业的过程中，他又不能不提醒他们，由于富贵功名由天定，他们应该永远不忘诚敬修德。

袁家将其家庭的历史解释成在困境中顽强坚守纯儒之道的历程。袁颢赞扬他父亲，抵制篡位者，奉持最高的儒家准则——忠，并且认为他的兄弟因受其父亲行为的牵连而遭放逐，这使他成为无愧于"道法"的英雄。[2]袁颢在《袁氏家训》中收录了一篇纪念朱棣篡位的牺牲者建文帝（1398—1402 年在位）的文章，以表明自己的感情倾向。他也在儒家道德方面证明了，选择从医作为家庭职业是对的：行医将鼓励袁家人行善。袁家人也继续研习儒家经典，尽管他们还不能应举。

无法应举使袁家的家庭成员多少能脱离学习经典的正统方法。袁家人更喜欢五经或六经而不是四书（《论语》、《孟子》、《大学》、《中庸》），后者在 15 和 16 世纪是应试的必读经典。[3]而且，袁家从来不把他们自己与习经的任何特定传统联系起来。袁仁对经典的注释明显与正统理学的解释相左。《四库全书总目提要》的编者在评论他的《毛诗或问》时批

---

〔1〕 ［美］裴德生：《匏瓜：方以智及其对思想转变的促进》，第 52—63 页；
　　　［美］罗溥洛：《近代早期中国的异端：〈儒林外史〉与清代社会批评》，第
　　　93—101 页。

〔2〕 （明）袁颢：《袁氏丛书》卷 1，第 25 页上。

〔3〕 《袁氏丛书》中所有关于经书的文章与注疏都是关于"五经"的，袁黄是这
　　　个家庭中第一个写关于"四书"文章的人，他写了《袁先生四书训儿俗说》
　　　和《了凡先生四书删正兼疏意》（两者都在内阁文库中有存）。见奥崎裕司
　　　《中国乡绅地主研究》第 232 页、第 237—239 页、第 245—246 页。

评说，他把朱熹对《诗经》的解读比拟成"盲人扪象"，这是诋毁朱熹。而且，他关于《尚书》的一篇文章也同样被认为"有意立异"而遭到排斥。[1]事实上，袁仁不仅反对科举考试要求的正统解释，即程朱的解释；也不认同王阳明学派的解释。尽管他是王阳明、王艮和王畿的朋友，他仍然认为家庭传统更忠于儒家道德真理，而不是朱熹"俗"教或者王阳明"虚"学。[2]

由于坚持独立于两个主要的理学派别之外，袁家还自由地借用非儒家的宗教和思想传统。作为医生，袁家人在通常与道教教义相关的医术上受过良好的训练。袁颢在向儿子们传授的行医规则中，认为医术不仅是"仁慈之道"，也是"成仙之道"。他力劝医生们研究"玄门"、"玄牝之门"和保存阳气的适当方法，因为这些方法对治疗那些传统草药和针灸不能治愈的疾病很有效。[3]袁颢的孙子袁仁写了几篇关于运气的文章，旨在有助于延年益寿。[4]正如袁颢承认的，袁家倾向于使用这些方法的目的并非为了成仙，但他们显然对道教教义，尤其是金丹道和内丹道教义相当稔熟。[5]此外，袁家还对通常也与道教活动有关的预言感兴趣。袁颢和袁仁都研究过《皇极经世》，

---

[1] 《四库全书总目提要》对《毛诗或问》的评价，谓其"纯取妙悟之说""其言甚诞。今观其书，一知半解，时亦有之"。《四库全书总目提要》第17卷第10页上及第12卷第18页上，转引自奥崎裕司：《中国乡绅地主研究》，第238页注19及第214页。

[2] （明）袁衷：《庭帏杂录》卷1，第4页。关于袁家学术传统的讨论，见奥崎裕司的《中国乡绅地主研究》第212—220页。关于袁仁与王阳明及其弟子关系，见王畿的《袁参坡小传》，《袁氏丛书》卷11第1页下—2页上。

[3] （明）袁颢：《袁氏丛书》卷1，第28页上—28页下。

[4] （明）袁仁：《运气总论》和《五运论》，《袁氏丛书》卷10，第53页上—56页下中。

[5] ［日］酒井忠夫：《中国善书研究》，第334—336页。

它通过对"四"这个数字的一系列除法过程，对过去进行详尽的命理分析并预言未来。[1]因此，袁家的传统中包括了一个相当广泛的知识体系，其中既有所谓内丹的道教方法和预言，又有对儒家经典的全面研究。

另一种主要的"非正统"宗教——佛教也在袁家的信仰中占有一席之地，虽然在袁黄以前的几代人中，它的作用较小。袁颢在《袁氏家训》关于向学的指示中，引用了几条佛教资料，在其中一处督促他的儿子们在道德修养中使用佛教的四种"工夫"。[2]袁仁在给其子的遗训中，包括尊敬"三宝"——即佛宝、法宝和僧宝。他的妻子、袁黄的母亲以其佛教徒的虔诚与慈善事迹而闻名。[3]

这种混杂的思想和宗教传统深刻影响了袁黄本人的思想。他显然继承了他父亲对正统程朱理学解读儒家经典的敌意，因为他自己在对四书的注释中明确说，他收录朱熹的集注，仅仅是为了方便那些对举业有兴趣的读者。[4]虽然他在对经典的解释及对积善的理解上与王阳明学派颇有同感，但他仍然是一个很独立的思想家，也许倾向于泰州学派，却最终是一个相当不同的思想体系的作者。

---

[1] （明）袁仁：《记先祖菊泉遗事》，《袁氏丛书》卷10，第50页下。见［日］酒井忠夫：《中国善书研究》，第334—337页。关于邵雍和《皇极经世》，见［美］迈克尔·D.弗里曼：《从专家到名士：邵雍的哲学生涯》，第481—482页；及包安乐：《转向理学：邵雍论现实与象征》，第14—15页、第46—48页及其他各处。

[2] （明）袁颢：《袁氏丛书》卷2，第6页下，也见卷2，第3页下—4页上、第5页上、第8页上、第11页上、第15页下—16页上。

[3] （明）袁衷：《庭帏杂录》卷2，第9页、第15—16页、第18页；关于袁家对佛教的兴趣，见奥崎裕司：《中国乡绅地主研究》，第211页。

[4] （明）袁黄：《了凡先生四书删正疏意·凡例》，第1页下—4页上。参考柳存仁：《袁黄及其"四训"》，第126页。

毫无疑问，在这一思想体系中，他从袁家传统中所继承的道教医术及预言术也扮演了一个较为次要的角色。袁黄反对粗糙的宿命论，但自己却擅长于某种预言术。据说他在朝鲜供职时，曾"望气"，力图通过分析"气"，预言明军是否能获全胜。[1]他致仕以后，涉猎成仙之道，寻找长生不老之药或施行金丹道的方术。[2]

但是，佛教也许对袁黄个人的信仰更具有决定性影响。当他还在童年时，母亲的虔诚就给他留下了深刻的印象，而且后来他因一位禅宗和尚而改信功过体系，这也一定强化了他的信仰。彭绍升（1740—1796年）将袁黄收入他的《居士传》中，记述袁黄在退隐后"诵经咒，行禅思"，并赞扬他遵行佛法，以及他把其他人从"五浊"之中解救出来的抱负。[3]袁黄也是佛教寺院的一位积极支持者。他常向嘉善和吴江地方的寺院庙宇布施，也是嘉兴藏刊刻工程最初的组织者之一，这一工程后来在紫柏真可（1544—1604年）和管志道（1536—1608年）的赞助下完成。他在一篇文章中，说明他对这一工程的兴趣，并建议科举考试不仅应该考儒家经典，还应该考佛经，这再明显不过地证明了他对佛教教义的高度尊重。[4]而且，袁黄对功过格的使用，是建立在崇拜佛陀及其他佛教神的基础上的；他在力行这一体系的过程中，也一直信赖僧侣的意见。至少，袁黄与他的许多同时代人一样，对佛教教义与实践怀有世俗的信仰。

---

〔1〕 ［美］富路特：《明人传》卷2，第1633页；也见［美］卜德：《称为观天象的中国宇宙巫术》，第351—372页。

〔2〕 （清）彭绍升：《居士传》卷45，第3页下—4页上。

〔3〕 同上，第3页下。"五浊"从住劫人寿减至2万岁时始发其端。

〔4〕 ［日］酒井忠夫：《中国善书研究》，第339—341页。也见柳存仁：《袁黄及其"四训"》，第115页。

由上可知，袁黄从家庭传统中继承了一种对宗教与思想的
包容性。这并不是说他在不同学说之间不加择别：他对朱熹集
注的怀疑以及对简单宿命论的否定可以证明这一点。但是，只
要与他自己对世界的理解一致，他就十分愿意接受来自任何学
说或学派的实践及原理。没有什么文献比他的《祈嗣真诠》更
清楚地说明他乐意自由地从所有教义中取己所需了。这本小册
子出版于 1591 年，专为生子提供建议。这部著作的前两部分以
儒家经书中大量的典故为来源，敦促读者修养德行——改过和
积善。但是这本书的更大部分，从第三到第十部分，概述了源
自于内丹金丹道的方法、被认可的药方，以及普遍流行的佛教
祈祷。它力劝渴望生子的父亲们练习吐纳以"聚精"、"养气"
和"存神"。这些方法最初是为引导练习者成仙而设计的，袁
黄在这里却赋予了它们更世俗的物质目的：怀上儿子。袁黄也
为孕期各阶段以及治疗与怀孕有关的疾病提出建议，这些建议
可能是从他家庭的行医实践中收集的。袁黄引用了佛教教义支
持一些道家的方术，他断言，禅的"止观"的概念是"存神"
的要素，而且他既引用《丹经》，又引用天台宗的《华严经》
以支持这种方法。最后，袁黄用咒语或经文——它们都是佛教
的——来结束他的小册子。这些经咒对这一过程的成功完成是
必需的：观音咒（白衣观音咒），通常与观音有关的女神准提
的符咒（准提咒），以及随心陀罗尼。他也概述了"受持"符
咒的各种方法以保证有效。[1] 作为一个兼容并蓄的家庭传统的
继承者，袁黄在发展他自己修身养性的方法时，自由地混合了
从金丹道法、禅宗、天台宗到密宗的各派教义，以及"儒家"

---

[1] （明）袁黄：《祈嗣真诠》，第 16—17 页、第 25—27 页；［日］奥崎裕司：
《中国乡绅地主研究》，第 342—344 页。

经典的典故。

从家庭蒙耻到袁黄出生的 130 年间，袁家积累了作为医生的声誉、发展了对经书的独到见解，培养了对道教和佛教的兴趣，与此同时，他们也逐渐重新得到了经济上的保障和一定的社会地位。奥崎裕司认为，到 15 世纪晚期或 16 世纪早期，袁家的医药业生意兴隆，再度有了可靠的经济保障。他们在与地方重要家族的联姻上也很成功：袁家与吴江的许家、平湖的朱家及嘉善的沈家和钱家通婚，它们都是富有显赫的家庭。[1] 袁黄的父亲袁仁除了作为医生声誉鹊起之外，还与 16 世纪的思想领袖及地方势家很有交情。他被选为乡饮酒礼中的"耆老"这一事实，表明了他在嘉善地方的身份。[2]

因此，袁黄出生于一个居于最高社会经济地位边缘的家庭。到 16 世纪早期，他们的富裕和良好的姻亲关系足以使他们与地方缙绅结交，但是他们仍然缺少进入仕宦精英阶层必需的科举功名。在思想上，他们也处在当时主要学派的边缘。作为儒家经典的研习者，他们主张对这些经书的官方解释保持独立。尽管更认同王阳明学派的方法，他们最终坚持他们自己的独特解读是更好的，这种对儒家经典的理解通常受到道教与佛教的影响。简言之，这个家庭的学术传统不要求严格归附任何一个单一学派，而更鼓励从各种信仰及文献中随意取材借用。

---

〔1〕 〔日〕奥崎裕司：《中国乡绅地主研究》，第 68—69 页、第 109—114 页。

〔2〕 柳存仁：《袁黄及其"四训"》，第 109 页；〔日〕奥崎裕司：《中国乡绅地主研究》，第 114 页。正如早先提到的，袁仁曾从王阳明学习，而且是王畿的一位朋友，袁家与著名的官员及学者陈龙正和大学士钱士升（1575—1652 年）的家庭都有联系。

袁黄正好出生在这个家庭渴望世俗成功（也不抛弃道德的纯洁性）的时候。作为家庭中有资格应举的第一代，重振家门的重担落在袁黄的肩上。袁黄的责任是使兼收并蓄的、注重道德要求的袁家传统适应于新的、汲汲于功名的期望，使它们在对真正的儒生最具挑战性的要求——为官任职——中发挥作用。在相当大的程度上，功德积累的方法使袁黄能完成这项使命。

# 袁黄的转变：《立命篇》

袁黄在《立命篇》中述说了他使用功过格的故事，这个故事揭示了袁家思想道德的传统与世俗成功的压力之间的张力。因为急于利用家庭重新获得的应举资格，袁黄从小就习举业。但是他父亲的亡故打断了他的学习，他的母亲也希望他转习医术——袁家代代相传的职业。她的理由回应了袁颢在《家训》中选择从医的宣言：“谓可以养生，可以济人。但习一艺以成名，尔父之夙心也。”[1]

---

[1] （明）袁黄：《立命篇》，第1页上。此后我在每篇引文最后的括号里标明中文文献的页数。年龄用“岁”表示。

《立命篇》在1601年的第一版中，没用它后来的题目，而是附有三个简短的附录，称为《省身录》。这篇现在命名为《袁了凡先生立命篇》的文章出版于1607年，内容是相同的，在《立命篇》的题目下附有两篇关于功德积累的其他文章（《科第全凭阴骘》和《谦虚利中》）。这篇文章后来与袁黄其他关于功德积累的著作一起，出现在以《训子言》、《阴骘录》及《了凡四训》为名的文集当中（见奥崎裕司的《中国乡绅地主研究》第249—254页）。

《立命篇》的部分译文，见柳存仁：《袁黄及其“四训”》，第112—113页。奥崎裕司页翻译过其中的一部分，见《中国乡绅地主研究》第137—140页、第147页。我参考了这两个译文。关于袁黄其他积功文章的翻译和讨论，见西泽嘉朗的《阴骘录研究》和石川梅次郎的《阴骘录》。袁黄的文章在20世纪有很多白话版本出版，黄智海的《了凡四训白话解释》只是其中的一种。

袁黄追随他曾祖的榜样，丢开举业，重新学医。他在访问
北京慈云寺时，巧遇一位姓孔的算命先生，孔先生自称来自云
南，走遍各地，就是为了寻找袁黄。孔先生解释说，他的使命
就是将源自于邵雍《皇极经世》的预言术传给袁黄这位弟子。
孔先生得知袁黄不习举业的原因之后，预言他将在下一年考中
"生员"。然后，袁黄把孔先生带回家，介绍给母亲；袁家人要
他预言一些事，以测试他的能力。当这些预言都被证实后，袁
黄和他的母亲决定相信孔先生，袁黄也再度埋首举业。[1] 也许
袁家以往研究《皇极经世》的传统有助于说服袁黄和他的母
亲，认为孔先生可以信赖，因为孔先生正是从这本书中获得他
的预言术的。

而后，孔先生算出袁黄一生中所有重大的事情，告诉他通
过每一次考试的时间，每次都在什么名次上，他将得到什么官
职及何时退隐。这些预言当中有两件事使袁黄苦恼——即他将
在 53 岁英年早逝，而且更糟的是，他死时无嗣。

孔先生的第一个预言得到了应验。正如孔先生所说，在
1550 年袁黄以第九名取得生员资格。孔先生的一个预言较为曲
折、复杂，给袁黄留下了深刻的印象：

> 自此以后，凡遇考校，其名数先后皆不出孔公所悬定
> 者。独算余食廪米九十一石五斗当出贡，及食米七十余石，
> 屠宗师即批准补贡，余窃疑之。后果为署印杨公所驳。[2]

---

〔1〕 （明）袁黄：《立命篇》，第 1 页上。孔先生说，他正在向袁黄传布《皇极数
　　 正传》。酒井忠夫认为这是以邵雍的著作为基础的卜算书，见《中国善书研
　　 究》第 334 页。
〔2〕 关于它的另一篇译文见柳存仁的《袁黄及其"四训"》第 112 页。

直至丁卯年，殷秋溟宗师见余场中备卷，叹曰："五策，即五篇奏议也。岂可使博洽淹贯之儒老于窗下乎。"遂依县申文准贡，连前食米计之，实九十一石五斗也。余因此益信进退有命，迟速有时，澹然无求矣。（第1页上—第2页上）

袁黄在此的结论与他曾祖袁颢提出的宿命论完全一致。

但是，袁黄安于天命的状况，在访问南京附近的栖霞寺时被击得粉碎。他在那里遇到了禅宗大师云谷，两人静坐禅定时，云谷挑战了他对宿命论的信仰：

（己巳归，游南雍）未入监，先访云谷，会禅师于栖霞山中。对坐一室，凡三昼夜不瞑目。云谷问曰："凡人所以不得作圣者，只为妄念相缠耳。汝坐三日，不见起一妄念，何也？"

余曰："吾为孔先生算定，荣辱死生皆有定数。即要妄想，亦无可妄想。"

云谷笑曰："我待汝是豪杰。原来只是凡夫。"问其故，曰："人未能无心，终为阴阳所缚，安得无数。[1]但惟凡人有数，极善之人，数固拘他不定；极恶之人，数亦拘他不定。汝二十年来，被他算定，不曾转动一毫，岂非是凡夫？"

余问曰："然则数可逃乎？"曰："命由我作，福自己

---

[1] "数"被翻译成 "allotment" 或 "fixed lot"，以与命 "fate" 或 "destiny" 相区别。"数"是指每个人出生时就被赋予的命的定量，它能通过各种不同的计算方法而被揭示，就如同孔先生对袁黄所做的那样。

求。《诗》、《书》所称，的为明训。我教典中说：求富贵
得富贵，求男女得男女，求长寿得长寿。夫妄语乃释迦大
戒，诸佛、菩萨岂诳语欺人?"（第 2 页上—第 3 页上）

云谷在此提出了一种命运观：每个人生而有一命数，但是通过
或善或恶的能动行为，他能改变这种命数。[1]袁黄最终采纳了
这个观点。

　　云谷和袁黄一样来自嘉善县，他是在江南士人中努力复兴
佛教、尤其是禅宗教义的先驱之一。据比他更有名的弟子和传
记作家憨山德清（1546—1623 年）所说，当大法不显之际，他
热情传道，并让别人知道这是崇高的事业。[2]他在南京附近的
仕宦群体中获得了极大成功。他劝说著名官员陆光祖（1521—
1597 年）帮助他修复摄山上的栖霞寺。陆光祖还是他最忠实的
俗家弟子之一，他曾带领其他官员诸如吏部尚书吴默泉、刑部
尚书郑淡泉及他自己的弟弟前来聆听云谷的教导。云谷主要致
力于禅宗的冥思，就像前述与袁黄一起做的那样，但也同样精
通其他佛教教义，而且非常愿意吸收其中有用的内容，以激发士
人对禅宗的兴趣。他与袁黄的辩论也说明，他对拓宽教义的基
础，把儒学资源也包括进来很有兴趣。在提到佛教经文之前，他
甚至引用了两部儒家经典《尚书》和《诗经》，以证明人能够改
变自身命运。用儒家经典证明佛教教义的合法性，是晚明佛教

--------

〔1〕　这种观点在袁黄另一文章《科第全凭阴德》中的一则典型故事中得到非常清
　　　楚的说明，这篇关于功德积累的文章在《立命篇》第 13 页上。在这则故事
　　　中，官员屠康僖建议帮助被不公正地定罪的人，之后，有一位神仙造访他，
　　　神仙解释说，他将因这件善行而得到赏赐，改变命运："汝命无子，恤刑之
　　　议，阴德甚重。上帝赐汝三子，皆衣紫腰金（即做官）。"
〔2〕　（明）憨山德清：《憨山大师梦游集》卷30，第 18 页（第 1558 页）。

领袖渴望从士人当中吸收新信徒的一种常用手段。[1]

但是，袁黄需要云谷论证一个更具挑战性的问题：孟子否认人能因善行获得外在的奖赏，如何调和人可以决定自己命运的信仰与孟子的经典思想。袁黄首先引用孟子的观点："求则得之，舍则失之，是求有益于得也，求在我者也。求之有道，得之有命，是求不益于得也，求在外者也。"然后，他提出了自己的论点：

> "道德仁义可以力求，功名富贵如何求得？"
>
> 云谷曰："孟子之言不错，汝自错解了。汝不见六祖（慧能，638—713 年）说：'一切福田，不离方寸。从心而觅，感无不通。'求在我，不独得道德仁义，亦得功名富贵，内外双得，是求有益于得也。若不反躬内省而徒向外驰求，则求之有道而得之有命矣，内外双失，故无益。"（第 3 页上—下）

这里的基本思想是：心是所有好运的来源，这是与云谷的一贯信仰相一致的。云谷支持人心是宇宙万物之源的思想，所以他相信人心的启迪是宗教修行的基础（"大悟唯心"或"悟心为主"），心后来成为立命的唯一基础（唯心立命）。如果个人忽视了作为万物之源的心，而一味去追求心外之物，他最终将一无所获。[2]

---

[1] 云谷一生崇拜观音，并且非常精通唯心宗和净土宗的信仰。作为华严宗的权威，他也向另外两个著名弟子陆平泉和徐思庵教授四法界及万物一体的学说。（明）憨山德清：《憨山大师梦游集》卷 30，第 10—18 页（第 1550—1558 页），也见奥崎裕司《中国乡绅地主研究》第 142—144 页，及于君方《佛教的更新》第 96—97 页、第 228 页。

[2] （明）憨山德清：《憨山大师梦游集》卷 30，第 9—12 页（第 1549—1551页）。在奥崎裕司的《中国乡绅地主研究》第 143 页中也被引用。

在宣称慧能和孟子支持这种观点时，云谷其实误解了前者，并且无疑也偏离了后者的正统解释。慧能明确说，从心所得的是功德，而不是神赐。他坚持把作为精神成就的功德与物质的神赐或好运区分开来。[1] 至少根据当时流行的正统解释，孟子也不主张通过内在修养来得到外在利益，而是断言，仅存在一种个人可以控制的命运，即道德命运。但是云谷决定把这话当作支持其主张的证据来理解，他的主张是，就如同它是道德完善的渊源一样，心也是物质利益的来源。袁黄显然也愿意接受这种解释。

然后，云谷鼓励袁黄检视自己的行为，看看他的德行是否真的配得上获得成功：

> 因问："孔公算汝终身若何？"余以实告。云谷曰："汝自揣应得科第否？应生子否？"
>
> 余追省良久，曰："不应也。科举中人，类有福相，余福薄，又不能积功累行以基厚福，兼不耐烦剧，不能容人，时或以才智盖人，直心直行，轻言妄谈。凡此皆薄福之相也，岂宜科第哉？
>
> 地之秽者多生物，水之清者常无鱼。余好洁，宜无子者一。和气能育万物，余善怒，宜无子者二。爱为生生之

---

[1] 功德对于慧能来说意味着相当不同的东西，它不是从善事中挣得的，而是从佛性中领会的。事实上，慧能并不认为云谷所倡导的那种功德积累是启迪开悟的有效方式。他解释说："修庙、施救、行祭皆只乞福之道。人不可乞致功德之福。功德在法身，而不福田。佛性中有功德，知性为'功'，诚心为'德'。如佛性在己，则外在行敬。如果无视人类，又未斩除本我，则无功，如本性受蔽，则法体无功。如常思善行，持诚坦之心，则德持之易，而行为敬。修身为功，修心为德。功德创于心，福与功德相异。"转引自 ［美］菲利浦·B.扬波斯基：《六祖坛经》，第156页。

本，忍为不育之根，余矜惜名节，常不能舍己救人，宜无子者三。多言耗气，宜无子者四。喜饮铄精，宜无子者五。好彻夜长坐而不知葆元毓精，宜无子者六。其余过恶尚多，不能悉数。"（第3页下—第4页上）

袁黄将他的"面相"解读为他德薄的表征，它们反映了他在修炼其天生德行上的失败，并由此解释他缺乏好运的原因。

云谷在袁黄的这番自省之后，发表了一篇热情洋溢的讲演，这篇讲演再次断言超自然报应的存在，而且他还力劝袁黄开始新的生活，一种不听天由命的生活。他再次引用了早期儒学经典（在此处是《尚书》和《易经》）来支持他的观点：

> 云谷曰："岂惟科第哉？世间享千金之产者，定是千金人物。享百金之产者，定是百金人物。应饿死者，定是饿死人物。天不过因材而笃，几曾加纤毫意思？
>
> 即如生子，有百世之德者，定有百世子孙保之；有十世之德者，定有十世子孙保之；有三世二世之德者，定有三世二世子孙保之。其斩焉无后者，德至薄也。
>
> 汝今既知非，将向不发科第及不生子之相尽情改刷。务要积德，务要包荒，务要和爱，务要惜精神。从前种种譬如昨日死，从后种种譬如今日生，此义理再生之身也。夫血肉之身尚然有数，义理之身岂不能格天。
>
> 太甲曰：天作孽，犹可违；自作孽，不可活。[1]诗云：永言配命，自求多福。孔先生算汝不登科第、不生子者此天作之孽，犹可得而违。汝今扩充德性，力行善事，

---

[1] ［英］理雅各：《中国经典》第3卷，第207页。

多积阴德，此自己所作之福也，安得而不受享乎？《易》
为君子谋，趋吉避凶。若言天命有常，吉何可趋，凶何可
避？开章第一义便说："积善之家，必有余庆；积恶之家，
必有余殃。"〔1〕汝信得及否？（第4页上—第5页上）

由于有儒家经典的支持，云谷所提出的道德重生及物质奖赏的
希望对袁黄极具诱惑力，他拜了云谷为师。

然后，云谷引导袁黄做一个仪式，这个仪式包括忏悔，对佛
的起誓以及对菩萨的恳求，这些都是正确使用功过格所必需的。

因将往日之罪佛前尽情发露，为疏一通。先求登科，
誓行善事三千条，以报天地祖宗之德。云谷出功过格示余，
令所行之事逐日登记，善则记数，恶则退除。且教持准提
咒，以期必验。（第5页上）

持准提咒让人想起功过体系复杂的历史，因为尽管准提通
常与观音相联系，但是它实际上既是佛教神，也是道教神。〔2〕

---

〔1〕《周易引得》，2（第4页）；沈仲涛：《华英易经》，第20页。

〔2〕［法］马伯乐：《道教与中国宗教》，第157页。最初准提是一位印度教女神
杜尔加或摩利支天，在中国佛教中变成了观音的一种化身，它是起愿帮助人
们在自身涅槃前进行超度的神。道教各派盗用准提放入他们的神谱，而且，
为了使他的佛教功能适应自己的目的，将其作为北斗七星之母来照应人的命
运。作为生死簿的保管者，她被那些希望长命或避免疾病的人所崇拜。在
16世纪晚期的一部小说《封神演义》中，准提作为一个主角，以女身出现，
这部神话小说描写公元前11世纪的义王周武王是如何在众神的帮助下打败
恶王商纣的。小说里准提的佛教和道教性质都表现在一个武士角色中，她从
西方极乐世界下凡，帮助道教神元始天尊努力保护周的天命。见于P.K.怀塔
克尔：《一种佛教经咒》，第15—16页、第18—19页；许仲琳（被认为是）：
《封神演义》，第2卷，第676—685页；禄是道：《中国民间崇拜》，第3卷，
第304—311页。

由于在每种教义中，准提一贯都被描绘成超自然报应的代理人，所以它成为袁黄祈求恩赐的适当对象。

但是仅仅向准提恳求是不够的。在恳求和行善时，袁黄的必须内心纯净、不计功利。云谷用一个道教隐喻来描述正确的方法：

> 语余曰："符箓家有云：'不会书符被鬼神笑，此有秘传，只是不动念也。执笔书符，先把万缘放下，一尘不起。从此念头不动处下一点，谓之混沌开基，由此而一笔挥成，更无思虑，此符便灵。'凡祈天立命都要从无思无虑处感格。"（第5页上—下）

云谷在此处描述的概念——即不动心或不动念——在当时的中国思想界是一个为人熟知的概念。云谷暗示它取自道教教义，但它也可以宣称是早期儒家的东西："不动念"很容易让人想起孟子的"不动心"。"不动心"是一个有勇之人必需的，不计成败得失之心。[1]宋代的理学家通过详细阐释孟子对这个词的使用，把不动心定义为：对人的道德冲动负责，并通晓理和气，从而确知其道德行为的范围。[2]有这种心，一个人就能公而忘私，因为那样他就能"不以己之心，而以天地之心看待万物了"[3]。

---

〔1〕《孟子引得》卷2上，第2页（第10—11页），见理雅各《中国经典》第1卷，第185—187页。

〔2〕［美］狄百瑞：《理学中的修身和17世纪的启蒙》，第169—170页。

〔3〕同上，第151—152页

但是这个概念也与禅宗教派关系密切，在那里它被用于描述一个人能达到的顿悟的状态。事实上，慧能宣称"无念"或"无心"是他的中心教义。它明示了一种"无拘无束"的状态——禅宗修行者在其中对万事万物了然于胸，但却不受它们束缚："于六尘中，无染无杂，来去自由。"在此刻，他将"万法尽通，见诸佛境界"〔1〕。"无念"这个起源于儒家或佛教的概念，对王阳明的弟子们产生了很大影响，对王畿和泰州学派的成员尤其如此。他们也相信，为了行善或避恶，人应该在无念之心下自发地行动。事实上，云谷的语言在此回应了王畿的一些作品；王畿也把开悟说成是为了达到"无教之教"状态的"混沌立根"。〔2〕到了晚明，修炼不动之心以达到真善或精神启迪的思想通行于世。它是理学家、禅宗修行者及道教符咒作者所共有的思想。

云谷本人作为一位禅宗大师，当然明白"无念"是禅宗早期的概念。但有趣的是，他在继续解释"无念"时，没有明确引用禅宗对这一概念的支持。为了改变理学士人的信仰，他宁愿引用孟子的议论，孟子认为"尽其心"对于立命及完善其道德天性是必不可少的。他曾经解释说："尽其心者，知其性也。知其性，则知天矣。存其心，养其性，所以事天也。夭寿不贰，修身以俟之，所以立命也。"〔3〕

---

〔1〕 〔美〕菲利浦·B.扬波斯基：《六祖坛经》，第153页。关于禅宗对"无念"概念的使用，更完整的解释参见冉云华：《印度和中国佛教文献中无念思想的比较研究》，第43—49页。

〔2〕 （明）王畿：《王龙谿先生全集》卷4第11页下，见〔日〕冈田武彦：《王畿与存在主义》，第130页。

〔3〕 《孟子引得》卷7上第1则（第50页），转引自刘殿爵译的《孟子》第182页。

云谷选用了这里最后一个词"立命"，[1]按照正统理学的观点，它是孟子用来表示君子完全履行其道德天性"正命"的。而在云谷对"正命"的解释中，"命"既指道德命运，又指物质命运。他解释说：

> 孟子论立命之学而曰："夭寿不二。"夫夭与寿至二者也。当其不动念时，孰为夭？孰为寿？细分之，丰歉不二，然后可立贫富之命；穷通不二，然后可立贵贱之命；夭寿不二，然后可立生死之命。人生世间，惟死生为重，夭寿则一切顺逆皆该之矣。
>
> 至"修生以俟之"，[2]乃积德祈天之事。曰修身，则身有过恶皆当治而去之。曰俟，则无一毫觊觎，一毫将迎，皆当斩绝之矣。到此地位，直造先天之境，即此便是实学。（第5页下—第6页上）

这里袁黄暗示了他对《孟子》一种新的、非传统的理解。它恰好与所引这段文字的正统解释背道而驰。这样的话，孟子就成了这种信仰的支持者，即只要个人能以一种"不动心"行善，他就几乎能完全控制他外在的和内在的命运。

但此后，云谷却转用禅宗教袁黄如何修炼"不动心"，他

---

[1]〔1〕"立命"也被融入了佛教用语"安心（或生）立命"中，它是指这样一种状态，在这种状态中不动心，斩断万物，平静地居于上天给他的位置。根据云谷关于不动心的论据，他在为其教义"立命之学"贴标签时，也许在心中也参照了这种佛教观念（部分以《孟子》为来源）。见奥崎裕司：《中国乡绅地主研究》，第509—511页注20。

〔2〕《孟子引得》卷7上第1则（第50页），引文来自刘殿爵译的《孟子》第182页。

要求袁黄背诵准提咒（显然是一种明确的佛教行为）："汝未能无心，但能持准提咒记无数[1]，不令间断，持得纯熟。于持中不持，于不持中持，到得念头不动，则灵验矣。"（第6页上）记诵准提咒的目的仍然是为了在积累功德时保持一颗不动心。云谷的教导到此为止。这篇文章的余下部分描述了袁黄实践云谷教导的努力。

对于袁黄来说，改信功过格体系，标志着他人生道路上的一个重要转变。作为他超越"凡人之道"，并开始掌握自己命运的标志，他把他的号从"学海"改为"了凡"。[2]看起来在某种程度上，袁黄的确成了一个新人。他确信自己是命运的主人，这使他更为注意自己的道德表现及与神的关系，但也让他在其他人面前有了新的自信。他曾记录下他心理上的如下变化："从此而后，终日兢兢，便觉与前不同，前日只是悠悠放任，到此自有战兢惕厉景象。在暗室屋漏中，常恐得罪天地鬼神，遇人憎我毁我，自能怡然容受。"（第6页上—下）

1570年，袁黄考中举人，其等次位置高于算命的孔先生过去的预言；至此，他用功过体系代替宿命论的选择更坚定了。[3]

袁黄在使用功过格时，非常真诚地接受了云谷的观点，即心灵的纯净是积累功德的先决条件。尽管他成功了，但他仍然感叹在行动中坚持这种心灵纯净是多么困难：

---

〔1〕　此处原文讹误。根据后来的版本，我把"但"理解为"为"，见《明人自传文抄》第206页《立命之学》。

〔2〕　（明）袁黄：《立命篇》第6页上。袁黄原号"学海"，取自扬雄（公元前53年—公元18年）的一篇文章《法言》，"百川学海而至于海，丘陵学山而不至于山，是故恶夫尽也。"（见《扬子法言》卷1，第4页下—第5页上）

〔3〕　（明）袁黄：《立命篇》，《立命篇》第6页下。

　　　　然行义未纯，检身多误，或见善而行之不勇,[1] 或
救人而心常自疑，或身勉为善而口有过言，或醒时操持而
醉后放逸。以过折功，日常虚度。自己巳岁发愿，直至己
卯岁，历十余年，而三千善行始完。（第 6 页下）

　　我们从中看到，袁黄养成了一种不断自省和忧心于道德的
习惯。这种习惯与理学家在日常生活中实践的"内省"非常相
似[2]。晚明的思想家们似乎尤其看重这种品质。袁黄的上述
描绘说明他的确对生活中细枝末节的道德缺点都感到十分烦恼，
这让人想起当时流行的"悔过"和忏悔文。[3]这至少证明，他
把功过格体系的道德含义看得很重：积累功德不仅是获得物质
奖励的一种方法，也是修炼道德的一种正当方式。
　　他为获得举人功名而行的第一个功过格，是以一个佛家仪
式来结束的；而且他对佛的另一个恳求，与先前的一样，也几
乎立刻得到回应：

　　　　时方从李渐庵入关,[4] 未及回向。[5]庚辰南还，始
请性空、慧空诸上人就东塔禅堂回向。遂起求子愿，亦许
行三千善事。辛巳，生男天启。（第 6 页下—第 7 页上）

---

[1] 《论语引得》第 2 篇第 24 则（第 4 页）："见义不为，无勇也。"（理雅各：
　　　《中国经典》第 1 卷第 154 页）
[2] ［英］葛瑞汉：《两位中国哲学家：程明道和程伊川》，第 67—73 页。
[3] 吴百益：《传统中国的修身与悔过》，第 5—6 页，第 16—38 页。
[4] 另一译文见柳存仁：《袁黄及其"四训"》第 114 页。
[5] 回向，是一种转移功德的佛教行为。一个人可以将他积累的功德转给另一个
　　　人（或是所有人）；这种众生回向将使其趋入菩提涅槃。或者，他能"回世
　　　向理"和用他的功达成涅槃的目的（"菩提回向"）。这样，个人可以通过
　　　这种功德回向的仪式增加他的功德。见柳存仁：《袁黄及其"四训"》，第
　　　115 页；奥崎裕司：《中国乡绅地主研究》，第 145 页。

由于佛再一次满足了他的祈祷，袁黄更加努力履行他行三千件善事的誓言。他向他的孩子们解释是如何完成这项任务的：

> 余行一事，随以笔记。汝母不能书，每行一事则用鹅毛管印一朱圈于历日之上。或施食贫人，或买放生命。一日有多至十余圈者。至癸未八月，三千之数已满。复请性空辈就家庭回向。（第7页上）

积累功德在这里更多的是涉及家事。袁黄和他妻子把他们各自的功德都记录在一本共有的"账簿"上。尽管袁黄是这本账的正式代表——他首先开户，而且是超自然报答的直接受益者——但是家庭作为一个整体都将从他的好运中受益。

这里描述的行为是普通的善行和放生。放生通常是一种与佛教相联系的行为，但在那时，有许多普通人也这样做。袁黄也说明了官职在积累功德中的作用。他记述了他是如何获得进士功名和官位的：

> 九月十三日，复起求进士愿。许行善事一万条。丙戌登第，授宝坻知县。
>
> 余置空格一册，名曰《治心编》。晨起坐堂，家人携付门役，置案上，所行善恶，纤悉必记。夜则设桌于庭，效赵阅道焚香告帝。[1]
>
> 汝母见所行不多，辄颦蹙曰："我前在家相助为善，故

---

[1] 赵抃（994—1070年），一个以正直和诚实闻名的御史，每天晚上都向上天细述他白天的行为，这种习惯是为了保证他永远不做他在报告中羞于提及的事。

三千之数得完。今许一万，衙中无事可行，何时得圆满乎？"

夜间偶梦见一神人，余言善事难完之故，神曰："只减粮一节，万行俱完矣。"盖宝坻之田，每亩二分三厘七毫，余为区处，减至一分四厘六毫，委有此事，心颇惊疑。

适幻余禅师自五台来。[1] 余以梦告之，且问此事宜信否。师曰："善心真切，即一行可当万善。况合县减粮，万民受福乎？"吾即捐俸银，请其就五台山斋僧一万而回向之。（第 7 页上—下）

如此例所示，袁黄对云谷的教导铭记在心。袁黄每晚的忏悔仪式，以及他对梦境所示是否有效的关心，说明他理解敬天和意念纯洁，对功德积累至关重要。

这段文字也说明，袁黄所实行的功过体系杂糅了各家的内容。他对功过格的使用源自于佛教仪式（对佛的祈祷及回向），而且他也极大地依赖佛教僧侣来指导他对体系的理解。但他对道德完善的要求和内心纯洁的渴望，又与理学家的修身目标完全相符。况且，他也非常愿意在为官任职时遵循功过体系的指示，他提供了一个很好的例子，说明"非正统"的实践如何能够帮助官员捍卫正统。早在袁黄那个时代之前，官员就在判决罪犯时普遍施仁——处以轻罚，或免除死刑——以增加他们自己的功德。[2] 然而，在袁黄的个案中，他通过减少赋税来施行

---

[1] 幻余（名法本）是晚明佛教复兴运动领袖之一紫柏真可（1544—1604年）的弟子。真可也是袁黄的朋友，他与袁黄及幻余合作计划刻印嘉兴藏。见柳存仁：《袁黄及其"四训"》第 115 页。

[2] 比如，朱熹抱怨他那时的官员为了从神那里得到报答，将罪犯的判决例减一等。（宋）朱熹：《朱文公正训》，第 2—3 页，引自瞿同祖：《传统中国的法律与社会》，第 218 页。

仁政，以积累自己的功德，其影响要广泛得多。

这个例子也说明了袁黄对积累功德的信仰是如何鼓励他尽责为官，以成为儒家模范的。儒家官员的目标是"为民造福"和"养其善心"。从他任宝坻县令之初，他就似乎已把他在那里的任职想象成是履行他与神之间的契约。一到那里，他就与城隍达成协议，许诺了一系列成绩来回报神的支持："崇俭以厚风俗"；"宽刑弛罚以活无知犯法之民"；"赋役则不但宽其额外浮根，必思所以，曲为调剂，而使额内之数渐减"；"用刑则不但锄强遏恶，必思所以养其良心，而使廉耻日生"；"徭役则不但一时恤民之力，必思所以立法调停，而使享永世之利"等等。[1]

两年以后，宝坻遭受旱灾，袁黄写了一篇向上天和诸神祈雨的祷文，在其中他因旱灾而自责，认为这是对他为官失职的惩罚。他使用了后来在《立命篇》中采用的忏悔方式，列出了一系列本来要做却没有完成的改革。比如：他原想减轻民众里甲徭役之苦——夫马杂役——但"然法制未及调停，而那移雇募，后将难继也。"，或者，"吾尝慕《周易》损上益下之训，而政拙催科矣，然公私交迫，时惧参罚，则不得尽从宽也。"在这件忏悔书的结尾，他请求上天降罪于他而不要累及百姓，并许诺只要神灵们甘雨早降，变灾为稔，他将在未来更勤谨地供奉它们。[2]袁黄也使用这一体系鼓励人们行善避恶。乾隆《宝坻县志》记载，作为知县，他"每断囚谕以福善祸淫之说"[3]。

---

〔1〕　（明）袁黄：《两行斋文集》卷13，第1页上—2页上。
〔2〕　同上，第2页下—4页下。关于对《易经》的参考见《周易引得》第25页，第41号。
〔3〕　《宝坻县志》卷11，第11页上—11页下，引自奥崎裕司：《中国乡绅地主研究》第184页。

信仰超自然报应，对行动和政策做出准确计算，相信自省和忏悔的效力，我们很容易看到功过体系在这里发挥的影响。这个体系鼓励袁黄承担起儒家官员的责任，对百姓实行模范家长制的统治，一心帮助普通人。这并不是说对超自然报应的信仰使他成了一名好官员，因为袁黄的许多承诺，包括他降低田赋的努力，实际实现了多少，我们并不清楚。[1]但这无疑使他充分意识到他的职责所在。袁黄似乎并不同意他同时代的许多人、尤其是王阳明学派的那些人对为官的讽刺。他相信特定的行为的确会导致精确的超自然反应，他准备做官和任职的整个过程都证明了这一信念。

在文章的结尾，袁黄再次否定了宿命论，并且引用《尚书》，重申他坚信人具有决定自己命运的能力。他嘱咐他的儿子天启（名俨，1581—1627 年，1625 年中进士）继续努力积累功德：

> 孔公算予五十三岁有厄，余未尝祈祷，是岁竟无恙，今六十九矣。《书》曰："天难谌，命靡常。"又云："惟命不于常"，[2] 皆非诳语。吾于是而知，凡称祸福自己求之者，乃圣贤之言。若谓祸福惟天所命，则世俗之论矣。
>
> 汝之命未知若何。即命当荣显，常作落寞想。即时当顺利，常作拂逆想。即眼前足食，常作贫窭想。即人相爱敬，常作恐惧想。即家世望重，常作卑下想。即学问颇优，常作浅陋想。
>
> 远思扬祖宗之德，近思盖父母之愆；上思报国之恩，

---

〔1〕 〔日〕奥崎裕司：《中国乡绅地主研究》，第 151—158 页。
〔2〕 译文来自里雅各：《中国经典》，第 3 卷，第 213—214 页，第 397 页。

下思造家之福；外思济人之急，内思闲己之邪。务要日日
知非，日日改过。一日不知非，即一日安于自是。一日无
过可改，即一日无步可进。天下聪明俊秀不少，所以德不
加修、业不加广者，只为因循二字耽搁一生。

　　云谷禅师所授立命之说，乃至精至邃、至真至正之理。
其熟玩而勉行之，毋自旷也。（第 7 页上—8 页下）

　　最后，袁黄在对功过体系的称颂中，强调了它带来的、持续
的道德压力，甚至对那些身居高位且家境富庶的人也是如此。在
这里，他可能想起了他自己的经历：他得到了仕宦身份，但是在
1593 年明廷出征朝鲜、驱逐倭寇失败后，他被解除了在兵部的职
务。这次经历绝没有动摇他对体系的信仰；反而使他更加谦恭，
对自省更加敏感。[1] 儒家圣人和价值观完全支持功德积累，（至
少在袁黄本人心目中是这样），对他来说，它是实现人的全部
潜力，包括道德潜力和物质潜力的手段；忽视它就是"自旷"。

## 云谷对功过格的新阐释

　　云谷的功德积累体系明显与 12 世纪及以前的体系不同。云
谷（或者也许还有一连串不知名的前辈们）改变了功过格的一
些基本内容，意义重大。最引人注目的是，他改变了积累功德
的目标，使积累功德不再是为了成仙或转世于更高地位这样遥
远、神奇的赏赐，而是为了取得像做官或生子这样的现世物质

---

[1] ［日］酒井忠夫：《中国善书研究》，第 347—348 页。关于袁黄在朝鲜的任职
　　及他被弹劾的说明，见奥崎裕司：《中国乡绅地主研究》第 160—175 页。

报偿。正是在现世即刻受惠的承诺吸引了袁黄，尽管他信仰佛教并通晓道教方术，但他从来没有为投生于西方极乐世界或成仙而祈祷过。

云谷也弱化了较早的功德积累中的佛教与道教的成分，云谷不再要求人们信仰一种官僚体系化的宗教。可以确定，袁黄的功德积累仍然依靠对超自然报应的信仰，并假设了第一章中所描述的那种报应运作。但是与明代以前描述的体系相比，《立命篇》在根本上淡化了神在功过体系中的作用。它没有像《太上感应篇》那样描写一个复杂的、神的谱系——只提到了佛、准提和一位无名神。《立命篇》也与《太微仙君功过格》不同，它没有宣扬它本身具有天授权威，也没有详细解释神界的官僚阶层记录保存人类行动的复杂系统。以往的功过格强调神通过子孙后代和转世再生控制报应，现在却更多地强调神在此时此地对人及其命运的控制。现在的关键词是"立命"，人对命运的决定；而不是报应或感应，即报应的自然主义或宇宙论的运作。

功过体系在其他方面也被世俗化或"人性化"了。云谷功过格中所列的行为包括一些宗教指令，但它们表达含糊，只是隐隐约约地暗示了对一种特定教义的忠诚。这是云谷的功过格与《太微仙君功过格》及此前的佛教、道教经典之间最明显的区别。云谷功过格中的多数行为是普通的、大众化的慈善行为或个人遵守的道德戒律。[1] 因此，云谷虽然没有淡化超自然报

---

[1] 译文见［美］包筠雅：《袁黄（1533—1605 年）与功过格》，第 192—195 页。据我所知，这个据称是云谷给袁黄的功过格，直到袁黄死后，才被出版于万历年间的《祢乘》中。这个功过格在那里与《立命篇》一起冠以《训子言》的标题。关于这个文献的分析，见［日］酒井忠夫：《中国善书研究》第 344—347 页。

应信仰对功德积累的基本支持，也没有明确否定任何早期功过体系的原则，但断绝了功德积累的方案与早期某些流行的宗教教派之间的关系，并赋予了它更广泛的吸引力。

由于云谷强调成功使用功过格的前提是修心养性，直至达到"不动心"的境界，所以他实际上发明了某种更高深的积累功德方法。《太微仙君功过格》的传布者又玄子曾经非常简略地提到过修身过程中"净心"的必要性。而对云谷来说，净心、无欲早已成为进行有效功德积累的一个绝对前提。正是这条原则赋予功过体系以道德合法性；至少对云谷来说，也正是这条原则使功过格体系逃避了追求私利的指责，因为不算计的心是不会屈服于利益的。

人们很容易把云谷对无念之心的强调与他自己的禅修联系起来——毕竟"无念"的思想是禅宗的中心教义之一。但是，正如我们看到的，云谷本人并没有直接指出这种可能的渊源；相反，他以儒家的权威来源解释这个概念。实际上，纵观云谷的全部论点，我们看到云谷也同样努力地为功过体系提供儒家的根据。他频繁地引用儒家经典来支持他的观点。与他仅仅两次引用佛教格言、一次提及道教实践相比，他四次引用《尚书》，三次引用《孟子》，引用《诗经》和《易经》各一次，总共引用儒家经典九处。《孟子》尤其成为该体系的主要支柱；甚至"立命"这个词也来自《孟子》。[1]

―――――――――

[1] 尽管云谷没有提到后来的儒家学者，但他的论点与理学家的某些教义并不相悖。朱熹主张，一个人如果"喜怒哀乐之未发"保持心境平和，他就能区分善恶，因为这时这种心境是与天理一致的。王阳明也教导说：一个人"及其动于欲，蔽于私，而利害相攻，忿怒相激，将止于无恶"。为了回到他初始的至善状态，必须除掉这些念头。见朱熹（御纂）《朱子全书》卷 2 第 2 页上，及王阳明的《阳明全书》卷 26 第 1 页下—2 页上。

我们从云谷的传记中看到，云谷本人以成功地使"儒家"士大夫改信佛教而闻名，毫无疑问，他劝导袁黄的方法，即运用儒家经典证明佛教观点，这是非常有效的方法之一。特别重要的是，因为《孟子》这部经典是正统理学家理解命运这一主题的基础，所以他在讨论命运时就利用了这部书。由于学者们至少在表面上都要学习、接受理学课程，所以云谷要改变他们的信仰，就必须有能力调和来自《孟子》的篇章与功德积累体系之间的关系。

不过，就像我们看到的，云谷的论点是以对《孟子》的个人主观解读为依据的。他显然脱离了上下文，从文本中抽取了几段，把孟子的"尽其心"解释成有效积累功德从而得到物质奖赏的必要条件；而不是根据正统，将它解释为仁人志士为淡漠功名利禄，实现道德修养的心理状态。事实上，云谷通过积功获得好运的目标是儒家的有德之人以及严肃的禅宗修行者都不屑于去做的。撇开云谷对儒家权威经书不同寻常的解释不论，即便仅仅是接受云谷的功德积累方法本身，对他们来说也很困难：人怎能在不怀利益得失之心行善的同时又去记录自己的功德呢？在袁黄的体系中对功过格的记录已经暗示，一个人对物质收益的热衷丝毫不亚于对道德进步的兴趣。正如后世儒生尖锐批评功过格时指出的，云谷的积功体系鼓励心灵纯净和行善都是为了得到个人利益。但是根据最严格的儒家道德，出于自私的动机而行善不是真善。

袁黄在热情转向使用功过格的过程中，忽视了云谷论点中的缺陷。袁家的传统毫无疑问促使了这种转变的发生。袁黄熟悉流行的佛教及道教信仰，这可能使他更适应功过体系中的"非正统"因素，而且袁家在对经典的学习中不走寻常路的传统，也使他更容易接受云谷对《孟子》的解释。但是，最吸引袁黄的也许还是云谷为功德积累所设定的、新的现世报偿——科举功名、儿子、甚至财富。

在这些报偿中，袁黄最关注科举功名和儿子。孔先生关于他没有子嗣的预言自然使他忧心忡忡，但由于特殊的家庭背景，袁黄对博取功名的期望也许同样强烈。[1]由于袁家的好几代人都在为他们能再度安然应举而积累阴功，所以应举成功从而重振家门，这种压力在袁黄身上应该是压倒一切的。作为科举体系的外来者，特别是作为一个出身于偏离正统儒学研究家庭的人，他担心自己是否有能力在这种强调服从思想正统、竞争激烈的科举考试中获得成功。经云谷重新解释的功过体系，为他提供了一个成功的计划，而且是声称以儒家原理为基础的计划。

此外，这个体系为他提供了一种用可以接受的道德言语解释成功概念的方法。正如前面所说的，袁家对科举考试有了一种矛盾的情感：这显然是一条通往高位和权力之路，但它恰好也可能导致道德败坏。袁黄的父亲曾就后一潜在的危险非常严厉地告诫过他；而当时士人对考试的批评只会强化这一告诫。但是，功过体系让袁黄相信，世俗的成功并不需要以道德堕落为代价，而是可以建立在他及其家庭的道德纯洁之上，这便减轻了他对背叛家庭道德职责的焦虑。袁家几代人为了使家庭地位的下降合理化，都将此解释为改善道德的机会，所以他们现在必须让世俗的成功也在道德上立得住脚。功过体系暗示，他们向缙绅地位的升迁，同时也反映了他们在道德完善上的进步，这恰好为此提供了一个正当的理由。

---

[1]　见［日］酒井忠夫：《中国善书研究》，第333页。

# 袁黄对功过体系的解释

《立命篇》的焦点是云谷对功过体系的再阐释及袁黄的转变。之后，袁黄接着写了几篇文章，阐发了云谷力图糅合进体系中的、宣称是儒学的新成分。《改过》、《积善》、《科第全凭阴德》和《谦虚利中》这四篇文章尤其能让我们重建袁黄对儒家道德修养及功德积累之间关系的理解。

头两篇《改过》和《积善》，是袁黄的《祈嗣真诠》的一部分：它们论述了怎样通过积累功德得到子嗣。接下来的两篇，《科第全凭阴德》（某些段落与《积善》相重）和《谦虚利中》在 15 年以后（1607 年）以《立命篇》为题发表。[1]这些文章生动地展现了袁黄对功德积累的理解，并且它们都提供了有用的例子，说明在袁黄看来功过体系的成功运作是怎样的。

在这些著作中，袁黄把积累功德的过程划分为两个连续的阶段：改过与积善。改过阶段的第一步是培养"耻心"。袁黄引述了孟子的话："耻之于人大矣"，他解释说，羞耻心让人知错。[2]第二步，必须培养"畏心"，即相信神的全知全能，并畏惧报应："天地在上，鬼神难欺，吾虽过在隐微，而天地鬼神实鉴临之……吾虽掩之甚密，文之甚巧，而肺肝毕露，终难自欺，被人觑破，不值一文矣，乌得不懔懔？"最后，第三步，必须有"勇心"——即知错就改的勇气和能力。（第 2 页）只有具备了这三种心，一个人才能开始改过的历程。

---

〔1〕 ［日］奥崎裕司：《中国乡绅地主研究》，第 249—252 页。

〔2〕 （明）袁黄：《祈嗣真诠》，第 2 页。下文对这部著作的引述将直接在引文后注明页码。孟子的那段话在《孟子引得》卷 7 上第 7 页（51 页）。

接着，袁黄概述了三种不同的改过方法。首先，一个人可能在外在规则的强迫下，被迫改过（从事上改过）："如前日杀生，今戒不杀；前日怒詈，今戒不怒……此就其事而改之者也。"在这种"强制于外"的方法中，一个人只要服从明确的禁律，不必明白这是为什么，或去思考这些禁律是否公正合理。袁黄承认，这种既困难又低效的方法治标不治本，恶将"东灭西生"。（第 3 页）

更好的方法是"从理上改过"，即：在不受任何外界压力的情况下，理解行为准则的基础——理，而不违悖它。袁黄举了一个例子，说明施行这种方法所需的思考过程：

> 如前日好怒，必思曰：人有不及，情所宜矜，悖理相干，与我何与，本无可怒者。又思天下无自是之豪杰，亦无尤人之学问，行有不得，皆己之德未修，感未生也。吾悉以自反，则诽谤之来皆磨炼玉成之地。[1] 我将欢然受赐，何怒之有？又闻谤而不怒，虽谗焰熏天，如举火焚空，终将自息；闻谤而怒，虽巧心力辩，如春蚕作茧，自取缠绵。怒不惟无益而有害也，其余种种过恶，皆当据理思之。此理既明，过将自止。（第 3 页）

在此，一个人必须彻悟隐藏在特定禁律背后的"理"，直到他完全理解了它对道德及心理的益处，而不是盲从这一禁律。袁黄解释说，只有理解规则背后的理，才更容易遵守它。

--------

[1] 关于"磨炼玉成"的解释见理雅各：《中国经典》第 1 卷第 363 页，译文来自刘殿爵：《孟子》，第 183 页。

这种方法明显优于第一种，不过，袁黄认为，第三种方法"从心上改过"才是最好的方法。改过最有效的方法是净化过失发生的土壤：心灵。袁黄解释说：

> 何谓从心（上改过）？而改过有千端，惟心所造。吾心不动，过安从生？学者于好色、好名、好货、好怒种种诸过，不必逐类寻求。但当一心为善，正念时时现前，邪念自然污染不上，如太阳当空，魍魉潜消。此精一之真传也[1]。过由心造亦由心改，如斩毒树，直断其根，奚必枝枝而伐，叶叶而摘哉？（第3页）

通过理解"理"而改过，要求努力弄清戒律背后的基本原理。从心上改过则更有效率，因为通过净化恶之本源，人可能一举消灭他自身所有的错误。

袁黄相信这最后一种方法是最有效的，但他也承认，一些人可能找到其他适宜的方法：

> 大抵最上者治心，当下清净，才动即觉，觉之即无。苟未能然，须明理以遣之。又未能然，须随事以禁之。以上士而兼行下功未为失策，执下而昧上则拙矣。（第3页）

"净心"是改过之本；明"理"和在日常行为中遵守外在规则的效果是有限的，最好是作为"净心"的补充方法来使用。

改过之后，人们就能着手"积功"了。在《积善》（及

---

[1] 见［英］理雅各：《中国经典》卷3，第61—62页。

《科第全凭阴德》）中，袁黄提供了十大类善行作为指南：与人为善；爱敬存心；成人之美；教人为善；救人危急；兴建大利；舍财作福；护持正法；敬重尊长；爱惜物命。（第8页）据说云谷给袁黄的那个功过格与这些指南是一致的，功过格与这些类目强调的都是善行和助人：治病、救人、收养孤儿、教人为善、修建公共工程、帮助穷人等等。在《积善》及《科第全凭阴德》中例举的配受奖赏的个案，也是这类行为。

但是，单单行善事是不够的。袁黄认为对提升道德的渴望及净心是行善的先决条件，而且只有在不计名利的心境下行善，功德才会增加，袁黄对这些的强调甚至超过云谷。在发展这一观点的过程中，尤其在《积善》这篇文章里，袁黄详细说明了一个相对高深复杂的功德积累的道德体系。他从八种维度去区分善的性质：真或假；端或曲；阴或阳；是或非；偏或正；半或满；大或小及难或易（第5页）。这些区分，有些在较早的功过体系中已经出现过：如只有"阴的"或秘密的善才会被奖赏，而且大的或"较重的"善事得到相应较大的报偿。但是，袁黄所做的大多数区分都围绕着目的、净心及效果问题展开——这些问题在较早的功过体系文献中大抵只是零散地提到过。[1]

袁黄坚持认为一件善行只有有利于他人，只有作为"公"善才算数。甚至表面上显得错的行为，如果它们促成了一件大的公善，也可以被认为是善事；而一件表面上善的行为，如果是为了自己的利益而做的，也不配受奖赏。他解释说："有益

---

[1] 比如见王明：《抱朴子内篇校释》，第115页。

于人是善，有益于己是恶。有益于人，则殴人、詈人皆善也；有益于己，则礼人、敬人皆恶也。是故人之行善利人者公，公则为真；利己者私，私则为假。又根心者真，袭迹者假。又无为而为者真，有为而为者假。"然后，袁黄将受人尊敬的、严谨的学者和"言高而行不逮者"做了对比，前者被普遍赞扬并被寄予厚望，而后者却经常被视为是行事危险的、不负责任的。袁黄认为前者热衷于保全自己的名誉，通常是不称职的官员，他们的善是"曲"的，即便全国的人都赞扬他，他最终也不比孔子所说的"德之贼"好多少。而正是那些"狂者"、"行不掩言"的学者，他们的善是"端"的，他们才真正应该被委以重任。（第6页）

无念和净心是如此重要，以至于大小好事的真正价值都取决于这种心灵状态。因此，正如下面的故事所说明的，不净的心灵可能消减最慷慨的善行的道德价值：

> 昔有某氏女入寺，欲施而无财，止有钱二文，捐而与之。主席者亲为忏悔。及后入宫富贵，携数千金复入寺施之。主僧惟令其徒回向而已。因问曰："吾前施二文钱，汝亲为忏悔，今施千金而汝不回向，何也？"曰："前物虽薄而施心甚真，非老僧亲忏，不足以报德。今物虽厚而施心不若前日之切，令人代忏足矣。"[1]

由于妇人的态度不同，她供奉两文钱就是"满"善，但几

---

千银子的施舍却仅仅是"半"善。这个妇人因为她新获得的财富和地位而妄自尊大，并且失去了她原来的纯净之心和谦恭之德。所以，她的善行也就失去了大部分功德价值。袁黄另一篇文章《谦虚利中》里的故事大同小异，讲的是一些人由于谦逊虚心而在科举考试中金榜题名。[1]

袁黄甚至暗示，一个人应该既对其行为的即时影响负责，又对它们大的、间接的长远影响负责。一个宽待罪犯的官员可能正在放纵他犯另外的罪，那么在他的善中就存在某些"偏"的东西——恶的结果抵消了善的动机，希望积累功德的人必须三思而行；他的善行只有在成功地改善了他人的生活时，才是"真善"。这里，袁黄依据两个据说是孔子本人所做的道德评判，来说明他的观点：

> 鲁国之法，鲁人有赎人臣妾于诸侯者，皆受金于府。子贡赎人而未受金。孔子闻而恶之，曰："赐之失矣。夫圣人之举事，可以移风易俗，而教导可施于百姓，非独适之行也。今鲁国富者寡而贫者众，受金则为不廉，何以相赎乎？自今后不复赎人于诸侯矣。"

子贡在拒绝别人对其善事的报答时，似乎是在行善，但孔子指出，他真正所做的是树立了一个如此之高的行为标准，以至于没有人会追随他的榜样。行善是需要激励的，在另一个人高尚地拒绝报偿的地方，人们会耻于接受报偿，所以没有人，尤其在鲁国的穷人中没有人会再愿意自找麻烦赎人于诸侯了。

---

[1] （明）袁黄：《立命篇》，第21页上—24页下。

子贡宁愿在人前夸耀自己让人难以企及的善，也不愿树立一个合理的、现实的行善榜样。袁黄将这个事例与子路的例子作了比较：

> 子路拯人于溺，其人拜之以牛，子路受之。孔子喜之曰："今鲁国多拯人于溺矣。"自俗眼观之，子贡之不受金为优，子路之受牛为劣。孔子则取由而黜赐焉。

子路的行为初看起来显得贪婪，可是他为善行接受报偿的举动，实际上保证了其他希望报偿的人也热衷于做同样的善事。在此，只有孔子具有深远的道德眼光，可以超越事件本身看到更深远的影响，看到子贡"无私"的行为事实上伤害了鲁国的人民，而子路"自私"的行动却使他们受益。袁黄在此暗示，功过格的使用者必须十分在意其行为的长期影响。他告诫说：

> 乃知人之为善，不论现行而论流弊，不论一时而论永久，不论一身而论天下。现行虽善，而其流足以害人，则似善而实非也。现行虽不善，而其流足以济人，则非善而实是也。然此就一节言之耳。他如非义之义，非礼之礼，非信之信，非慈之慈，皆当决择。（第6—7页）

因此，袁黄判断配受奖赏行为的标准是相当严格的：一个人必须毫不利己，专门利人，而更困难的是，他必须具备预测其行为最终影响的远见。

袁黄在讨论适当的道德行为时，始终怀疑绝对道德价值的有效性，同时也对传统道德评判的正确性提出质疑。在他的心目中，善根据具体环境而定义，更多地取决于行动者的判断，以及他对其行为深远影响的预测，而不是严格遵守对义、礼等的僵化定义。毫无疑问，他人制定的标准不能被作为真善的正确指南来接受；因为他们完全没有判断善恶的超凡见识。他解释说："天地鬼神之福善祸淫皆与圣人同是非，而不与世俗同取舍。"（第6页）当然，这一点也解释了为什么人们常会看到赏罚不公：由于普通人无法真正理解应该怎样做出道德评判，所以他们无权质疑报应的运作。

但是，这种思想同样也对真正值得奖赏的道德实践有重要的影响。袁黄告诫说，那些希望积累功德的人不能盲信大众的判断，不能依赖"世人之耳目"。他毋宁依靠其内心的道德感觉："惟从心源隐微处默默洗涤、默默检点。"（第6页）尽管袁黄信赖的功过格是一些意思明确的指令（这点是有些让人困惑的），但他相信，有效的道德行为要求对固有的价值做出训练有素的、敏感的、最终也是独立的解释。袁黄和王阳明的许多信徒一样，主张人应该仅仅按照他发自内心的善来行事——事实上，这才是真正的善，被圣贤和神认可的唯一的善。

袁黄在《积善》中理想化地描述了他的体系，这一体系要求个人达到最高境界的内心修养，这是相当让人望而生畏的。但是袁黄不仅使其体系具有道德挑战性，同时他也使它适用于所有的社会经济群体。由于有效行善所需的一切在于净心和内在修养的道德远见，所以无论贫富，人们积累功德的难易程度是一样的。这是在《谦虚利中》这篇文章中张畏严的故事的含义。来自江苏江阴县的一个优秀学子张畏严，满怀信心地参加了1594年在南京举行的乡试。由于名落孙山，他愤怒地咒骂考官。一个道士将他带到一边，并告诉他，应该受到谴责的正是他自己："闻作文贵心气和平，今听公骂詈不平甚矣，文安得工。"张畏严问他怎样才能改变，这道士力劝他做善事并积阴德，这样神就将报答他以渴望的考试功名。当张畏严声明他太穷而不能做善事时，道士回答说："善事阴功皆由心造，常存此心，功德无量。如谦虚一节，并不费钱。"[1]

这样，一心清净则"一文可消千劫之罪"。但是，"倘此心未忘，虽施黄金万镒，福不满也"。（第 8 页）这并不是说富人不能通过花钱得到功德。事实上，在他的功过格中就包括了几件需要花钱的事；每花一千钱可与一功（大概这个功德只有这件事是在完全净心的状态下做才能得到）。但是，在一些问题上，袁黄似乎暗示，穷人在积累功德时比富人有利：因为对他们来说行善困难更大，尤其是牵涉耗费钱财和时间的善事；所以对小的善行，神对他们的报答比对富人的报答更多。前引女施主的故事也支持这个观点：因为富人行善相对容易，也因为他们更可能被其财富与地位所腐蚀，所以富人为了得到真正的功德不得不更加努力。

然而，不论袁黄怎么强调净心及修身在积累功德上的重要性，他从来没有无视这个体系的现实实用目的：人们通过使用功过格使其自身或后代取得功名，从而得到地位的上升或官职任命。尽管在云谷看来财富也是一种可能的报答，但在袁黄的解释中，它却不是报答的重点，只能说财富是紧随任官而来的副产品。在《积善》这篇文章的故事中，积累功德是为了生子。上天对许多道德英雄的报答不仅仅是赐予他儿子，而且是后来获得科举功名并成为达官显贵的儿子。而且，袁黄写作所

---

[1]（明）袁黄：《立命篇》，第 22 页下—23 页上。

使用的语言是文言文，不容易被文盲接受，这也暗示他的受众十分有限，可能仅仅是那些受过教育的学子和有雄心的官员。

袁黄在《积善》、《谦虚利中》及《科第全凭阴德》中提供的案例也说明，他认为功过格主要是为渴望进入官员精英队伍的人服务的，它为这些人提供了实用指南。他所举的例子强调，功德积累体系对士人达到他们的目标非常适用。袁黄更倾向于描述他同时代人的经历，而不是伟大却遥不可及的历史人物故事，来说明功德积累的有效性。这些同时代人包括来自他故乡的、并非名动天下的普通人，也包括像丁宾（1571 年中进士，卒于 1633 年）和冯梦祯（1546—1605 年）这样非常成功的学者和官员。[1] 许多人处在科举道路的底层：他们是生员，通常充任私塾先生、幕僚及衙门里的胥吏，尽管不是出身于仕宦家庭，但是受过举业所必须的基础教育。他们所有人都得到了同一种报答——科举成功、升任高官或生子，这些儿子们出人头地，光耀门楣。杨自惩的故事是这类故事的典型：

> 鄞人杨自惩，初为县吏，存心仁厚，守法公平，时县

---

[1] 一些例子是关于袁黄自己的朋友或熟悉的人的：丁宾和袁黄一样来自嘉善，与他一起去参加 1571 年的会试。冯梦祯（字开之）也来自嘉善，1577 年在北京款待过袁黄。夏建所，来自嘉善，也是袁黄的一个朋友，1592 年袁黄在北京任职时访问过他。包凭来自嘉兴府，与袁家的一支联姻，也是袁黄父亲的一位密友。支立，在嘉善作吏，与袁黄祖父是同时代人。最后，屠康僖，来自嘉兴府，是屠叔方的祖父，屠叔方是 1577 年进士，他曾上疏皇帝请求赦免建文殉难者及其后人。没有证据说明袁黄认识屠叔方，但他有理由感激他，正是他的行为解救了袁家，他们过去因为反对朱棣的抵抗运动而受到牵连。袁黄还使用了许多人的事例，我们不知道这些人与他或他的家庭有没有联系（尽管这些人大多数来自浙江或江苏）。这里重要的一点是，他倾向于引证通过积累功德实现社会地位上升的直接事例，而不是引证古老的历史证据。见《立命篇》、《祈嗣真诠》各处。

宰严肃，偶挞一囚，血流满前，而怒尤未息。杨跪而宽解之，宰曰："怎奈此人越法悖理，不由人不怒。"自惩叩首曰："'上失其道，民散久矣。如得其情，哀矜勿喜。'善且不可，而况怒乎。"[1]宰为之霁颜。

家甚贫，馈遗一无所取。遇囚人乏粮，常多方以济之。一日有新囚数人待哺。家又缺米，给囚则家人无食，自顾则囚人堪悯。与其妇商之，妇曰："囚从何来？"曰："自杭而来，沿路忍饥，菜色可掬。"因撤己之米，煮粥以食囚。

后生二子，长曰守陈，次曰守址，为南北吏部侍郎。长孙为刑部侍郎，次孙为四川廉宪（提刑按察使），又俱为名臣。[2]

袁黄在他的事例里描述的积功行为，绝大部分都是普通的善行，它们不需要施行者具有特定教派的身份，或属于一个特定的哲学学派——简言之，这些行为对所有人都合适。他的主角们可能勤勉地修行一种特殊的美德（通常是谦逊），向寺庙捐赠以重塑金身，或者仅仅是做慈善——给囚犯食物，使穷人免受饥寒，救助水灾的受害者等等。尽管许多事要求付出金钱或做出一些经济牺牲，但袁黄仍然认为花钱并不是积累功德的必要手段。[3]他在这里的寓意是，只要受教育并真心向善，任

---

[1] 《论语引得》第19篇，第19则（第40页），引文取自刘殿爵译的《孟子》第155页。

[2] （明）袁黄：《立命篇》，第9页下—10页上。关于杨家，见《明史》卷184，列传第72，第16册，第4875—4878页，及包筠雅：《袁黄》，第185页注140。

[3] （明）袁黄：《立命篇》，第14页上—15页上、第17页上。

何人都能使他自己或他的子孙在科举中成功。

云谷和袁黄重新塑造了功过体系，这具有重大意义。它表达了与12世纪《太上感应篇》及《太微仙君功过格》完全不同的关注和渴望。通过将功过格关注的焦点从宗教的、来世的目的，转变到世俗的、现世的目的，他们改变了功过体系的基本性质。人们现在能更有力、更直接地控制自己的命运——无需等到来世或此生结束时才享受善的果实。《太上感应篇》和《太微仙君功过格》提供的报答主要是长寿和成仙，而云谷和袁黄却许诺可以报答以科考功名及升官发财。他们所举的事例也反映了这样一种变化：由于主要是世俗性的道德行为，功过格的使用者不需要归属于任何特定的宗教团体。诚然，对云谷和袁黄来说，功德积累仍然建立在特定宗教信仰之上，它仍然完全依靠对超自然报应的信仰。袁黄本人就是在宗教信仰的背景下实践这一体系的——他为回报而求佛，再三寻求佛教僧侣的意见和帮助，并且每晚都向上天汇报他的行为。但是，与较早的、明朝以前的功过体系相比，强调的重点不再是人对这种超自然体系的依赖，而是人们驾驭它的能力、决定自己现世命运的能力。功德积累现在首先是个人掌握自己命运的最重要的手段，而不是神防止人们作恶的方法。

云谷和袁黄在强调人控制命运的同时，都赋予功过体系更多的道德内容。人现在有能力决定自己的命运，但随之而来的是更多的道德责任。袁黄尤其把功德积累解释成一种要求严格精神自律的实践。功过格的使用者必须时刻关注其日常行为的道德细节，这也是朱熹要求严肃的学者们具备的。袁黄使用了能同时吸引禅宗僧侣和理学家（尤其是其中的王阳明学派）的话语，强调需要怀着一颗没有算计和自私思想的心行善。袁黄使用的语言让人联想起王阳明、王畿和泰州学派思想家，他们都拒绝承认世俗的道德判断，力劝人们追随发自于己心的善。机械的功德积累——《太微仙君功过格》允许（尽管不一定鼓励）用许多小善行自动抵消一件大恶——不再被认为是有效的了。事实上，功过格的使用者为了积累真正能收到回报的功德，需要一种超乎寻常的、敏感的道德远见。[1]

云谷和袁黄在论述功过体系的过程中，也改变了论证方式。《立命篇》尤其是一篇辩论文，它的作者们似乎认识到，必须使读者相信功德积累的有效性，首先要让人相信其缘起的真实性。12世纪的《太微仙君功过格》劝人行善，李石和又玄子显然没有觉得有过这种挑战，他俩似乎都很有信心，他们所传的经文是神明所作。《立命篇》通过列举儒、释、道三教中的权威，来支持功德积累体系，以使读者相信功德积累——云谷在儒、释、道三教的文献和教义之间游刃有余。但是在三教中也存在着明显的侧重，道教成分最少，仅仅收录了一个明确的典故。对佛教传统的参考要丰富得多。指导袁黄功过格使用的仪式主要来自佛教传统。

但是在分析功过体系背后的原理时，云谷和袁黄对佛教来源轻描淡写。相反，两个人都从儒教中寻找功过体系真正的合法性。理学的一部基本文献《孟子》提供了（通过云谷和袁黄对它的个人化的理解）人能够控制其命运的最主要的"证

---

〔1〕 这个观点在大多数后来的功过格中仍然是必备的部分，它通常与那些着急忙慌做好事的故事结合在一起，由于这些人的行为是在不纯净的、充满了自私目的的心境下做的，所以没有得到报答。于君方在《佛教的更新》第113—114页中讲了这类故事中比较著名的一个例子。

据"——新的功过体系的口号"立命"就取自《孟子》。但是，云谷和袁黄也自由地从《诗经》、《易经》和《春秋》中寻找超自然报应的证据。事实上，在能依靠儒教典故时，他们从来不依靠佛教或道教典故——或者有时在不能依靠儒教时也是如此。尽管袁黄从来没有明确提到晚于孟子的儒家学者，但是他对积累功德所要求的精神状态的指示，完全符合理学对修身的某些要求。

功过体系最初与佛教和道教相关，但经过云谷和袁黄改造后的功过体系却是原先体系的"儒教化"的版本。[1] 体系的骨架是佛教的，这透过蒙在它上面的、薄薄的儒教表皮依然清晰可见。但是云谷和袁黄仍然能不无道理地说，他们的体系是一个以儒家经典为后盾的体系。即便是最令人敬畏的儒家学者，现在也能心安理得地使用功过格了——或者这正是云谷和袁黄想让他们的读者相信的。

无论云谷和袁黄关于功德积累之哲学来源的主张是多么不同寻常，但就他们对士人成功和升迁的定义而言，他们的功过格体系本身还是很传统、甚至很保守的。尤其对袁黄来说，应试及第（和随后的任官）似乎是使用功过格的主要的、合理的目的；商业的成功或财富尽管在16世纪已渐获青睐，却从来没有被作为严肃的目的来对待过。彼时科举制度正因为没能塑造和选拔出真正的有德之人而遭直言批评，袁黄却通过把取得功名与提升道德联系起来，为功过体系和通过这个体系获得官职

〔1〕　云谷和袁黄的著作常被认为"辑合"，而且这个词也适用于在明末清初功过格出版的传统。正如我在书中所说的，云谷、袁黄和后来的功过格作者，自由地从三教中汲取教义、行规和故事以支持功德积累体系。但是他们的努力看来更像随意取材而不是"辑合"，因为他们没有努力使他们借用的教义和实践整合成一个包罗万象的哲学体系。见［日］清水泰次：《明代宗教融合与功过格》，第226—317页。

的人辩护。袁黄反对那些攻击科举考试的人，认为科举考试非但没有阻碍人成贤致圣，而且，正是科举考试的成功与否反映了人的道德水准。正如他在一篇文章的题目中所解释的："科第全凭阴德"。

功过体系也为考试成败提供了一个令人信服的道德解释。时人常常抱怨一些著名学者在科举中却再三失败，由此我们知道考官的决定似乎经常是随意的。一旦接受了功过体系的基本前提，功过体系就给这些令人吃惊的结果提供了完全合乎逻辑的理由。不成功的应试者可能背负着他祖先所犯罪过的包袱，或者他也可能在前世犯过严重的过错，到现在才受到惩罚。或者也许仅仅是因为他在行善时不真诚。袁黄在他的文章中通常偏爱这最后一种解释，他认为，由于只有上天和神能知道人心所思，所以只有他们能分辨人行善的动机是否纯洁。通过把失败归咎于部分应试者缺乏真诚和内心修炼，袁黄为失败提供了一个颇具理学色彩的解释，它也为科举制度提供了道德合法性。考试中出现的明显不公，并不是考官偏心或政府腐败，而是上天和神力行赏罚的表现，这种赏罚甚至可以跨越世代，如期而至。

由是，袁黄将功过体系解读为对现存社会等级制度的再肯定：因为他（更重要的是他的家庭）热心行善，他就应该升至高位。对功德积累的信仰使他对社会等级制度的道德公正性确信不疑——尽管他承认，普通人中也有好人；但他还是断言，一般来说，学者（作为更上等的人，从而也是更善的人）比普通人具有天生的道德优势。[1]

---

〔1〕（明）袁黄：《两行斋文集》卷10，第4页上—6页上，引自〔日〕奥崎裕司：《中国乡绅地主研究》第105—106页，也见第461—475页。

然而，袁黄对功过体系的看法中也暗示了一个基本上是动态的社会图景。社会秩序总是与变动不居的个人道德行为相联系，因此它也是动态的，总是变化的。社会秩序诚然是有等级的，但它不是固化静止的。根据袁黄所提出的原理，只要人在行善事时足够努力、诚挚和耐心，几乎任何阶层中的任何人都有前途，或者更实际地说，都能保证其后代有前途。尽管袁黄本人用大半取自士人阶层的例子说明他的体系，但它在逻辑上对中国社会各阶层的任何成员都适用。袁黄证明在既定等级制度内努力追求好运是正确的，并且鼓励人们这样去做；因此他对功过体系的看法在鼓励社会向上流动的同时，也肯定了现有等级结构的合理性。而且，它还有助于解释晚明的社会突变，并向读者保证，这些变化对道德和社会现实的完美结合是必要的，最终并不会威胁社会秩序，反而对保护社会秩序至关重要。

袁黄的体系中的这些因素在晚明大受欢迎，其原因是显而易见的。在政治衰微、经济增长和社会巨变的时候——这时，生活中的许多东西似乎脱离了人的控制——袁黄主张人可以支配自己的命运，这必定使人感到宽慰，尤其是他还为如何取得这样的结果，提供了详细而精确的指导。在没有可信的政治领导和道德共识的情况下，袁黄的功过格向那些在此时期的道德争论中感到困惑的人提供了精确的、由神明约束监管的行为指南。对于那些在充满经济机会、社会变动不定的时代渴望进取的人来说，它提供了保证应试成功的方法，或者至少是增加其成功机会的方法。此外，功过格中的事例，甚至可以被看作是对渴望进入精英社会阶层的人的帮助：因为功过格也许解释了精英是如何"成为精英"的，所以功过格的指导可以被看成是精英行为的准则。因此，功过格不仅帮助他的使用者积累功德，而且为他们提供了训练，培养他们的行为举止，以与其所希望的、未来的社会地位相适应。[1]

最后，通过声称功德积累体系具有一种特殊的儒家正确性，云谷和袁黄为它提供了一件合法的外衣，这对于渴望跻身于科举选官体系的人非常重要，因为科举制度是建立在精通理学正统的基础之上的。而且，由于这个体系从理学的修身理论中汲取资源，地位上升与道德进步就可以齐头并进了，后者大概是真正的儒家学者的最高目标。云谷和袁黄声称，现在甚至在儒家看来，践行功德积累也是"完全正确的"。

---

[1] 关于类似的解释见于君方的《佛教的更新》及罗友枝的《晚期帝国文化的经济和社会基础》第 15—16 页、第 28—29 页。

# 三 关于报应和积功的争论

　　云谷和袁黄成功地说服了他们的同时代人，让后者相信积累功德的合理性。时人的观察使我们确信，《功过格》在那些准备应举的士子中间的确非常流行。晚明的社会批评家张履祥抱怨说，那些举子们学习《功过格》就像学习那些基本的应考必备书——诸如四书五经以及朱熹的《近思录》等——一样虔诚与认真。他哀叹道："袁黄功过格竟为近世士人之圣书。"[1] 但是，利用功过格的人绝不仅仅限于那些为科举功名而奋斗的举子们，晚明的一些知名文士和官员也使用功过格。泰州学派的领袖之一周汝登，是一名成功的官员（官至云南布政使司参议），他在与袁黄进行了一场旷日持久的讨论后，也开始使用功过格。翰林院编修、泰州学派成员陶望龄（1562 年出生，1589 年中进士）和他的弟弟陶奭龄都使用功过格，陶望龄的弟子秦弘祐同样如此。[2] 陆世仪虽然后来宣布与功过体系分道扬镳，但他年轻时确曾使用过功过格，并且还写了自己的功过格，即《格致篇》。[3]

〔1〕 （清）张履祥：《杨园先生全集》卷 5，第 10 页下—第 11 页上，参考 ［日］ 奥崎裕司：《中国乡绅地主研究》，第 421—422 页。

〔2〕 （清）董玚：《刘子年谱》，《刘子全书》卷 40，第 50 页上（第 6 册，第 3585 页）。

〔3〕 至于陆世仪使用功过格的情况，参见 （清）凌锡祺：《尊道先生年谱》，第 4 页下—6 页上；以及 （清）陆世仪：《桴亭先生文钞》卷 3，第 20 页下。参考 ［日］ 酒井忠夫：《中国善书研究》，第 389 页。

在这一时期，其他一些类似功过格的文献和善书也产生了极大影响。袁黄于 1606 年去世，在随后的一个世纪里，至少有10 种新的功过格留存下来，并且还有许多别的名称的功过格见诸同时代人的著作中。[1]也正是在这一时期，人们再度对《太上感应篇》津津乐道；虽然此书在晚明之前即已非常著名，但在 16、17 世纪甚至到 18 世纪，此书出现了难以胜数的新版本，并且经常带有新的注释。[2]一些观念迥异的思想家们，像泰州学派的成员、袁黄的朋友杨起元（1547—1599 年），东林书院的共同创立者、泰州学派的反对者高攀龙，抱负不凡的戏剧家屠隆，陶望龄，以及袁黄本人，都为《太上感应篇》的新版本写过序言。[3]这部作品至少到清初还颇为流行。顺治帝

————————————

[1] 例如，可参见陈智锡：《采用古今书目》，《劝戒全书》第 1 册，以及酒井忠夫：《中国善书研究》，第 382 页。

[2] 我在此没有把一系列包含在其他善书中的《太上感应篇》以及一些明确记载在其他资料中、但未留存下来的新版本包括进去。例如，章学诚曾为某个版本的《太上感应篇》写过一篇跋，但是，虽然他的跋得以在《章氏遗书》（卷 29，第 12 页下—14 页上，第 721—722 页）中保存下来，这本书却未能留存至今。我知道的刊行于晚明和 19 世纪之间的版本如下：《太上感应篇经传》（1604 年）；《太上感应篇经传辑要》（明朝刘梦震编，清朝刊行）；《天下第一种好书》（贺圣修和曹德麟编，1655 年）；《太上感应篇》（徐行志编，1664 年）；《太上感应篇通解》（王梦兰编，1664 年）；《太上感应篇疏衍》（1667 年）；《太上感应篇新注》（王家祯，1676 年）；《太上感应篇图说》（马俊编，1694 年）；《太上感应篇集解》（王道全编，1758 年）；《太上感应篇注讲证案汇编》（清朝刊行）；《太上宝符》（黄正元编，清朝版）；《太上感应篇集注》（陶宁祚编，1734 年）；《太上感应篇注证合编》（王泥滂编，1843 年）；《太上感应篇注》（王砚堂编，清朝刊行）；以及《太上感应篇注》（惠栋编，清朝刊行）。

[3] （明）高攀龙：《高子遗书》卷 9 上，第 43 页上—45 页上；（明）屠隆：《鸿苞集》卷 42，第 15 页上—17 页上；（明）袁黄：《两行斋文集》卷 5，第 1 页上—2 页上。陶望龄的序言是为 1604 年版的《太上感应篇》所作的。见酒井忠夫：《中国善书研究》，第 251—257 页。关于文人读者对功过格和其他善书的一般性讨论，参见酒井忠夫：《关于明末清初社会中大众说书人与善书》。

（1644—1661 年在位）和雍正帝（1723—1735 年在位）继承了宋理宗开创的传统，都支持刊行《太上感应篇》。[1]杰出的考据学者惠栋（1697—1758 年），刊印了他自己做注的《太上感应篇》——当然是用考据的风格注释的——以此祈求神灵治愈他母亲的疾病。[2]

以上所说并不意味着所有晚明思想家都能很平静地接受超自然报应的观念，以及袁黄提出的人能决定自己命运的思想。相反，许多使用功过格或发起刊行善书的学者，在功德积累的方法及其道德和社会含义上都表现出一种矛盾情感，并且试图修正功德积累的方法以消释疑虑。袁黄的"立命"观，虽然争取到几位坚定的支持者，同时也激起了许多有影响的士大夫的敌视，以至于到 17 世纪末期，袁黄被自然而然地和声名不佳的李贽联系在一起，作为那类不负责任的"无行"文人的典型，他们被认为应对明朝的灭亡负责。

对于袁黄的《功过格》及其他善书的争论，最终表达的是一种更强烈的思想关注，即关注报应与人的控制的问题，关注在 16、17 世纪被视为与修身和精英的地位、责任有关的问题。作为个人道德的自我完善（即致良知）的一步，修身是所有清醒的理学家的共同目标。那时候，人们期望道德完善的士人成为社会领袖，去"平天下"，用最大的热情去实现这个大目标。如我们所见，袁黄接受了那种惯常的仕途，以实现自己的目标。

---

[1]　于君方：《佛教的更新》，第 102—103 页；[日] 酒井忠夫：《中国善书研究》，第 257 页。

[2]　（清）惠栋：《太上感应篇注》序，第 1 页上一下，第 5649 页。章学诚和俞樾（1821—1906 年）是另外两位为这本书写序的杰出学者。见于君方：《佛教的更新》，第 102—103 页。

但是，在 17 世纪，朝廷变得更加腐败，官僚机构变得危机重重，严肃的思想家们开始探索如何才能重新诠释与精英地位相关的责任。这并不是说他们必须排斥或贬低仕途；他们只是拓展了精英们"平天下"的其他领域和技能，即使这个"天下"只是意指他们各自的乡里。正是在晚明，精英地位的道德基础和社会政治基础都因此成为争论的热门话题，在泰州学派的成员和较为保守的亲东林书院的思想家之间，就更是如此。

袁黄的《功过格》从未成为这场争论的中心。实际上，在17 世纪，这场讨论的一些参与者甚至没有提及袁黄及其著作。但是，袁黄《功过格》的流行及其大胆的主张，即人能掌握自己的道德命运及物质命运，具有极大的吸引力，这确实使得关于修身和社会地位的争论变得尖锐起来。因为袁黄对功过体系的解释，迫使思想家们去面对关于命运和道德修行过程的问题，面对它们与更大的社会秩序的关系问题：人到底能在多大程度上掌握自己的命运？他真能期望云谷和袁黄所承诺的、实实在在的物质回报吗？遵守列在功过格上的具体规定能使人达到真善，并因而获得他所渴望的东西吗？严肃的理学家可以像袁黄所暗示的那样，期待因行善而获得物质上的好处吗？假如上天确实赏善罚恶，那么报应机制到底是如何运作的呢？对报应的信仰会如何影响社会秩序、特别是如何影响被广泛接受的社会地位分层呢？这种信仰不仅对有抱负的个人，而且对整个乡里社会会产生什么样的后果呢？

## 《立命篇》的支持者：泰州学派

一般说来，袁黄功过格体系最热情的支持者是阳明学派的成员，特别是其中的泰州学派。袁黄也自称是阳明学派的追随者，并且他在对儒家经典的阅读中也确实认同王阳明的一些观点。[1]他自己个人的交往圈最接近于这一学派中"较激进"的一支。他曾和王畿以及泰州学派成员罗汝芳（罗汝芳本人一度也使用过功过格）同门，并和罗汝芳的两位弟子周汝登、杨起元交好，这两人都经他劝说而使用了功过格。[2]

袁黄功德积累体系的某些方面，也可以证明他和阳明学派之间的联系。袁黄断言人能够通过培养心中自在的善来掌握自己的命运，这个观点的基础正是王阳明学说的核心思想。王阳明坚持"至善存于本心"——只要追随这种良知，那么这个人一生中的道德选择自然会是正确的。王阳明解释说："良知明白，随你去静处体悟也好，随你去事上磨练也好，良知本体原是无动无静的。"[3]自我就是评判道德和才智的源泉；如果与个人良知相悖，甚至孔子所言也会被发现有不是之处："求之于心而非也，虽其言之出于孔子，不敢以为是也，而况其未及孔子者乎！求之于心而是也，虽其言之出于常庸，不敢以为非也，而况其出于孔子乎！"[4]

泰州学派的创立者王艮甚至赋予个人更大的权力。他认为，用外部世界的方法来衡量自己是错误的；相反，因为每个人拥有良知，就应该把自身视为衡量的尺度或标准，而把

---

[1]　袁黄在《了凡袁先生四书删正兼疏意》中也谈到"克己复礼"（《论语》二，第6页上）。袁黄在这本书中明确表示他本人并不同意朱熹对经书的理解；他解释说，"如徒以尊朱为名而尽废众说为妄庸，则亦何难之有。弟恐束书不观，固陋就简，举业从此日卑，士风从此日薄，关系于国运人心不浅耳。"（"凡例"第1页下—第4页上）

[2]　（明）王畿：《袁参坡小传》，见《袁氏丛书》卷11，第1页下—2页上。

[3]　引自于王阳明：《传习录》，第217页。

[4]　同上，第159页。

外部世界看作是被衡量的对象："吾身是个矩，天下国家是个方，絜矩则知方之不正由矩之不正也。是以只去正矩却不在方上求。"[1] 这里，王艮引入了一个概念——即每个人都应"造命"——这听起来非常接近袁黄的"立命"观点。王艮主张，为了调整外部世界以适合自己的标准，人或许不得不与天命作斗争，并且"造命"，不管他的物质条件如何，都要自己争取自己的社会地位。因此，虽然上天注定孔子本人永远不能获取任何政治权力，他却能通过别的方式使自己的"道"为世人所知。[2] 同时，王艮还强烈反对人应该一生"安分"的一般戒律；他主张，假如必要的话，每个人都应该与他的物质境遇相抗争，以便致良知。王艮自己就弃商就文，去学习和传授他对"道"的理解，故而可以被视为"造命"的典型。他周游乡村，向"愚夫愚妇"传道，这表明他非常严肃地坚持这种观点，即任何人都可以和自己的命运作斗争，反抗命运，并且改变它，直至成为圣贤。

但是，王艮的"造命"观念和袁黄的"立命"观念在根本上是完全不同的，因为王艮将"造命"的过程视为一种为了争取道德成就（而非物质利益）而反对天定的斗争："造命者乃与天斗。"[3] 与之相反，对于袁黄来说，上天和神灵在决定人们的命运时，实际上鼓励他们像追求道德目标一样去追求物质目标；他们会调整人的物质命运来回应人的行动。如果说有什

---

[1] （明）王艮：《王心斋全集》卷2，第3页上—下；部分译自张君劢：《新儒家思想史》第2册，第117页。

[2] 同上，第9页上—下；亦可参见卷5，第14页上—15页下。

[3] 同上。关于王艮对命运的理解，见〔日〕岛田虔次：《论中国近代思维挫折》，第110—112页及〔日〕奥崎裕司：《中国乡绅地主研究》，第455—457页。

么相同的话，也可以说袁黄发展了这一原理，以便在他的体系中，这一原理的适用空间更为广阔，并且那些从上天和神灵得到奖励的程序也更为简便。王艮鼓励人们不为物质境遇所困，紧紧把握自己的道德命运；袁黄则声称人们可以两者兼得——实际上，人们不得不同时两者兼顾，因为它们是密不可分的。

袁黄的立命观暗示了一种对更动态的社会流动性的想象，因为当个人在改善自己的道德境界时，无论他是否有意愿，都必然同时提高了他的社会地位。另外一位王阳明的后学何心隐，在观点表达上虽有细微不同，但看法却与此类似。何心隐也不同意个人应该安分守己的传统观点，他主张，人有道德义务去获取更高的社会地位："主其大而小不入焉，可也。主其小而大不入焉，是不见大而狃于小也，而可乎？有为农工而见于商贾者，商贾之求之议论得入焉。有为商贾而见于士者，士之求之议论得入焉。有为士而见于圣贤者，圣贤之求之议论得入焉。"何心隐接着又鼓吹向往更高社会地位的好处：即便一个人还没有完全"主"（即把握）一个新的、较高的身份，他也比以前处在较低地位时要好得多了。因此，一个渴望商贾地位的农民要强于没有这一抱负的农民，正如一个渴望成为圣贤的士人要强于一个只满足于做普通士人的士人。最后，他声称个人在身份等级系统中的位置依赖于他自己的行为："农工之超而为商贾，商贾之超而为士，人超之矣，人为之矣。"[1]他并未强调等级制度的道德性（虽然这在假设最高层次乃是圣贤时已经暗示了）；此外，他坚决维护袁黄所说的：人能够、并且应该立命。

_____

[1] （明）梁汝元编：《何心隐集》，第3册，第53—54页。

　　对于袁黄、何心隐甚至王艮来说，他们都有一个共同的信念，即相信通过致良知，人们至少可以具有把握自己生活的能力。泰州学派的追随者们被袁黄的修身方式所吸引，主要就是因为它赋予人的内心以提升道德、创造物质境遇的能力。一位热情的提倡者仅仅因为下述原因赞扬袁黄的《立命篇》："且中所述云谷老人语，明祸福由己，约造化在心，非大彻者不能道，谓非大乘法不可也。"[1]当然，袁黄在《立命篇》中强调净心，强调无意而行的必要性，这一定也增强了他的著作对泰州学者的吸引力，因为它至少在表面上与这些思想家的如下学说相配合，即行动应该是自发的，而不是对有意识的目的或对道德深思熟虑后的结果。况且，对于袁黄的体系所参考的佛教和道教，这些人的态度也比另外那些保守的学者要开放：因为当时人们公开地受到佛教和道教教义的吸引，他们不会在意功过格中的材料来源多样、非正统。其实，吸引他们的原因之一，恰恰是因为袁黄调和了孟子关于命的理解、禅宗的无思学说，以及道教和佛教关于超自然报应的信条。[2]

　　但从另一方面来说，初看之下，泰州学派对功过格体系的认可似乎相当令人吃惊。泰州学派一般说来持有这种观点，即

---

[1]　（明）周汝登：《东越证学录》卷7，第19页上—20页上。这段话的另一个译本，见柳存仁：《袁黄及其"四训"》，第121—122页。也见于［日］酒井忠夫：《阳明学与明代善书》，第353—363页。

[2]　另外一位对积功感兴趣的泰州学派成员是管志道。他同时也为佛教和道教所吸引，与袁黄一样信仰超自然报应；他相信他家庭的福气依赖代代相传的、神秘的阴骘。袁黄和管志道一起计划刊刻嘉兴藏，但是我们不知道袁黄是否曾就他的功过格信仰与管志道进行过讨论。参见（明）管志道：《从先维俗议》卷5，第1页上—10页上；及［日］荒木见悟：《明末宗教思想研究——管东溟的生平及思想》，第30—31页、第41—42页、第286页。至于王阳明学派的成员的态度，参见酒井：《阳明学与明代善书》，第343—353页。

认为关于对与错的判断都是人为构建的，这种人为的构建恰恰误导了善的本意。既然关于对错的判断都出自相对的道德评价，这种判断事实上在创造"恶"："有不孝而后有孝子之名，孝子无孝。"[1]心是道德真理的源泉，并且因为心在本质上无善恶之分，所以在修身的过程中，坚持外界强加的道德标准就应该是不合适的。个人可以自由地，而且也应该自发地遵循着他内心的指引而行动。但是，袁黄整个修身计划的基础就是坚持遵循外界强加的行为规则，功过格难道不就是开列这些行为规则的单子吗？而且，在其功过格体系的实践中，袁黄对自己的道德进步显然是有觉知的；它几乎不是一种对自己良知的无意识的认识。对于任何一位泰州思想家来说，他怎么可能认同袁黄在《立命篇》中的道德焦虑和经常的自我反省呢？

周汝登是 16 世纪晚期泰州学派立场最坚定的捍卫者，他的确曾明确表示过，自己反对功过格体系的核心原则。许孚远（1535—1604 年）是更为谨慎的阳明后学，在 16 世纪 90 年代末，他在和周汝登进行的著名的《九谛》、《九解》辩论中对周汝登提出挑战，要他解释人在没有道德标准可循时应如何行动。许孚远主张，对错之间有真实的区别，这些区别只有在个人的行为中看到。他认为："圣人教人以为善而去恶。其治天下也，必赏善而罚恶，天之道亦福善而祸淫。积善之家，必有余庆；积不善之家，必有余殃。自古及今未有能违者也。而今曰无善无恶，则人将安所趋舍者欤？"这种观点可作为对使用功过格的很好的辩护。周汝登的解答，首先是说明道德判断在本质上具有人为性和相对性；然后，针对许孚远相信可以用赏罚来教

---

[1] （明）黄宗羲：《明儒学案》卷 32，"泰州"5，第 69 页。

人端正行为的观点，他评价说： "赏善罚恶皆是'可使由之'[1] 边事，'庆殃'之说犹禅家谈宗旨，而因果之说实不相碍。然以此论性宗则粗悟性宗，则趋舍二字是学问大病，不可有也。"[2]周汝登的观点是一个纯粹的泰州学者的观点：普通人或许会用报应学说作为引导人们行为的方便之门，但真正的学者却知道那只是一种人为的构建，正如人们关于对错的标准是人为设定的一样。因为真正理解了现实的虚空，人们就不应该再考虑"该"或"不该"的问题。

使用道德准则来指导行为，这种方法遭到直截了当的反对，那么，我们要怎样解释袁黄的功过格在泰州学派追随者中的成功传布呢？有趣的是，恰好是周汝登本人提供了至少是部分的解释，因为在上述长达 10 年的争论中，他转向了使用功过格。他最初抵制积功的思想，此后他又决定自己持用功过格，即《日知录》，那是他与袁黄彻夜长谈的结果。从此，他成了一名最热情的提倡使用功过格的人——他也试图说服他的朋友们持用功过格[3]，并且他还为 1607 年出版的《立命篇》写了一篇表示赞赏的序言。他在与一个朋友的对话中，解释了他内心的转变：

万历辛丑之岁，腊尽雪深；客有持文一道过余者，乃

---

[1] 典出《论语》第 8 篇第 9 段： "民可使由之，不可使知之。"参见 [英] 理雅各：《中国经典》第 1 卷，第 211 页。

[2] 这场争论记录在黄宗羲《明儒学案》卷 32， "泰州" 5 中。至于关于周汝登的立场不一致性的讨论及这场讨论的部分翻译，参见柳存仁：《袁黄及其"四训"》。吴百益在《传统中国的修身与悔过》一文中（第 16—19 页，第 37—38 页）讨论了泰州学派对报应和功德积累的兴趣，他的论述与此不同。

[3] （明）周汝登：《东越证学录》卷 7，第 20 页下—21 页上。

檇李了凡袁公所自述其生平行善。因之超越数量得增寿胤，揭之家庭以训厥子者。客曰："是宜梓行否耶？"余曰："兹文于人大有利益，宜亟以行。"客曰："子谈无善无恶宗旨，奚取兹言？果尽上乘语耶？"余曰："无善者，无执善之心，善则非虚。未尝嚼着一颗米而饔飧之养废乎？未尝挂着一缕丝而衣裳之用缺乎？且中所述云谷老人语，明祸福由己，约造化在心，非大彻者不能道，谓非上乘法不可也。"客曰："所称祈求等可乎？"余曰："要在明了，事不为碍。不明了则虽求道德仁义，揔是执心。能明了，则便求福寿子孙俱成妙用。"[1]

在此，周汝登仍然主张心无善无恶；他立场的转变来自于他对道德标准的用处的评论。他主张，虽然内心并未意识到善，但发自内心的行为却可以被一件件分离开来看，被贴上"好"或"坏"的标签，正如吃饭可以被定义为吃一粒粒米的集合，或者又如穿着的衣服可视为一根根丝排列而成的一样。虽然吃或穿的行为中，人不会意识到一粒粒米和一根根丝，但它们是真实存在的。行善也是如此。只有当行为者未意识到是在"行善"时，才可能获得行为中绝对的善："吉人为善，为此不有之善，无意之善而已矣。"[2]但是毫无疑问，这种绝对的善在单个的善行中表现出来，正像那些列在功过格上的一件件善行一样。或者，把这个命题翻转过来，并用袁黄本人的话说，具体的善行是有效的——也即是说，它们是"算数"的——只要

---

[1]　（明）周汝登：《东越证学录》卷7，第19页上—20页上。
[2]　（明）黄宗羲：《明儒学案》卷32，"泰州"5，第72页。

在行善时内心中不去想或不"执"于善行所值的一个个"功"。

袁黄和周汝登的共同点在于，他们都认为只有在"无思"即内心没有想获取善报的情况下才能获得真善。正如我们所见，在泰州学派成员以及王阳明的其他后学诸如王畿等人中间，这是一个长期流行的观念。而且，正是因为这种共有的观念使得周汝登同意使用功过格：只要你不是在提供一种被误导的、关于绝对对错的信念，只要你没有对"全"善视而不见——而这些条规上所列的善行只是"全"善的不完整和片断的表现——那么，遵循道德规则是没有什么问题的。如此一来，遵奉明确的对错标准就可以与泰州学派的修身观念结合在一起了。

袁黄和周汝登都试图协调使用功过格与没有道德意图的内心之间的关系，然而必须承认，这种努力无论在哲学上还是心理学上都是不能令人信服的。即便使用功过格不是为了获取某种特定行为带来的奖赏，至少也是一种有意识地回忆、评价和记录这桩行为的行动，在这种情况下，人怎么可能不带着为善的意识而使用功过格呢？假如在这种条件下做过的事并不构成真善，那袁黄和周汝登还为功过格操什么心呢？

部分答案可能在于超乎寻常的道德压力，这种压力来自于人们控制个人命运的感觉大大膨胀了。假如相信人能创造自己的道德和物质命运，就能给个人以前所未有的力量和自由的话，它同时也强加了一种压倒一切的责任。批评者们很快攻击泰州学派的道德计划过于"容易"；泰州学派的主张是把人从传统的道德标准中解放出来，鼓励他遵循其良知的指引，这使得自我放纵替代了严肃的道德修养。但是，有人也会同样振振有词地主张，对于认真追求圣贤境界的人来说，泰州学派的方法代表了一种更深层次的个人挑战：想要成为圣贤的人既要为自己明确内心之中"真正"的道德准则，在面对公众的批评时，还要坚持遵循这一道德准则。那么，泰州学派的追随者们毫无疑问应该很欢迎类似袁黄那样的方法——也就是在鼓励恪守公认的道德行为标准的同时，确认"不动心"在道德上是第一位的。

陶望龄既是周汝登的弟子，也是功过格的作者，对他来说，功过格这样开列了详细明确条规的单子，为修身过程提供一种训练方式。他为功过格道德体系中存在的"算计"心态辩护："不知会计当则盈缩可稽，律令明则趋避不惑，课程立则作止有度。否则勤惰任心，高下任手，有余不足，无从参考。"[1]他接着又说，通过确立度量的标准，功过格允许个人评判自己的进步退步，并且估量任务的轻重——例如，积功少而积过多，这将会使人更努力地投入到修身中去。

陶望龄像袁黄一样，祈求神用其令人畏惧的力量来支持这一体系："世有明功隐过于人者，未有明功隐过于神者也。我日为之，夜书而藏之，焚香染翰，幽独无侣，四顾森然，鬼神满目。"[2]在此，从某种意义上说，我们又回到了原来的出发点，因为通过陶望龄的主张，我们便扼要地重新了解了许孚远为绝对道德标准辩护的立场，正像他在与周汝登的争论中声称的那样：周汝登曾把道德尺度视为对善恶的相对评价而加以抛弃，而这种道德尺度在修身实践中又是必要的。加之，超自然报应的幽灵不只是迫使人们服从的有益手段，而且由于"大

---

〔1〕 （明）陶望龄：《功过格论》，第1—2页。这本书原稿署名陶望龄，然而酒井忠夫认为作者是陶奭龄，即陶望龄的弟弟，他的名气相对没那么大，也是周汝登的弟子。见《中国善书研究》，第257页。

〔2〕 （明）陶望龄：《功过格论》，第1—2页。

群"朝夕惕戒的鬼神的存在，让人感受到一种强制力。泰州学派的思想家们也许是因为他们强烈呼吁个人独立和有创造性的道德力量而为人所知，但是像同时代更为守旧的人一样，他们也因害怕邪鬼而恐惧，受外在道德指南的吸引。

泰州学派对功过格的复杂回应表明，这个学派内部对人的控制力问题深感矛盾。袁黄认为，通过恰当的内心训练，人能妥善安排自己的物质和道德命运。泰州学派毫无疑问也意识到（当然，正像袁黄本人一样）个人要在世间获得成功会遇到很多思想、道德和社会难题。所以他们热切地相信了袁黄的观点。袁黄的功过格体系的价值就在于：它向个人承诺，自己可以最大限度地把握自己的命运，同时又教他妙法，使之获得道德上的确定性。世俗的成功就意味着道德的进步；因此，成功者不必为良知问题而困惑苦恼。功过格给出明确的对错规则，给那些需要这些指令支持或强化其行动的人，提供了清晰的指导。这些规则的强制性色彩被云谷和袁黄的主张所软化，甚至削弱，因为他们主张，只有在心里不想着道德目的的情况下遵循这些规则，才是有效的。简言之，正如袁黄所解释的，功过格使得泰州学派思想家们鱼与熊掌兼得：他们可以在确保自己的行为是善的同时，主张人的道德自发性和对自己命运的把握。

## 对袁黄和功过格的批评

在 17 世纪，较为保守的儒家学者对袁黄的功过格体系并没有如泰州学派学者那样的热情。在知识分子中批评袁黄的人比支持他的人更多：这其中包括与泰州学派的激进分子分道扬镳的王学后人、东林书院的同道、介于王阳明和朱熹之间的思想家们，以及希望恢复纯粹的程朱理学的人们。他们对功过格的批判差不多涉及了各个方面。

也许对功过格最普遍的指责在于它是"非正统"的，是一种披着儒家外衣的佛教和道教的方法。高攀龙攻击功过格体系的基础——佛教的鬼神信仰[1]，刘宗周（1578—1645 年）则把袁黄关于命运的观点等同于道教关于"虚"的理论和佛教关于"无"的教义，他认为：这些理论"与吾儒惠迪从逆之旨霄壤"。刘宗周否认儒家思想与佛教教义折衷的任何可能性，而袁黄曾暗示这是可能的。刘宗周认为："了凡（袁黄）学儒者也，而笃信因果，辄以身示法，亦不必实有是事。传染至今，遂为度世津梁，则所关于道术晦明之故，有非浅鲜者。"[2]对刘宗周来说，袁黄在《功过格》中将佛教（和道教）与儒家杂糅，足以使整个功过格体系站不住脚。

奉程朱哲学为宗的正统理学家对功过格体系中的"非正统"因素感到不安。陆世仪也许是他那个时代正统卫道士的领袖，他年轻时曾经使用功过格，甚至曾写有自己的功过格。但是，后来他转而反对功过格体系，力劝他的弟子们不要使用它，因为它"杂糅儒释"，迷惑学者。[3]张履祥坚定地倡导回归朱熹学说所提倡的、严格的道德准则，他也因为大致相同的原因攻击袁黄，说袁黄与李贽杂糅佛道与儒学，其错误之源即在于误解圣贤之道。如今洪水猛兽（也即信仰报应）主导了人们修身的方式。[4]

〔1〕 （明）高攀龙：《高子遗书》卷 9 上，第 23 页下—24 页上。
〔2〕 （明）刘宗周：《人谱》"自序"，参见《刘子全书》卷 1。
〔3〕 （清）陆世仪：《论学酬答》，《陆桴亭先生遗书》卷 4，第 20 页上—下。
〔4〕 见（清）张履祥：《杨园先生全集》卷 1，第 473 页，参见 [日] 奥崎裕司：《中国乡绅地主研究》，第 421 页。

张履祥对袁黄怀有敌意的另外一个确证，是他把袁黄与晚明最声名狼藉的"自由思想家"李贽联系起来。对于张履祥来说，甚至连王阳明学派中思想较温和的一派都是难以容忍的敌人，他认为由于李贽蔑视仕途，迷恋佛教，并且最令人震惊的是，他与既定的儒家道德准则分道扬镳，这一切显示了阳明哲学可怕的危险性。整个 17 世纪晚期，袁黄和李贽一直被作为晚明思想堕落的象征而遭到攻击。查继佐（1601—1676 年）在他的明史著作中，将袁黄与李贽并列，指控他们歪曲圣人学说。[1] 直到 1747 年，《吴江县志》的作者还是将袁黄和李贽归入同一类人，认为他们的学说流行于晚明，对"真正的"儒家之道危害甚大。[2]

对袁黄的大多数批评，主要是出于对众多晚明思想家所谓的非正统趋势的恐惧。上述学者都试图净化儒家传统，鉴别真正的"道"，并将之从佛教、道教和泰州学派的泥潭中拯救出来，因为它在 16 世纪和 17 世纪早期曾被埋没在这些思想之中。这种"真正的"正统必须被谨慎地守护，以免受任何新的"非正统"的纠缠。当袁黄的儿子袁俨（1581—1627 年）请求吴江县的官员把其父作为"乡贤"而立祠时，当地的学使愤然否决了这个请求，称其为"溷请"，认为袁黄"创立邪说，叛道背经"，是"学术之蟊贼，名教之罪人"。随着这个世纪的过去，"正学"日益被等同于程朱理学传统。学者李乐（1568 年中进士）认为，袁黄的确应该被排除出正统的

---

〔1〕 （清）查继佐：《罪惟录》第 67—68 页，《列传》第 18.6。

〔2〕 《吴江县志》卷 57，第 20 页下，引自奥崎裕司：《中国乡绅地主研究》，第 133 页。

行列，因为他在阅读四书时不遵循朱熹的《集注》，因而未能正确理解儒家的教义。[1]

学者们自然而然也会担心功过格体系影响到儒家教育，从而影响官员精英的纯洁性。正如我们所见，张履祥这位忠实的传道者，痛斥功过格的流行，声称他那个时代的学子把袁黄的《功过格》看得和理学课程中的经典著作一样神圣。《功过格》暗示这种非正统信仰或许会帮助举子们通过科举考试，这威胁到正统理学的基础——儒家经典——的稳定性和权威性。虽然这样，但只有当这种功过格在士人中间相当流行之后，保守的学者才开始将之视为洪水猛兽。一种天真并且"迷信"的超自然报应信仰，对民众来说是美妙的，但一旦士人欢迎它，它就会带来严重的危险，削弱统治精英们共同信奉的道德纯洁性与统一性。因此，对袁黄及其功过格体系的攻击，应该被视为思想家们试图恢复和保护儒家正统的不懈努力，并且推而广之，他们还希望确保对学者的正确培养能给帝国带来道德秩序。这样的思想家在17世纪变得越来越多。

但是，对功过格的批评不仅仅是为了保持纯洁的儒家思想不受非正统的污染。许多人也认为这一体系是一种错误的道德实践方法，并因此感到不安。刘宗周认为功过格体系不能成立，因为它把善和恶分成大小——这意味着道德行为可以被度量和估价。这一假设违反"理"本身，因为"理"是不可以推定和度量的东西："至于过之分数亦属穿凿；理无大小多寡故也。"[2]

---

〔1〕《吴江县志》卷57，第21页上—22页上。
〔2〕（明）刘宗周：《刘子全书》卷19，第13页下（第3册，第1330页）。

　　但是他们最担心是，使用功过格对改错和培养真正的善具有破坏性的心理影响。刘宗周在几封警告使用功过格的信中，彻底揭露并批判了功过格中各种各样的花招，他认为最谨慎的学者在使用功过格时都会被误导。他说，对功过格使用者来说，记录善事以积功，鼓励了道德上的自满——当他沉浸于道德成就的喜悦时，就会忽视改错。假如他像功过格所要求的那样，用自己的善行来抵消犯过的错误，实际上是掩盖或隐藏了错误；这样，他们永远不能改过。或者，假如他所犯的错误碰巧并没有列在功过格上，那么，他或许会错过彻底改过的机会——他甚至不知道他到底有哪些错误。[1]

　　更有甚者，功过格允许使用者仅仅记下他的过错的总数——他不必记录每一件过错的具体情况或内容。结果，罪恶的"根源"并未被检查出来，因此，他就失去了改过的希望。刘宗周自己也担心用记录过错来取代改错——功过格的使用者会自欺欺人地认为，当他记下所有的过错时，他即在纠正它们。最后，刘宗周认为整个功过格体系只是在枝节方面起作用——换言之，它鼓励一个人关注行为的细节，但是他应该想着更大的道德问题："诸君子平日竖义本是上上义，要识认求良知下落，绝不喜迁改边事。"[2]

　　稍晚些批判功过格体系的还有王夫之（1619—1692 年），

---

〔1〕 （明）刘宗周：《刘子全书》卷 19，第 13 页下—14 页下；也可参见（清）董玚：《刘子年谱》，《刘子全书》卷 40、第 49 页上—50 页下。

〔2〕 同上，第 13 页下—14 页下（第 3 册，第 1330—1332 页）；也可见卷 40，第 49 页上—50 页下（第 6 册，第 3583—3585 页）。有趣的是，泰州学派的思想家林春（1498—1541 年）也由于刘宗周在这里提的第一个原因而放弃使用功过格，这个原因就是它给人以一种道德改良的错误印象。见吴百益：《传统中国的修身与悔过》第 38 页。

他谴责功过格的原因几乎与前人相同。王夫之担心，功过格会使它的使用者错误地相信，所积寥寥而且孤立个别的善行能够带来巨大的回报。这种"阴功"之说意味着，"活一昆虫、施一箪豆，而豫望无穷之利"。他用东汉王贺的事例来揭示这种信仰的危险。王贺不管监牢里的犯人有罪与否，把他们全部释放，以私赦来为自己积累功德，并为之沾沾自喜。他对自己的"善行"渐渐变得自负，并相信由于自己的善举，他的子孙后代将会兴旺发达。但是，私自释放犯人不仅违法，而且也有悖官员的职责，因此，他不仅未能为家人积累功德，实际上反而给他们带来了灾难。尽管他的所作所为被功过格视为善行，但他并非真正的善，最后他支持篡位者王莽这件事也证明了这点。王贺被史家们贴上"乱贼"的标签，他的族裔也被消灭殆尽。王夫之暗示，对于那些"怀赏以饰善""市沾沾之恩而怀私利之心"的人来说，这简直是应得的下场。[1]

因此，这些人既为功过格的非正统来源所困扰，同时也不愿接受功过格那种算式式的道德实践。它不仅违背天地间理的统一性，而且它鼓励的也仅仅是一种不完整的、零碎的、对"枝节问题"的改良。更糟的是，它哄骗使用者们相信，他们正在改错，躬行美德，而实际上他们只是在回避真正严肃的修身问题。这样一种体系并不能导致一以贯之的、真正的善，而只会导致王贺之类浅薄的、自欺欺人的、而且最终是"毁灭性"的"善"。

但是，在批评袁黄的人眼中，功过格最严重的失误或许是它鼓励人为了一己之私而行善。绝非只有儒家的道学先生才能

--------

[1]　（明）王夫之：《读通鉴论》卷3，第80—81页。

看到这个体系中的道德冲突。李渔（1611—1680 年？）这位并不虔敬的戏曲家和文学家，是讽刺功德积累体系的最有趣的评论者。他写了几个剧本和几部短篇小说，讽刺机械的、并且经常是违背道德的（或者甚至是不道德的）"善行"，这种"善行"是呆板应用功过格的道德计算的结果。其中一个故事讲的是，一位膝下无子的商人向佛求子，佛说，假如他向一座佛寺捐款，他就会如愿以偿。那个商人不愿意捐献这么大一笔钱，而只捐了一部分。结果，他得到了一个孩子，但这个孩子却是个阴阳人。直到后来商人捐足了钱，孩子才渐渐变成了一个男孩。[1]与刘宗周和王夫之不同，李渔对功德积累相关联的道德弊端并不感到气愤；他只是揭示了这种给善行明码标价的道德模式的伪善，并以此取乐，因为它使得仁慈成为一种购买儿子的货币。

在当时思想家的著作中，有人用更为严肃的措辞表达了对这种道德获利行为的关注。长期以来，学者们一直担心在他们同时代的人中，有道德"商品化"的危险。冯从吾既是王阳明学派的对头，也是顾宪成的崇拜者，他感到有必要写一篇文章，来强调致善之途与求利之路的区别。前一条路是传说中的舜帝和其他圣贤们所走的，最终导向伟大的文化成就；后一条路是由盗跖和别的坏人所走的，会导致声名狼藉和奇耻大辱。[2]顾

---

〔1〕（清）李渔：《变女为儿菩萨巧》，参见《李渔全集》卷 13，第 1 页上—15 页上（第 5577—5625 页）。见［日］松田静枝：《李渔：其文学作品中反映出来的生平及道德哲学》第 89—91 页，他试图证明此故事即暗指李渔自己的事。至于李渔的其他关于积功思想的讽刺作品，见《李渔全集》卷 12，第 1 页上—16 页下（第 5231—5262 页），特别是第 16 页下（第 5265 页），在此引用了《太上感应篇》，及卷 14（第 6051—6136 页）。我很感谢白迪安（Diane Perushek）提供这些参考资料。

〔2〕（明）冯从吾：《善利图说》卷 8，第 4 页上—8 页上。参见［美］韩德琳：《晚明思想中的行动》，第 130 页。

宪成引用《论语》来提醒他的追随者，一心一意的求仁者把贫富、贵贱、困惑和危险等等人生中一切不可预见的事件都一体看待。他既不会刻意追求、也不会逃避富裕或贫穷，因为他的心中只专注于行正道。[1]高攀龙在东林书院作了一个同样长而且内容相同的演说。[2]刘宗周批评那些专习举业的士人和那些一心发家致富的官员，他反对追求"外"物："今为学者下一顶门针，即向外弛求四字，便做成一生病痛……凡人自有生以后，耳濡目染，动与一切外物作缘，以是营营逐逐，将全副精神都用在外，其来旧矣。学者既有志于道，且将自来一切向外精神，尽与之反复身来，此后方有下手功夫可说。"[3]吕留良（1629—1683 年）和他的友人张履祥一样，也是王阳明学派的批评者，也是正统理学的支持者，他认为求利无论如何也是无益的，非是必不得也，只是不相关耳。[4]甚至李贽，这位经常被保守思想家攻击为晚明道德败坏之罪魁祸首的人，也悲叹利益在人际关系中的主导地位。[5]袁黄主张善与利密切相连，而且在某种意义上也互相反映，这种主张只会增加这些人的疑惧。

当时保守学者最恐慌的正是功过体系的这一方面最引发。大学士朱国桢（1557—1632 年）沉痛地指出，这一体系甚至在那些应该更明事理的"读书人"中也相当流行：

────────────

[1]（明）顾宪成：《当下绎》第 2 页上—下，《顾端文公遗书》第 9 册。

[2]（明）高攀龙：《高子遗书》卷 4，第 4 页上—5 页下。

[3]（明）刘宗周：《向外弛求说》，《刘子全书》卷 8，第 17 页下。我参考了张君劢的《新儒家思想史》第 2 卷第 176—177 页中的翻译。

[4]（清）吕留良：《吕晚村先生四书讲义》卷 42，第 7 页上；以及〔澳〕费思堂：《妥协与忠节：吕留良的一生（1629—1683）》第 3 节，第 8—9 页。

[5]（明）李贽：《续焚书》第 78—79 页。参见〔美〕韩德琳：《晚明思想中的行动》，第 130—131 页。

　　今人行善事，都要望报，甚至有千善报千，万善报万之说。颛为村婆野老而设，读书人要晓得，只去做自家事，行善乃本等，非以责报。救蚁还带，此两人直是陡见，突发此心，如孟子所云赤子入井之云。两人若起报心，神明不报之矣。[1]

刘宗周则更直接地谴责袁黄，因为他鼓励了这种错误的道德意识。他在指导修身的著作《人谱》的序言中，部分回应了袁黄的《功过格》，并解释了他对袁黄所倡善行的错误动机的关注：

　　友人有示予以袁了凡《功过格》者，予读之而疑之。了凡自言尝授旨云谷老人，及其一生转移果报皆取之功过，凿凿不爽，信有之乎？予窃以为病于道也。子曰："道不远人，人之为道而远人，不可以为道。"今之言道者，高之或论于虚无，以为语性而非性也；卑之或出于功利，以为语命而非命也。非性非命，非人也，则皆远人以为道者也。

　　然二者同出异名，而功利之感人为甚。老氏以虚言道，佛氏以无言道，其说最高妙，虽吾儒亦视以为不及。乃其意主于了生死，其要归之自私自利。故太上有感应之篇，佛氏亦多言因果，大抵从生死起见，而动援虚无以设教。猥云功行，实恣邪妄，与吾儒惠迪从逆之旨霄壤。是虚无之说正功利之尤者也。[2]

─────────────

[1] （明）朱国桢：《涌幢小品》卷10，第10页上。我参考了于君方在《佛教的更新》第294页中的翻译。还带之人是裴度（838年去世），他因为归还一条价值昂贵的带子而受到高官的回报。我未能查出救蚁之人是谁。
[2] （明）刘宗周：《人谱》"自序"，见《刘子全书》卷1，第1页上一下，和卷19，第13页下。刘宗周把这些归之于孔子，取自于《中庸》第13章。见[英] 理雅各：《中国经典》第1卷，第393页。

刘宗周再次攻击功过格很容易使人陷入"功利之途";期望自己的行为获得回报的人是"无善有恶"的。曾经跟随刘宗周学习过一段时间的陆世仪,最后就为这个原因而放弃了自己的功过格实践。为了警告他的友人和门人不要使用功过格,他解释说,得鱼而忘筌,获兔而弃网,就是说,功过格使用者一旦获得回报就会容易忽视道德修养。[1] 功利思想并不会如袁黄功过体系表明的那样促使人们继续行善;最终,功利思想会使人们不能专心致志地实践真正的、完全的善。

刘宗周和陆世仪都在重申孟子立命思想中最基本的东西:善人不管自己生活的物质条件如何,都会修善。有趣的是,两人都不否认善行会带来物质利益,但是,两人又都坚持说真正的君子在他行善时不会怀有任何功利之心。而且与袁黄的主张不同的是,对他们来说,毫无功利之心去实践积功简直是不可能的。

## 对袁黄的反驳:刘宗周的《人谱》

虽然攻击袁黄功过格的学者不少,但只有刘宗周构筑了一个完整的体系,他设计这个体系主要就是为了推翻功过格所提倡的修身方式,以便回应袁黄功过格的挑战。正如刘宗周所设想的,这也是为了正确地理解"道"。根据他的传记,刘宗周写《人谱》就是因为对袁黄著作的日趋流行、对新功过格的滋生感到恐慌。新的功过格以袁黄的功过体系为本,并得到一些文人支持。这篇文章写于 1634 年,用于指导"证人会"

---

[1]　(清)陆世仪:《论学酬答》卷 4,第 20 页下,见《陆桴亭先生遗书》。

成员修身。[1]刘宗周在序言中从根本上批评袁黄的《功过格》，特别是攻击它用佛教和道教教义支持追求道德利益。他解释说：

> 予因之有感，特本证人之意，著"人极图说"以示学者，继之以六事功课，而纪过格终焉。言过不言功，以远利也。总题之曰《人谱》，以为谱人莫近于是。学者诚知人之所以为人而于道亦思过半矣。将驯是而至于圣人之域。[2]

因此，刘宗周并没有和功过格的技巧彻底划清界限——保留部分功过格是他修身方法的一部分。正如《人谱》中所写的，他只是主张他的修身方法能使人发掘自己的道德潜力，成为圣人，同时又不陷入袁黄《功过格》所设下的陷阱——即个人逐利的陷阱。

刘宗周的《人谱》以"人极图"开宗明义地阐述了他在当时思想论战中的立场："无善而至善，心之体也。"刘宗周在相信心为至善这一点上与王阳明是一致的。但他重新阐释了王阳明著名的格言"无善无恶心之体"，避免从中得出危险的道德结论。在刘宗周眼中，正是这种危险的道德结论毁了王畿和泰州学派的其他成员。对刘宗周来说，心是超验的，因而在某种意义上是"无善"的——他甚至将之等同于万物之源，即太极。[3]但

---

[1] （清）董玚：《刘子年谱》，见《刘子全书》卷40，第50页上—下（第6册，第3585—3586页）。

[2] （明）刘宗周：《人谱》"自序"，第1页下，见《刘子全书》卷1（第1册，第160页）。

[3] （明）刘宗周：《刘子全书》卷1，第2页上（第1册，第161页）。在此感谢小托马斯·本杰明·皮尔，因为他允许我参考他对《人谱》的翻译和分析（《刘宗周的〈人谱〉》）。

是，它实质上根基于至善，因而它表现为天地间的道德准则——例如，处理五伦关系的准则。刘宗周极力赞美心的力量，并进而赞美拥有心的人本身：

> 大哉！人乎，无知而无不知，无能而无不能……《易》曰："天下何思何虑？天下同归而殊途，一致而百虑，天下何思何虑？"[1]
>
> 无知之知，不虑而知；无能之能，不学而能。是之谓"无善之善"。
>
> "君子存之，善莫积焉；小人去过，过莫加焉。"[2]吉凶悔吝，惟所感也。积善、积不善，人禽之路也。知其不善以改于善，始于有善，终于无不善。其道至善，其要无咎。所以尽人之学也。[3]

善人或"君子"因而努力按上天的安排塑造自己，自然而然地行善，而没有"百虑"。在这个方面，刘宗周和袁黄以及当时大多数别的理学家是完全一致的——也就是说，只有在不存善之意识时所行之善方为惟一真善。

怎样才能达到这种境界呢？刘宗周解释说："君子存之即存此何思何虑之心。周子（周敦颐，1017—1073）所谓'主静立人极'[4]是也。然其要归之善，补过所繇，殆与不思善恶之

---

〔1〕《周易引得》系辞 2.3（第 46 页）；又见于沈仲涛《华英易经》第 316 页。

〔2〕《孟子引得》4 下，19（第 31 页），孟子曰："人之所以异于禽兽者几希。庶民去之，君子存之。"见理雅各：《中国经典》第 1 卷，第 325 页。

〔3〕（明）刘宗周：《刘子全书》卷 1，第 3 页上（第 1 册，第 163 页）。

〔4〕（宋）周敦颐：《太极图说》，《近思录》卷 1，第 1 页上—2 页上，在《朱子遗书》中。

旨异矣。此圣学也。"〔1〕在这里，刘宗周坚决地把自己和泰州学派区分开来：仅仅通过"不思善恶"，人们并不能保持自己的良知，并且也无法排除对其自身善的意识，而只有通过积极地根除自己的错误并且"补过"，才能做到这一点。

建立了道德完善方法的框架后，刘宗周接着讨论修身的实践。在《人谱》的第二部分"证人要旨"中，刘宗周引入了一个取自《中庸》的概念："慎独"，即保持内心原初的纯洁性。刘宗周描述了这种境界："此时一念未起，无善可着，更何不善可为？止有一真无妄，在不睹不闻之地，无所容吾自欺也。吾亦与之，毋自欺而已，则虽一善不立之中，而已具有浑然至善之极。"〔2〕这种独处自省的境界，通过静坐和读书才能达到——这正是朱熹建议去做的两件事，他认为学者应半日静坐，半日读书。

这种自省的境界能使人发现过错并遏制过错的发展，或如刘宗周所说，"卜动念以知几"。那么这到底是如何运作的呢？刘宗周认为，宇宙万物皆是气或称宇宙之气——甚至在正统的宋明理学中被视为比气更重要的"理"，对于刘宗周来说，也只是"气之理"。因此，人心由宇宙之气构成。但是和万物之气不同的是，这种气就其"体"而言十分稳定。当心中有了想法，这就是气在运动；正是在这种运动过程中，感觉明白地显示出来。只要人的心永远是善的，这些运动就会保持完美的平衡："念如其初，则情返乎性，动无不善，动亦静也。"〔3〕

但是，当人失去对这种平衡的控制，使得某种"动"过或

---

〔1〕 （明）刘宗周：《刘子全书》卷1，第3页下（第1册，第163页）。

〔2〕 同上，第3页下—4页上（第1册，第164—165页）。

〔3〕 同上，第4页上（第1册，第165页）。

不及，问题就出现了，气完美平衡的状态被扰动了，人变得"著"于一种想法或意图。当这种意图变得越来越强烈时，人的气就越来越不稳定，人心中的不平衡就会以一种恶行显示出来。"偶著一念，因而过矣，卒流于恶者有之。"[1]换言之，在某种状态下，一个人气"窒"（fixation）的结果，是人的意识的一种断裂：在心中错误地割裂了内与外，并且如刘宗周在另外一篇文章中警告的，这个人就开始扬"外"了。

预防这种犯错程序启动的方法，首先就是要学会识别心中涌起的、导致气失去平衡的"几"，然后去控制或制止它们，使得气的运动回归稳定的状态。刘宗周解释说："正就动念时，一加提醒，不使复流于过而为不善。才有不善，未尝不知之而止之，止之而复其初矣。过此以往，便有蔓不及图者。"[2]因此，必须要"慎独"：只有在那种状态下，人才能观察到、并且预防自己恶的萌芽。

在该书另外三个部分中，刘宗周强调了品行的重要性，这是人的内心状态的外在表现。首先，个人的品行，包括举止、外表、言谈和气质，应该总能使自己有威仪，以显其天命之性；其次，作为支配五伦（君臣、父子等）关系的准则，"敦大伦以凝道"的"道"也一定"根"于心；第三，然后应该反过来把五伦关系的准则推广到"盈天地之间"——也即知道"（万物）皆吾父子、兄弟、夫妇、君臣、朋友也"。在此，刘宗周无疑接受了这样一种思想，即至善之心包含着所

---

〔1〕 （明）刘宗周：《刘子全书》卷1，第4页上（第1册，第165页）。这句话在《人谱》最早的版本（1634年）中并未出现，后得到刘宗周本人的同意收入最后的版本中。

〔2〕 同上，第4页下（第1册，第166页），译文来自小托马斯·本杰明·皮尔《刘宗周的〈人谱〉》，第50—51页。

有正确行为的准则。[1]

也正是在这里，刘宗周明确表述了他是如何理解个人命运（或如他所称的"定"命）的决定因素的。他的书第一部分题为"谨威仪以定命"；他认为，人们要想掌握自己的命运，就要发掘自己的道德潜力，就要通过自己的全部行为去表现上天赐予的、至善的道德天性："天命之性不可见，而见于容貌辞气之间，莫不各有当然之则。是即所谓性也。故曰：'威仪所以定命。'"[2]刘宗周在此采取了孟子的立场——对于"君子"来说，唯一的好命就是他心中天性之善的完全实现。

刘宗周首先断言，存在着绝对的道德准则，并且敦促人们遵循这些准则去"定命"，然后，刘宗周提出了他达到圣贤境界的计划："迁善改过以作圣。"对于什么是善，什么是不善，学生应该只遵循他心中最初的价值评判，这就需要持续的自我检查和反省。[3]

刘宗周明确地把"改过"视为致圣之路上更艰巨的一步，他在《人谱》的其余部分对这一过程进行了讨论。在此，他在修身方法中使用了一种"格"。他提出6种不同的"记过格"，每一种格都列有一种应该被识别、记录，当然也应改正的过错。每种过都对应着不平衡的气进入意志，然后体现于行动这一过程中的一个阶段。第一种记过格识别的是很小的恶的萌动（"微过独知主之"），主要是针对"微过"或"妄"，"妄根所

---

[1] （明）刘宗周：《刘子全书》卷1，第5页上—6页上（第1册，第167—169页）。
[2] 同上，第5页下（第1册，第168页），译文来自小托马斯·本杰明·皮尔《刘宗周的〈人谱〉》，第53页。
[3] 同上，第6页下—7页上（第1册，第170—171页）。

中曰惑，为利为名，为生死，其粗者，为酒色财气。"第二种记过格上列有"隐过七情主之"：溢喜、迁怒、伤哀、多惧（忧谗畏饥或遇事变而失其所守）、溺爱、作恶、纵欲。第三种记过格讲述"显过九容主之"。"显"是因为它们被表现在外在的态度和行为上，它们大都是缺乏尊重和谨慎的姿态和表现。例如，在"口容"类下，刘宗周列举了貌言、易言和烦言三种情况；在"气容"类下，他列举了好刚使气和怠懈三种状态。[1]

　　第四种记过格是更为严重的，谓之"大过五伦主之"。论及每一种五伦关系：对于父子关系，列有 21 项不该做的事例，对于君臣关系列有 16 项，夫妻关系 7 项，兄弟关系 19 项，朋友关系 16 项。一般地说，所有这些都遵循长期以来约定俗成的价值观，警告人们不要忽视等级界限。家庭关系遵循孝的价值观，朋友关系鼓励守信以及互相之间的道德净谏。君臣关系的准则非常有趣，因为它们反映了刘宗周自己经常劝诫统治者及顶头上司的做法。他警告不能：

　　　　非道事君。

　　　　长君。

　　　　逢君。

　　　　始进欺君（考校、筮仕、钻刺之类）。

　　　　迁转欺君（夤缘、速化）。

　　　　宦成欺君（贪位固宠）。

　　　　不谨。

--------

[1]　（明）刘宗周：《刘子全书》卷 1，第 7 页下—9 页上（第 1 册，第 172—175 页）。

> 疲软。
>
> 贪。
>
> 酷。
>
> 居乡把持官府。
>
> 嘱托私事。
>
> 迟完国课。
>
> 脱漏差徭。
>
> 擅议诏令。
>
> 私议公祖父母官政事美恶。[1]

　　假如修习者由于忽视五伦关系而不能避免罪恶，那么他自然就会犯第五种记过格的"丛过百行主之"中列举的事情。共有93种恶被罗列出来，作为独处时应该避免的事（"游梦、戏动"、"蹊径、好闲"，等等）；纵饮、昼处内室、狎使婢女、挟妓、宴会侈靡；品行有亏；弃毁文字、雌黄经传、读书无序、作字潦草；有损于"道"的行为。其中品行有亏所占篇幅最长，包括了危害社会或乡里关系的所有过错。这其中警告人们不要打官司、报复、偷窃、放高利贷、贪婪、献媚当道、经商中弄虚作假、欺压穷人、残害动物。在最后一部分"叛道"行为中，刘宗周站出来坚决反对非正统教义。在劝说人们不要"亵渎神社"后，他警告人们不要陷于宗教：

　　近方士。

---

〔1〕（明）刘宗周：《刘子全书》卷1，第9页上—10页上（第1册，第175—177页）。这些类目的译文来自小托马斯·本杰明·皮尔《刘宗周的〈人谱〉》，第62—63页。

祷赛。

主创庵院。

拜僧尼。

假道学。[1]

最后，第六种记过格是"成过"，这指的是前所述及的萌芽状态的任何一种过错被付诸行动。刘宗周建议进行长期静坐和自省，以便消除各种各样的成过。"隐恶"（"隐过"的结果）只需要两个时辰的独自反省（闭阖二时），而"大恶"则需一整天深刻的自我批评方能纠正（闭阖终日）。这种训练使修习者"立登圣域"，即心中完美的平衡和善。刘宗周以一种积极的语气结束了他的一系列记过格："人虽犯极恶大罪，其良心仍是不泯，依然与圣人一样。只为习染所引坏了事。若才提起此心，耿耿小明，火燃泉达，满盘已是圣人。"[2]

刘宗周的六种记过格描述了修习者应该警惕的思想和行为，但是，它们并未真正地以实用的语言来说明人们赖以知晓这些变恶的趋向的过程。不过，在记过格之后，刘宗周又附录了一篇短文："讼过法"。在这篇文章里，刘宗周解释了人们如何通过静坐的方式，知晓自己所有恶的趋向。刘宗周甚至为自省时的身体姿态提供了详细的指南：

> 一炷香，一盂水，置之净几，布一蒲团座子于下。方会平旦以后，一躬就坐。交跌齐手，屏息正容，正俨威间，

---

[1] （明）刘宗周：《刘子全书》卷1，第10页上—11页上（第1册，第177—179页）。

[2] 同上，第11页下（第1册，第180页）。

鉴临有赫。

……

乃进而救之，曰："尔固俨然人耳，一朝跌足，乃兽乃禽。种种堕落，蹉何及矣。"

应曰："唯唯。"复出十目十手共指共视，皆作如是言。应曰："唯唯。"于是方寸兀兀，痛汗微星，赤光发颊，若身亲三木者。已乃跃然而奋曰："是予之罪也夫。"则又救之曰："莫得姑且供认。"又应曰："否否。"复出十目十手证佐，皆作如是言，又应曰："否否。"

顷之，一线清明之气徐徐来，若向太虚然，此心便与太虚同体。乃知从前都是妄缘。妄则非真，一真自若，湛湛澄澄，迎之无来，随之无去，却是本来真面目也。此时正好与之葆任。忽有一尘起，辄吹落。又葆任一回。忽有一尘起，辄吹落。如此数番，勿忘勿助，勿问效验如何。一霍间整身而起，闭阁终日。[1]

和许多同时代的晚明人一样——实际上，甚至也和袁黄一样——刘宗周相信严格的忏悔和自省是改正错误、并且最终达到道德完善的先决条件。[2]这是真正的"圣人之学"，也是圣人自己成圣的途径。

在《人谱》中，刘宗周已经明确承认使用某种类型的记过格的有效性；实际上，他的"记过格"是其修身体系的基础。

―――――――――

[1] （明）刘宗周：《刘子全书》卷1，第12页上—下（第1册，第181—182页）。译文以小托马斯·本杰明·皮尔《刘宗周的〈人谱〉》，第70—71页为基础，也见于吴百益：《传统中国的修身与悔过》，第27页。《人谱》的结尾是三篇《改过说》。

[2] 参见吴百益：《传统中国的修身与悔过》，第16—38页。

但是，他恰好完全改变了记过格的意义，净化了袁黄功过格体系中使他恼火的全部特征。他的格只是记过（或"错"）格，这使修习者不会记录自己的善行，因而避免了他们在道德自满和用自己的功来"掩盖"过之间进退维谷。刘宗周谴责袁黄的《功过格》让世人仅仅记下分值而忘记心中错误的根源；刘宗周的体系则有精心设计的自我批评方法，它鼓励修习者关注心中哪怕是最微小的恶的萌动（比如一种不雅的坐姿"交股"），因此，这个体系几乎不会因忽视心中的罪恶之源而遭到指责。[1]由于他没有给行为分配分值，这就避免了他所攻击的袁黄《功过格》的"支离"之弊。刘宗周的记过格也不会被批评仅仅关注品行的枝节问题，至少刘宗周本人是这样看的。他把"过"加以分类，还把他的记过格也按序排列；那些将它们与刘宗周自省方法结合起来使用的修习者，遵循着一种一以贯之的修身程序，这一程序允许把细微的克制或善行组合成一个完整的、纯粹的善。像功过格那样随意认定各式各样的善行，这当然是不可行的。

但是，最重要的事实是，刘宗周的记过格并未以任何方式鼓励逐利。事实上，他曾辩解说，自己使用功过格的目的是"远利"。[2]虽然他使用"定命"这一概念，使人想起袁黄的"立命"，但很明显，从上下文中我们可以看出，刘宗周只提及个人发掘自己天赋的道德潜力的能力，而未提及决定自己物质命运的能力。

的确，在强调气的重要性、在将恶视为气的运行失常时，

---

〔1〕 （明）刘宗周：《刘子全书》卷1，第8页下（第1册，第174页）。

〔2〕 （明）刘宗周：《人谱》"自序"第1页下，《刘子全书》（第1册，第160页）。

刘宗周假设人的思想和行为影响或"感"了宇宙中其他事物的气。那么，人们可能会因为他们的行为所激起的气的"应"而受到奖惩。但刘宗周绝没有把他的这一论点贯穿始终。他在描述人心的构成和运作之外，便缄口不言，好像是遵从了孔子的教导，要尽"人事"而远鬼神一样。对于刘宗周来说，通过他的修身体系获得道德完善是唯一可能的目标。那些注定为体现道德完善而生，为天地立基的人来说，"他们不是被作为动物而'创造'出来的，而是在宇宙的天地运行中承担了责任，是为宇宙运行提供必要辅助的合作者"。[1]在这种责任面前，追求物质利益既目光短浅又无关宏旨。当然，无论他对"感应"的运作有什么想法，刘宗周相信君子应该行善，而不考虑是否可能得到回报。

刘宗周的自我实现计划在实践中的应用却相当有限。在他的《人谱》中，并没有任何迹象表明他禁止人谋求地位上升，也没有暗示某种人永远不能成为圣贤。但是，从道德自觉和尝试他的计划所需的时间和精力上，我们可以明显地看出，《人谱》在很大程度上只适合于士人。书中有一个格包含有关于官员行为的内容，尽管其中也包含有一般性规则的内容，也并未提及这些文本仅仅是写给士人阶层的。然而，所有迹象都表明，刘宗周是为他自己这样的人，即士人和官员而写的。这些人必须完善道德，并成为圣人，因为他们承担着"平天下"的责任，承担着教育民众和维持地方秩序的世俗职责。无论是关于道德还是关于社会地位，刘宗周的看法都与袁黄不同，袁黄认

---

[1] 杜维明：《刘宗周人学中的主观性》，第 231 页。至于刘宗周的伦理学的全面研究，参见 [日] 山本命：《明代儒学的伦理学研究》，第 722—898 页。

为社会充满活力，刘宗周显然不这么看：虽然《人谱》中并没有说农民不可能成为圣贤，但刘宗周显然也没有兴趣讲述这样一种可能，或者鼓励这样一种结果。他似乎已经假设，圣贤只会产生于士大夫阶层。

## 东林党人：理学的感应理论

刘宗周在《人谱》中，攻击矛头直指袁黄的功过格体系，他重申孟子经典学说的立场，即真正的士人应专注道德的改善，而不是总想着上天对他的行为有什么回报。刘宗周看上去几乎只对修身的具体计划的细节感兴趣。在《人谱》中，"天"很少出现，鬼神就更少了。另有一些思想家，与刘宗周关系密切，并努力与泰州学派对道德的"破坏性"影响作斗争，他们对于个人因其善行而获物质回报的信仰，抱有很矛盾的情感。几位东林党领袖及成员——顾宪成、高攀龙及陈龙正——都努力发展"儒家"的感应理论，这种理论能确保人们部分地掌握自己的命运，却不会陷入佛教和道教的"迷信"之中。甚至一些尖锐批判王阳明学派、坚决捍卫程朱学派的保守分子——诸如张履祥和陆世仪——也一边指责功过格，一边又承认报应原则。这种矛盾情感（我们看到，甚至在某种程度上，刘宗周本人也有）是度量立命思想的吸引力的一个指标。

在为儒家的感应理论制造论据时，这些思想家可以利用儒家经典本身在这个问题上模棱两可的态度。同时，他们小心翼翼地尽可能将他们的观点与"败坏的"佛教、道教信仰清楚区分开来。最重要的是，他们的体系必须是儒家的，在某种程度上是更高级的，因为它避免了佛教和道教的道德圈套和思想陷阱。例如，顾宪成就非常愿意承认因果报应："造化大矣，因果之说，岂可谓无之？"[1]顾宪成通过引用古圣先贤的文献——《春秋》和《易经》来为自己的立场辩护，以支持他关于儒家报应信仰的确存在的主张。但是，他又进一步界定了这个"真"的信仰以区别于佛教报应观。他主张，根本的区别在于，儒家与佛教关于"前生和来世"的定义有所不同。对于儒家而言，"前生和来世"指人承自祖先、传诸后代的功德；而对于佛教徒来说，它当然意味着轮回，即人的羯磨（业）来自前生并将在来世重现。[2]他认为，佛教信仰是绝对错误的：假如人的生命无限，为什么过去伟大的、传奇式的圣贤——伏羲、黄帝、尧、舜，更不用说佛祖本人——没有回到世间，并带来太平呢？[3]

但是，对于顾宪成来说，更为严峻的问题是接受佛教观点所带来的道德危险：顾宪成坚持认为，佛教观点暗示人们并不真正对自己的行为负责。每个人在他的现世中机械地度过一生，这一生是他前世行为所定的。他警告说："有如佛氏之说行，则凡忠臣孝子，皆为报夙生之恩而来，凡乱臣贼子，皆为报夙生之怨而来。"因此，用佛教的观点来说，做了错事并且蒙羞的学者并不会真正有损于善，因为他的行为是不可避免的、是个人难以控制的、是现在已经忘却的前世行为的结果。顾宪成认为，佛教徒通过把一切归因于轮回的运作，免除了人对道德选择的责任："反诸人心之自然而不容或已处……于是纲常伦理且茫焉无所系属。"[4]

---

〔1〕（明）顾宪成：《证性编·质疑上》卷5，第28页上，见《顾端文公遗书》。
〔2〕（明）顾宪成：《小心斋札记》卷9，第7页下—8页上，见《顾端文公遗书》。
〔3〕（明）顾宪成：《证性编·质疑上》卷5，第28页上—下，见《顾端文公遗书》。
〔4〕（明）顾宪成：《小心斋札记》卷9，第8页下，见《顾端文公遗书》。

另一方面，据顾宪成自己的看法，儒家对因果的理解虽然允许被动地继承功过，却坚持人对自己负责的原则。个人选择行善或为恶，他和（或）他的后代们会因为这个选择而受赏或受罚。他在现世中的遭际也许在他自己的控制之外（或者不在他记忆中），但这并不注定他是成为一名忠臣或是一个逆子。顾宪成声称，人确实对自己的命运有很强的控制力，比佛教的"三世"说所说的更强（至少在他的解释中是如此）。当然，顾宪成把自己的讨论局限于道德命运问题——他并未触及人对自己物质境遇的控制，在这个意义上，他与袁黄相去甚远。但是，他关于人的道德责任和控制的主张，如果严格限于道德领域的话，是与袁黄的人能"立命"的信仰相呼应的。[1]

高攀龙是顾宪成的年轻同道，也是东林书院的主要领袖之一。比起顾宪成相当简略地议论因果和人的道德责任来，他走得更远。和顾宪成一样，他排斥佛教因果信仰，虽然原因稍有不同——佛教的因果论暗示鬼神掌管报应，并且人能通过鬼神的帮助完全掌控上天的报应，高攀龙谴责这种教义是鼓励人们为谋利而行善。[2]

但是，高攀龙也拒绝一种宿命论立场，即上天无视人的行为而决定人的道德命运。他认为，这种立场有悖于圣人的教诲。高攀龙解释了他本人对感应运作的理解：

---

〔1〕 保罗·瓦罗·马丁逊在《金瓶梅》中发现了一种相似的关于道德责任的意识，这种意识是置于报应的正义性的框架中的。见他的《报应与赎救》第383—420页。

〔2〕 （明）高攀龙：《高子遗书》卷9，第44页下—45页上。下文引用此书时将在引文后用括号注出页码。

天地间感应二者，如环无端，生人物之万殊。感应所
以为鬼神，非有鬼神以司感应也。凡世人所受一饮一啄，
莫不前定，皆应也。命之不可易者也。凡世人所作一善一
恶，各以类分，皆感也。命之自我造者也。惟即感为应，
故即人为天，不然是有天命无人事，圣贤修道之教皆赘矣。
（卷9，第43页下）

然后，他提出，尽管人无法控制自己的物质生活条件，无法决
定他的饮食，但他却能控制自己的道德生活。每个人都能使自
己变善或变恶："此即个人所造之命。"

在这里，高攀龙看来与孟子的命运观非常接近。但是，当
他接着解释儒家的感应观点在宇宙中的运行时，他似乎多少改变
了自己的立场，他认为人实际上能改变自己"既定"的物质命
运："然则命之既定者不可得易与？曰：'何不可易也？数即气
也，气即理也，理即心也。'"他在此解释了人心与个人命数之间
的心理—物理联系；因为它们皆由气构成，故而能互相影响：

心之变化无方，而善之与恶殊致。恶以有心为大，善
以无心为诚。有心之恶，祸斯速矣。无心之善，感斯神矣。
是以圣人重无心之感，有其感之，理易而气易，气易而数
易，皆自心之变化也。此人之所以为天，而命之胥由人造
也。（卷9，第44页上）

于是，心能够产生各种各样的运动和变化，产生善与恶的
区别。当意图或有意识的想法充斥内心时，这种区别就出现
了——这些意图或想法会致恶。当恶"感"于心时，真气也发

生变化，把包括构成个人的数或命的气都感于心外；因而一种恶的想法会自然而然地引起个人命数的调整。如果人能消除斤斤计较之心，他就可以把自己的命数变得更好一点。因为在那种净心的状态下，他心中的清气对构成宇宙万物的气发生作用或"感之"，当然，对构成他个人命数的气也同样发生了影响。因此，个人的命数可能通过一种来自于无念之心的清气与宇宙之气连锁反应，并且最终通过个人自己的命数之气而得到改变和改善。

高攀龙和袁黄的功过体系有着非常接近的前提假设。他当然同意袁黄的如下观点，即唯——种能感动上天的善是不自觉的、不指望回报的善。和袁黄一样，他甚至使用这个原则去解释，为什么一些表面上看起来的善人却永未得到好福气的报偿。他在"同善会"章程的序言中，[1] 记录了和一位门生的如下交谈：

> 志行曰："闻善者必福，有不然者，何也？"曰："凡吾为德于人，非期人之报也。又非施于人所不报而期天之报也。求福为善故为善无福。"志行曰："人知善之必福，犹弗为善，必欲其无为而为，执途之人，责以圣贤之道乎？"曰："噫！是不知不为善之不可尔。于吾之身刀斧刲而木然者，必死人也。于天下颠连困苦而木然者，其死一也。然则吾之为善，如渴而饮，饥而食，饮食亦望报耶？"志行曰："善者固无福与？"曰："道二，仁不仁而已。仁，生道也。不仁，死道也。天下之祸，万有不同，皆死道也。

---

[1] ［日］夫马进：《同善会小史——明末清初在中国社会福利史上的地位》，第41—76页。

> 天下之福，万有不同，皆生道也。仁则生，善则福，犹形影然。有为之心，非仁；无为之善，即福也。（卷9，第42页下—43页上）

在同善会的一次演讲中，高攀龙很明确地把人的行为与他的物质境遇联系起来，这种联系也曾让袁黄着迷：高攀龙曾讲过一个警世的故事，某地陋俗和罪恶盛行，以致遭到海盗袭击，被夷为平地，而那些海盗就是代天"报应"人类罪恶的人（卷12，第33页下—34页上）。甚至在一些较私人性的文章中，高攀龙也表达了一种对报应的信仰，因为他在《家训》中，鼓励他的后代积善避恶，以获取福气："善须是积。今日积，明日积，积小便大。一念之差，一言之差，一事之差，有因而丧身亡家者，岂可不畏也。……见过所以求福，反己所以免祸。"（第11页下，第20页上）

但是，他对感应机制的理解又确与袁黄有别。[1]他不厌其烦地一遍又一遍强调机械的、自然主义的感应运作，在这种运作过程中，宇宙之气的运动通过某种渗透作用，在人类的"感"以及上天回报这些感的"应"之间传递。在此，上天在某种程度上既是一种人格化的"知"的实体，也是无念地调整宇宙之气运动的、自主的道德力量：

> 人莫要于知天。知天则知感应之必然。今人所谓天，以为苍苍在上者云尔，不知九天而上，九地而下，自吾之

---

[1] 在高攀龙的传中有一段话显示他否认"立命之学"，但是他从未直接提及袁黄或功过格。见华允诚：《高忠宪公年谱》，第28页下。

皮毛骨髓，以及六合内外，皆天也。然则吾动一善念而天
必知之，动一不善念而天必知之。而天又非屑屑焉，知其
善而报之善，知其不善而报之不善也。凡感应者，如形影
然。一善感而善应随之，一不善感而不善应随之，自感自
应也。

夫曰：自感自应，而何以谓之天，何以谓天必知之也？
曰：自感自应所以为天也，所以为其物不二也。若曰有感
之者，又有应之者，是二之矣。惟不二所以不爽也。[1]
（卷3，第26页下—27页上）

在袁黄的经验中，这个体系的运作依赖那些爱干预人的神
祇——佛陀和准提；但对于高攀龙来说，鬼和神的存在只是传
递人类行为和上天回应的气的表现。无知的人或许主张，天定
的气数决定着他的生活；但是，他们不理解，气数实际上由人
心风俗而成。因此，高攀龙相当刻板地主张："然则人之为善
乃自求福，为不善乃自求祸。故曰，祸福无不自己求之。知此
则为善去恶之意必诚，恶净而善纯，人乃天矣。"（卷3，第
27页上—下）具有讽刺意味的是，尽管高攀龙攻击佛教徒，但
他在这里对感应的理解，与佛教哲学的因果观念相距并不遥远。

因此，高攀龙必须在别的方面与袁黄相区别：即感应观念
的应用。袁黄强调从功过体系中获得物质回报，虽然高攀龙的
理解似乎与袁黄的相似，但他倾向于低调处理这一结论。他更
着重指出人应该一直保持向善之心，追求"仁义"，毫不计较
财富地位。（卷9，第42页下—43页上；卷3，第27页上—

---

[1] 译文引自［德］卜恩礼：《东林书院及其政治和哲学意义》，第131—133页。

下）而且，他用以说明感应运作的仅有的几个例子，通常都是在警示恶俗会不可避免地导致恶果——因此，才有上述那个地方被海盗摧毁的故事。当这类故事有一个好结局时，通常是一种普遍的美满结局而不是个人的好运。例如，当某县的"气和"，就会应时降雨，确保丰收——简言之，为整个县带来的繁荣。[1]（卷12，第19页上—下）或者，当他鼓励子孙积善时，他相当含糊地表示，这种善会给家庭整体带来不确定的"福"或"利"。高攀龙避免承诺给个人实实在在的回报，而这正是袁黄积功解释的特征。概言之，他尽量避免表示善行能带来直接的个人利益。

另一位东林党人陈龙正在著作中表达了对报应运作的更矛盾的情感。在对感应的一般理解上，他与高攀龙相同：由于人的言行都是气，它们就会"感"或影响宇宙之气，创造出对这些言行主动"回应"的鬼神（也为气构成）。只有当个人的言行是绝对真诚的，是直接发自内心的，他才能"感"气。陈龙正解释说："鬼神，气也。人之善事善言，亦气也。凡事言而善，宜皆足以感鬼神，而有不然者，何也？鬼神，气也，而通于人心。善事善言出于心，则神与之通。或不出于心，则鬼神见其心，而不孚其气，此不诚不足以交神明之说也。"[2]与高攀龙、甚至与袁黄一样，他也主张，只有不考虑个人利益的善行才是真善：只有当人既不指望来自上天或人间的回报，又没有计划把自己的功德传给子孙时，善才是彻底的。在行善过程

---

[1] 也见于梁其姿：《明清时期的医疗组织：长江中下游地区的官立和私立医药机构》，第149页。

[2] （明）陈龙正：《几亭全书》卷6，第13页上。下文引用此书时，将在引文后用括号标出页码。

中，任何功利之心都会导致恶，因为，"徼名徼福"的善"不见报应时，又会渐淡下去，几何而不与恶同归。"（卷20，第33页下）。

陈龙正用这种对感应的理解去解释"积善"和"积义"的使命。这两个概念是陈龙正对孔子和孟子思想的分别归纳，涉及善行和义行的日常实践：对陈龙正来说，它们提供了恰当的修身方法（修法）。批评者或许认为，这种方法太过琐碎，不够完整，与袁黄的功过格体系有相似的缺陷：人们被鼓励去积累不同的善行，而从不是去完善一种一贯的、"完整的"道德，以达至真正的、自发的善。但是，陈龙正解释说，只要人的所有行为都是"慊心"的，那么，即使个人的道德准则不同，毫无疑问也会有"浩然之气生，集之无间无杂，正是浑然一片，何尝零星补缀耶？"因此，由于万物之气潜移默化地渗透，即便善行是零星的，只要人们是诚心所为，就会变成感动鬼神的"浩然之气"。（卷5，第9页上—下）

但是，陈龙正不愿得出结论说：个人可以指望自己的善行得到物质回报。事实上，就下述这个例子所显示的，他经常断然否认这一点：当陈龙正为一场饥荒捐赈之后，他的儿子就大病痊愈，但他明确否认他儿子的病愈是对他的慷慨的回报（卷21，第21页上—下）。与高攀龙一样，他有时似乎只主张，作为对个人的美德的回报，福气会扩散至一个广阔的范围而非精确指向对个人本身的物质回报："且大德受福，非其一身享之，方禄位名寿之归，天下食其德者何限。身自为善曰德焉，使天下被其善，则曰圣人之福焉。"（卷3，第8页上—下）陈龙正轻蔑地评论说，只有佛教徒才相信单个的人会因为他的善行而被报以财富、地位。圣人知道，他的"回报"只是给世人带来更大的善（通过气的运动来传播）："行一善，共悦之。救一人，共感之。非必身受之矣。为一恶，共怒之。害一人，共怨之。非必身受之矣。万口一气，万心一灵，是为大通。"（卷3，第3页上）这一切都有助于一种力量巨大的潜移默化。陈龙正主张，具体的善行只是回报至全体：天地之间，所有个人都从某个人的善行激起的善气中获益，而这些个人本身也只能期望他们获取的所谓回报，只是在分享这个普遍的福气。他们并不能指望获得个人的物质回报，而这正是袁黄曾向人们承诺过的。

但是，在另一些地方，陈龙正似乎又十分愿意承认，个人会从自己的善行中获取直接的、具体的回报，这种观点很明显与上述立场相冲突。陈龙正1631年在家乡嘉善组织慈善社团，在他的演讲中，这一思想冲突表现得淋漓尽致。他鼓励成员捐助慈善社团，虽然他也偶尔提及，人永远不应该指望因行善而获报（卷23，第13页上；卷4，第23页下），[1] 但他更经常地向他的听众暗示，他们实际上会因善举获得个人的回报，就像获得集体的回报一样。他用报应概念去说服这个社团中来自不同社会经济地位的人行善，改变概念的用语以迎合每个群体的需要。对上层，他警告说，"富贵的"不要太过于沉溺于赚钱和为自己增福，以致忽略了同胞所受的痛苦。这些人"自以为日日在世享福，不知日日在世造孽。缘何把那修福的根脚，倒将来造了罪孽？"（卷24，第10页下—11页上）因此他鼓励这些人对待那些不幸的人慷慨大度，这在很大程度上可以确保他们居于高位：他们利用自己的财富不仅帮助别人，也避免失

---

[1] 见 [日] 沟口雄三：《东林派人士的思想——前近代时期中国思想的展开》，第162—170页；及 [美] 韩德琳：《同善会：明末清初时期慈善活动的重建》，第320—325页。

去自己的福。（卷24，第5页下）〔1〕

财富和地位中等的人，比上不足比下有余，虽无富贵人的力量，也日日可救拔人。他们应该做本分内的事，不奉上欺下（卷24，第5页下）。陈龙正为那些永远不会欺骗或伤害他人的"中等人"许诺了一系列祝福，他们"至诚公道，则鬼神保庇，床上无病人，邻里乡党欢喜，牢里无罪人。待家事渐长，又可教子读书，指望进步。"那些虚伪并且追求个人私利的人，那些在佛教和道教的宗教仪式上浪费时间和金钱的人，会获得相反的命运："报应到来，众人也不怜，鬼神也不护。"（卷24，第11页上—下）

最后，针对那些地位最为低贱的穷人，陈龙正连篇累牍地论述了报应和行善问题。陈龙正对这些人中大多数所遭受的、令人绝望的贫穷和不幸表示同情，但是他警告他们，通过起义和劫富的暴力手段来改变自身境遇是错误的："难道上天命数，凭人气力改移，这是决变不来的。"（卷24，第12页上）一句话，他要求那些地位低贱的人们只能安分守己，小心翼翼地避免因不甘顺从或奋起反抗而招致的各色"疾苦"。（卷24，第6页上—下）但是，他对这些人的最后教训是，通过更为平和的、内在的道德修养的方式，这些人最终可能改变自己的命运：

> 但人心至灵，实与他物不同。所以古人或因一点孝心，
> 或因一段济人救物的真心，便能感天地、动鬼神。如《为

---

〔1〕 东林的支持者、广仁会的创建人杨东明，对富人行善的理由有稍稍不同的看法，他向他的会众解释说他们拥有财富是他们的善的表现，慈善行为则是在传播善："公等饶于赀产，定自仁根中鬯达，非偶尔也。今宜推广吾仁，益生生之理。"（明）杨东明：《山居功课》卷1，1页下；参见梁其姿：《明清时期的医疗组织：长江中下游地区的官立和私立医药机构》，第149页。

善阴骘》[1]上所载转祸为福，事迹甚多，《太上感应篇》
开口便说个"祸福无门，惟人自召"。可见总是个"命"
字。要把气力算计去变他，决变不来。若有一段至公至诚
的心田，不知不觉，他自会变了。这话本不专为穷人说，
在穷人身上觉得尤紧切些。（卷24，第12页上—下）

在这里，陈龙正调整了他的呼吁，以适应每个群体在思想和道
德上的复杂性。富贵之人得到一个微妙的暗示，即一心求利求
福会招致上天的惩罚［这些演讲的序文，为了迎合士人的阅读
习惯而用文言写作，其中说到报应信仰得到《诗经》的支持
（卷23，第14页上）］。中间阶层的人被劝诫要为了他们自己
及乡里的利益而行善，这两者都会被回报以神明的庇护。最后，
陈龙正把穷人作为最粗鄙的和最普通的吁求对象，既保证他们
能通过道德行为改变自己的命运，又同样明确地警告他们，暴
力手段无助于改变他们的物质环境。[2]《感应篇》的开篇也支
持这一讯息，这是那个时代众所周知的关于超自然报应信仰的
书籍。尽管在形式上和抽象的程度上不同，但每个事例传递的
基本信息是相同的：个人及其家庭（甚至他的乡里）会从行善

---

[1] 这部十卷本的善书刊行于永乐朝的 1419 年。它包含有 165 个历史人物的传
记，每个人都因善行而获得回报。永乐皇帝下令将之下发至亲王、大臣、
太学、各府县学校，并且它还和《大诰》一起，被列入科举考试的必备
书。［日］酒井忠夫：《中国善书研究》，第 20—21 页；《明代敕传书考附
引得》，第 37 页。

[2] 有趣的是，疾病和地位低下一样是另外一种"不幸"，它也被明末清初的慈善
家们视为一种报应：疾病是对不道德的惩罚和反映。它或许象征一个地方普遍
的道德腐化，或某一具体个人的道德沦丧。这种信仰实际上影响了慈善组织，
梁其姿记录了一个药局的例子。这个药局要求所有的病人答应像吃药一样改正
过失，因为身体之病只有当道德败坏被治愈后才可恢复。见梁其姿：《明清时
期的医疗组织：长江中下游地区的官立和私立医药机构》第 149 页。

中获取物质利益，而作恶则只会得到不幸。

更令人惊奇的是，在报应观上有着矛盾情感的不仅限于陈龙正和高攀龙，明末清初最保守的理学家、同时也是程朱学派的热心支持者张履祥也不例外。除刘宗周外，张履祥或许是袁黄《功过格》最激烈的批评者了。然而，他在《训子语》中，引用《易经》中的话来鼓励后人行善，以防家庭遭灾。他解释道："非欲徼福庆于天也"：

> 然论其常理，吉凶祸福恒亦由之，积之之势不可不畏也。涓涓之流，积为江河；星星之灼，燎于原野。其始至微，其终至巨。父子兄弟，心术念虑之微；夫妻子母，幽室情阴之际，勿谓不足动天地、感鬼神也；天地鬼神，不在乎他，在吾身心而已。善则和气应，不善则乖气应。[1]

一个严厉批评袁黄把报应思想引入考试科目的人，竟会说出这种告诫，实在令人惊奇。

如此看来，尽管所有这些思想家都反对财富地位命中注定的说法，主张个人永远都不应为求福而行善，但他们实际上确实相信一种经过修正的、"儒家"版本的超自然报应或感应说。在某种程度上，他们似乎与袁黄的观点并无二致，特别是他们都认为能够得到报偿的唯一的善，只能通过一种纯洁而不算计的心才能得到。他们与袁黄的差别在于他们对报应运作的理解。这些思想家强调"感应"是自发的，他们也强调人对于创造一个繁荣昌盛的环境责任重大。"释道二教"之神并不掌握这个体系，并且神鬼只是气的转化显现，通过气的转化，宇宙对人

---

[1]　（清）张履祥：《杨园先生全集》卷47，第1页上—下和第2页下—4页下。

的行为作出回应。人也从来不是轮回中听凭摆布的一颗棋子，并不是说他们甚至根本就不得记得前世，却受困于前世决定的陷阱中。在此，人在很大程度上掌握报应的运作——他既不依赖于反复无常的神的怜悯，也不受制于他自己过去的"业"，而是依靠他自己。他不仅要对自己的道德行为（或如孟子所说，他的"正命"）负责、而且对他切身所在的乡里的福祉负有更大的责任。

这些思想家与袁黄的不同之处还在于，他们不强调获取功德过程中个人的或"私"的方面。虽然在他们的体系中，个人确实可以从善行中获益，但积善的信念是为了辐射面更广的利益，而这种利益被其家族或乡里共享。他们从不建议说个人能算出分值，以期获得某一级科举考试的功名，或是别的什么与某种功德总数相"值"的回报。他们暗示说上天会使那些首先考虑公众利益，而非首先考虑个人功劳的人受益。

儒家对于感应的理解绝不是顾宪成、高攀龙、陈龙正以及张履祥的发明。为了描述宇宙之气在"感应"过程中的运动，他们利用了形成于汉朝的宇宙观，这种宇宙观自形成以来就一直被儒家的思想家们所接受（虽然热情的程度不同）。它构成了程朱宇宙论思想的基础：朱熹甚至相信鬼神的存在，并且相信人的行为有"感动"自然力和召唤具体回应的能力。[1]但是，顾宪成、高攀龙和陈龙正强调了这个论点，并给予了前所未有的评价。他们坚持君子有能力通过他对宇宙之气的影响，来改变围绕着他的物质环境。而且，他们在强调气在感应过程

---

[1]　（宋）朱熹：《朱子语类》卷 3 "贵神"，第 2 页下—3 页上（第 54—55 页）。有趣的是，那时——明末清初——东林思想家们将感应过程当作对社会行为的处罚，而其他的中国思想家则开始怀疑这一过程是否真的起作用。见汉德森：《中国宇宙论的发展与衰落》第 119—173 页。

中的重要性时，也推动了中华帝国晚期哲学的一次重要转变，即明清思想家否认朱熹理气二元论，而主张气的首要地位。[1]

但是这些思想家将报应与感应理论结合起来，这并不仅仅出自上述形而上学的转变。这种转变也无助于解释为什么许多思想家对报应概念有明显的矛盾情感，这在涉及物质方面的报应时尤其明显。那么，有没有一种方法能够解释他们为何要努力创造一种报应观点，它既允许人对报应具有控制力、同时它又依然还是令人尊敬的儒家观念？

这些思想家在科举成功之途中，似乎并没有谁感受到特别的社会压力和家庭压力，这与袁黄不同，袁黄对报应的思考正是出于这种压力。他们大多出身于新进官宦之家，因而没有袁黄那样渴望成功的私人原因。然而非常有趣的是，他们中的三人——高攀龙、陈龙正和张履祥——在保持和改善他们的家运时，经常考虑到积善。当人们敏锐地意识到精英地位的价值时，对其家族未来的关心，使相信报应变得极具吸引力。但是这种关心并不能真正解释，这些思想家们为何如此汲汲于为其独特的儒家报应理论正名。

这些人似乎也没有像袁黄或何心隐那样认为社会充满了活力。他们首先并未用报应理论来鼓励社会地位升迁的希望。他们所传递的首要信息并不是任何人都能通过积德而成为圣人（或进士及第），而是任何人都应在不指望神的回报、也不害怕报应惩罚的情况下行善。因此，他们显然对精确计算道德分数缺乏兴趣，而这正是袁黄要求功过格使用者所做的。

顾宪成、高攀龙、陈龙正，以及在某种程度上还有张履祥，

---

〔1〕〔日〕山井湧：《朱子思想中的气》，见《气的思想——中国的自然观与人世观的发展》，第434—435页；山井湧：《明清时期研究》；以及〔美〕葛艾儒：《张载的思想（1020—1077年）》，第36—53页。

似乎更有兴趣把报应观当作进行社会改革的理由和刺激社会改革的因素，当作一种既能够为精英行为提供意识形态，又能确认精英合法地位的信仰。可以肯定的是，他们也看到它能有效指导公众道德，因而高攀龙和陈龙正都赞成将《感应篇》中各种各样"迷信的"报应，视为一种教人行善的手段。[1]但有趣的是，他们配合一种"儒家化"的形式去解释精英积极参与社会改造的必要性。上述所有这些人都不同程度地与东林书院有关联——顾宪成和高攀龙是其中最著名的领袖，陈龙正和张履祥虽非正式成员，却也是它的盟友——并且赞同东林党的意见，即认为士人有责任在更大程度上参与地方行政。中央政府通过张居正改革曾一度得到加强，而后又被不断增长的宦官力量和一心只求发迹的官员们所腐化，侵夺中小地主、中间阶层的业主及农民，这些人都是东林党人声称要保护的。政府不仅不关心，而且无视不同地区的特殊条件和需要，反而极其野蛮暴力地榨取民脂民膏。那些通常是遥领的大地主，他们在较好的年代或许被指望保护他们的乡里不受政府的劫掠，但现在却为了分赃，而与腐败的官僚和其他"国家精英"成员沆瀣一气。[2]

---

[1]　（明）高攀龙：《高子遗书》卷9，第44页下—45页上。

[2]　一般说来，我接受小野和子、特别是沟口雄三对东林党人的描绘。虽然许多东林成员本身来自大地主家庭，但他们的社会、政治以及经济态度，至少在理论上同情那些中小地主集团；他们认为这是乡村中应该占据本地区领导地位的一部分人，以便保护农民不受政府和大地主，通常是遥领地主的危害。这些东林党人也同情新兴的商人阶层，因为他们受到皇帝和宦官专制权力的威胁。参见［日］沟口雄三：《所谓东林派人士的思想》，第134、178页及各处；以及［日］小野和子：《东林党派的政治思想》。森正夫也讨论了东林党人（特别是陈龙正）通过设立慈善组织、赈饥组织和改革赋役制度，管理地方社会。然而，他强调，这些人在士绅内部只占极少部分，他将大多数明末士绅都描述成"升官发财"的形象。参见《晚明的缙绅——对士大夫与地方社会关系的概述》第48—50页。

东林党人对帝国的专制体制以及支持它的豪强们无节制的行为颇感震惊，因此，他们力主学者所谓的"乡治"。"乡治"主要由当地的地主士绅管理当地事务，以了解地方"隐情"和满足普通人的愿望。[1] 由于缺乏合理的政府管理，维持秩序和确保人们的福利就成了地方精英——富人、身居高位者及乡里中某种非官方权威——的责任。当然，东林党人把自己视为这种地方领导层的首领。正如他们在朝廷中的大多数立场是对抗中央权力的扩张，因此，在对乡村问题的看法上，他们也反对政府侵夺地方权力。这种对中央专制集权的敌视，因万历皇帝在 16 世纪末和 17 世纪初拼命征收矿税等做法而愈演愈烈。他们同样也担心大缙绅地主和大商人滥用特权和财富，牺牲农民、中间阶层的庶民地主和商人的利益，因此，他们提倡均田均税，以减少明末税收的不公平。[2]

这里有趣的是，东林思想家们用宇宙报应的观念，为他们在地方社会中的角色，甚至为他们的一些社会和政治立场辩护。[3] 在陈龙正的慈善社团中，富人和上等人被告知，他们有义

---

[1] ［日］沟口雄三：《所谓东林派人士的思想》，第 134 页、第 202—203 页。

[2] 同上，第 129—133 页、第 211—212 页；［日］森正夫：《晚明的缙绅——对士大夫与地方社会关系的概述》，第 51 页。

[3] 参见［日］沟口雄三：《所谓东林派人士的思想》，第 208—209 页、第 239—241 页。我们可以将之与南宋的情况作一个具启发性的对比。南宋官员鼓励地方精英致力于赈饥。韩明士指出，宋朝在慈善的问题上"缺乏伦理上的共识"：官员渴望在赈饥中得到地方精英的帮助，他们往往有时从有用性或自利性的方面进行讨论，有时又讨论其道德义务。韩明士总结说，"关于自利的讨论可以反映出慈善行为的伦理基础——或更宽泛地说——一般社会行为准则的理论基础，具有潜在的不一致性或不确定性"（见《官僚与士绅：两宋时期江西抚州的精英》第 162—163 页）。到晚明时，东林思想家们似乎在感应思想的基础上形成了一种关于"社会行为一般准则"的共识。与宋朝人不同，他们将道德和功利的动机结合起来，主张公共的善行能产生私利。

务用自己的财富帮助地方，特别是穷人（通过一种人为的"感应"模式，富贵之人可以指望从穷人那儿收获"感激"）。[1]假如他们拒绝这样做的话，陈龙正警告说，他们只会给自己招来灾难——也就是说，他们会因为贪婪遭受噩运。他还更具体地批评了那些总是逃避差役而使穷人不得不承受更重负担的富人。他警告说："天道人情，岂容汝安富长久。"[2]残酷的噩运或许会以民众起义的形式表现出来；陈龙正提醒他的听众，有些贫苦农民或为邻居所煽动，或为流行的"淫戏"所蛊惑，他们很容易变成土匪，妄图夺取那些不愿乐善好施者的不义之财。[3]

诸如高攀龙和陈龙正那样的学者们为那些新进富人提供了一种道德辩护，这些富人通过多种身份而从商业和土地投资中获利致富，可以通过关心地方慈善表现他们的道德。[4]在他们眼中，积累财富并无错误——的确，只要财富用于行善，它就有道德价值。感应的概念为这种观点提供了宗教上的正当性：那些求福（这里指财富）之人，因其善举而获得回报，因此获得多少是他们应得的地位，但是为了维持这种地位和福气，就有必要用他们的财富来行善。与社会补偿观念相连的报应变成了一种手段，用以强化富人和上等人保护并帮助乡里的责任。从某种意义上说，他允许私的、个人的目标和公的、共同体的目标同时并存，因为富人在帮助穷人时，也确保了他们自己从宇宙之气的感应循环中获得持续的回报。这完全符合东

---

[1] （明）陈龙正：《几亭全书》卷24，第1页下—2页上。

[2] 同上，第4页下—5页上。

[3] 同上，第18页上；也可参见卷24，第4页上—下、第13页上、第14页上。

[4] ［美］韩德琳：《同善会：明末清初时期慈善活动的重建》，第330—331页。

林党人的主张，即地方领袖的私利可以和他们乡里公共福利相协调。[1]

因此，报应的感应方式为东林党人提供了推动社会政治改革计划的思想基础。对当地的地主和士人来说，它成了一种"天命"，一种士绅阶层的社会意识形态：他们在乡里的地位强加给他们一种服务社区利益（经常也是对抗中央政府）的责任，以实现与他们的财富和地位相匹配的道德承诺。假如他们未能完成自己的职责，那么通过宇宙间气的感应作用，噩运会降临到他们头上。统治者害怕上天通过自然灾害或是人民起义而表现出来的道德不满，害怕失国；地方士绅也害怕"乖"气，它会表现为家道中落或人民起义劫掠他们的财富，导致其财富和地位的丧失。

不仅如此，报应提供了一种包罗万象的社会意识形态，它适用于各种社会身份群体。在互惠互补的普世价值观下，它甚至能调整各阶层之间的关系。因此，陈龙正和其他东林派的支持者们提醒善良的地主，他们有佃户，正是佃户的辛勤劳动养活了他们；同时佃户和其他农民被警告要以感激来"应"地主仁慈的"感"——当然不能起义。互惠，可以视为报应在尘世间的运用，表现了社会上不同身份群体间相互的社会依存和经济依赖。

对袁黄《功过格》的道德合法性的争论，揭示了16、17世纪中国士人特别关心的几个问题：道德行为规范的有效性，行

---

[1]　[日] 沟口雄三：《所谓东林派人士的思想》，第204—207页、第244页、第248—250页。

善时心灵纯净的必要性，以及利与义之间的关系。

然而，把这些争论中的具体问题联系起来并且构成其基础的，是广泛相信人性善及深刻认识到人性恶，这两者之间的张力。[1]尽管方式不同，这里论及的所有思想家似乎一致坚信，人都具有道德完善的潜力。袁黄和周汝登宣称人心具有创造力，这是道德转化的动因；刘宗周的《人谱》为人拥有达到"人极"的能力而雀跃；高攀龙和陈龙正相信君子能通过净化他们的"气"，从而在本地移风易俗，甚至呼风唤雨。

然而，他们在相信人性善和道德控制的同时，与同时代的人一样普遍担心道德败坏，认为需要批判地审视每一个行为，根除错误，为成功修身营建纯洁的精神境界。因此，刘宗周虽然相信人的至善，他也坚持"对每个人来说持续而奋勇地与邪恶进行道德斗争"[2]是绝对必要的。这两者之间的张力构成了17世纪围绕着使用功过格所展开的争论的各个侧面。对于袁黄和他的泰州学派支持者来说，功过格消解了这个张力，避开了恶（通过他们提倡的道德规范和道德自律）并且确保了人的控制力（通过积德）。的确，袁黄在主张人的控制力上相当大胆：人能够指望通过积功德，在完善道德的同时也获得物质利益，因而使用功过格可以义利兼得。

但是，对刘宗周和其他较为保守的儒家学者来说，袁黄的《功过格》加剧了这个张力——它通过向人们承诺他们能够决定自己的物质命运，鼓励人们屈服于自己恶的倾向，即对私利的欲望。对他们来说，袁黄的体系包含了一种内在冲突，这导

---

〔1〕 吴百益：《传统中国的修身与悔过》，第6页。
〔2〕 杜维明：《刘宗周人学中的主观性》，第219页。

致了它的失败：由于鼓励追求个体利益，袁黄的修身方式违背了必须绝对净心才能行真善的要求，代之以引人走向自私之恶。因此，功过格的道德规范只是鼓励了一种片面的、不诚实的、因而是错误的善。

但是，他们一方面批判袁黄的机会主义，另一方面他们又努力划定人所具有的控制力的边界；在这方面这些思想家们的认识并不统一。刘宗周声称人只能在很小的范围内掌握自己的命运——人只能期望从道德上完善自己。在《人谱》中，他避而不谈善行可以得到任何物质回报的可能性——君子应完全专注于自己内心的修养，而绝对避免追求外在利益以免分心。在刘宗周的著作中，"格"的形式被精心地安排附属于一种严格的道德修养计划之下。因而，在《人谱》中，记过"格"只是用作道德规训的工具，而不是指导世俗成功的手册。利与义，这里虽然并非绝对对立——毕竟，刘宗周并未直截了当地否认善举会获得物质回报——却永远不能合二为一，因为利的思想不可能致善。刘宗周把"格"还原成为在他看来是一种在真正的儒家模式范围之内加以使用的东西，一种专注于修身并且"敬鬼神而远之"的东西——也即拒绝推断人具有操控上天的能力。

东林思想家们似乎并不都像刘宗周一样坚持人对命运的控制有严格限制。他们重申人心若思回报，便永远不能行善，同时似乎在不同程度上也相信，个人的善可能多少会获得福报。[1] 顾宪成承认代际间的因果作用，但却选择强调个人有行

---

[1] 17世纪以后对这个问题的关注仍然没有消退。例如，18世纪的学者李绂（1675—1750）为调和争论作出了巨大努力，并且为使用功过格辩护。参见李绂：《穆堂初稿》卷18第6页下—9页上，以及卷33第23页上—下；又见黄进兴：《清朝的陆王学派：李穆堂》，第141—150页。

善的道德义务，而不是他将获得的物质利益。高攀龙和陈龙正相信一种依赖宇宙之气运动的"感应"宇宙论；在他们的世界里，善行实际上能"感"或引起好的结果。他们都倾向于强调好的"应"并非只是针对个别行为者；他们这些君子能够移风易俗，并且给整个乡里社会带来繁荣。他们或许也能获取科举功名或实现自己和家庭的兴旺发达，但这些都应被视为一种次要的结果。这种个人的回报也说明，"私"，即个人的目标，与较广泛的"公"的利益并不一定互相冲突——的确，假如追求适当的话，它们会有助于全体的善。

东林思想家对报应程序的理解，反映了一种与袁黄多少有些不同的政治社会取向。袁黄将进入仕途和官场视为积功的最终回报。东林党人对政府失去了幻想（并且在17世纪早期被禁止参政），这个政府远不能确保人民的幸福和维持社会秩序，相反它似乎热衷于破坏地方经济，促使社会分裂。因此，建立地方秩序与和谐是东林党人最为关注的问题。因而，在陈龙正关于宇宙感应作用的观点中，他对管理地方行政事务的兴趣超过了袁黄对地位升迁的关注。报应现在被认为可以用以支持和激励地方精英从事地方治理和社会改革；这些是地方精英的责任，上天对他们报以高位，他们受惠于此。而且，感应程序也确保了只有通过为公共福利积极工作，精英才能指望实现个人的抱负。[1]

当然，对那些穷人来说，"为公共福利而工作"的程式非常不同，更为被动：他们将接受自己的命运之签，而且假如他

---

[1] 梁其姿：《明清时期的医疗组织：长江中下游地区的官立和私立医药机构》，第149—150页、第156页。

们希望转运的话，首先就不要制造麻烦。对陈龙正和别的东林思想家而言，信仰超自然报应支持了一种社会的和政治的意识形态，即倾向于要求精力充沛和仁慈的地方精英在本地承担领导责任，又要求那些地位低贱的人无怨无尤地顺从这种领导，以此来达成社会的稳定。但是，东林成员们确实接受了袁黄主张的基本前提——即赏善罚恶的超人力量——他们在一种非常不同的政治、道德以及社会背景下应用这一信仰：在他们手中，"感应"用以支持地方精英对乡里的家长式管理，而非证明个人致力于地位飞速上升的正当性。事实上，主要是他们、而不是袁黄对报应及其社会应用的理解，逐渐主导了17、18世纪功过格的创作。

# 四　17、18 世纪的功过格：
## 维护社会等级

　　围绕功过格的效用问题展开的争论并未使人们疏远功过格，反而似乎刺激了人们对它们的兴趣。当然，文人对写作功过格更感兴趣。在袁黄的《立命篇》出现以后，整个 17 世纪，至少又有 10 种新的功过格得以刊行；除了这些现存的功过格外，我们还能从时人的著作中发现许多冠以其他名目的功过格。功过格创作的这种繁荣状态一直持续到 18 世纪早期，但是到 18 世纪末，就只有几部还在刊行了。

## 新 的 功 过 格

　　虽然大多数新功过格还保持着较早的积功体系的基本形式和基本原理，但它们的措辞表达却与云谷和袁黄的功过格完全不同了。它们是在一种新的社会和政治剧变的氛围下产生出来的。1622 年，颜茂猷完成了《迪吉录》（序作于 1631 年），时逢官僚机构腐败盛行、派系争斗不止；1639 年，陈智锡写了《劝戒全书》（序作于 1641 年），此时明王朝正处于风雨飘摇之中。该世纪另外 4 部主要的功过格都出现在新的"蛮族"王朝忙于巩固其政权的时候——李国昌的《崇修指要》（序作于1666年和1667年）；胡溶时的《汇编功过格》（序作于1671年）；陈锡嘏的《汇纂功过格》（序作于1671—1687年间）；以及熊弘备的《不费钱功德例》（刊于17世纪晚期）。[1]

这些稍晚的17世纪功过格，其作者的身份也发生了变化。写作或编纂功过格的仍然都是那些至少有一些学术抱负的人[2]，但他们的社会成就和仕途成就有天壤之别。福建平和人颜茂猷无疑是17世纪政治和思想活动的积极参与者。他既是众多东林党支持者的朋友，又是复社的成员，他在1634年因精通五经而获得一个特殊的进士头衔，此后做了短时间的御史。[3]作为一名坦率的基督教批评者，他写了《破邪集》，以回击艾儒略神父在福建省的影响。[4]《汇纂功过格》的作者是浙江鄞县的陈锡嘏（1634—1687年），他1676年中进士，曾任翰林院编修和河南提学，后来回乡开办书院。他与黄宗羲和诗人画家郑梁（1688年中进士）的友谊，使他在当时的文人圈中

---

〔1〕　在本书附录中，列有现存的、这个时期出版的主要功过格和善书，其中大多数将在本章加以讨论。关于这些书和它们的作者及成书日期，参见〔日〕酒井忠夫：《中国善书研究》，第378—403页。对于超出本书研究范围的18世纪晚期和19世纪的功过格，参见酒井忠夫：《中国善书研究》，第40—44页。

〔2〕　这些功过格中的大部分看来是参考其他善书和功过格编辑而成的，并非原创的作品。如《劝戒全书》的作者陈智锡即将自己视为编纂者：由于被诸如《迪吉录》《广仁》《昨非》以及《捣坚》中道德警句名言所打动，他从中摘录了大量有益的材料，改正其错误，更新了其中的故事。《劝戒全书》即是这些努力的成果。陈智锡对他自己的贡献太轻描淡写了：虽然他从别的书里借鉴了许多故事和典故，这部书的整个观念和结构却显然是他自己的。但是，很明显当时的功过格包含了相当多对别的善书的研究，因为陈智锡在书目里列了不少于49种书的题目。详见《劝戒全书小引》第2页上；以及《采用古今书目》，均见《劝戒全书》第1册。

〔3〕　《福建通志》第214，第25页下，也可参见〔日〕酒井忠夫：《颜茂猷的思想》，第261—262页。

〔4〕　〔法〕谢和耐：《中国与基督教：中西文化的首次撞击》，第11页。

享有很高的地位。[1]然而，对于其他的作者，我们知道得就很少了。江西金溪的李国昌一直只是一名贡生，尽管他对宋代理学研究的贡献颇有口碑，并且与高级官员也过往甚密。[2]胡溶时（卒于1695年）是胡中桂的儿子，这位著名的明朝遗民一生不登科第，一直待在江苏昆山的家里学习并组织当地的慈善活动。[3]关于《劝戒全书》的作者陈智锡，我们只知道他来自南直隶的常州，多次科场失意，此外一无所知。[4]熊弘备则更是一个背景完全模糊的人物。

这些作者得到了许多参订者或检订者以及捐助者的支持。袁黄的《功过格》以及云栖袾宏的《自知录》在某种程度上是个人作品，而这些新的功过格则是群体努力的结果。[5]虽然捐助者中偶尔也包括一些来自外地的、与作者有交情的学者或官员，但大多数都是在当地服务的本地人。事实上，在功过格支

---

〔1〕 这一信息来自《碑传集》中黄宗羲对陈锡嘏的颂扬，见《碑传集》卷44，第25页上—26页下；又见《鄞县志》卷42，第1页上—2页上。

〔2〕 （清）周亮工：《崇修指要》"序"，第5页上—下。周亮工也解释说，《崇修指要》在李国昌死时还是不完备的，该书的最后一个版本由李国昌之子李元行完成，见"序"第3页上—4页下。

〔3〕 《国朝耆献类征（初编）》卷382，第45页上—47页下；以及《苏州府志》卷95，第13页上。

〔4〕 （明）陈智锡：《劝戒全书小引》，第2页下—3页上。

〔5〕 很难评价这些各种各样的"参订者"在善书和功过格的实际产生过程中有何重要作用。有些人，特别是其中较为著名的，很可能只不过借自己的名望去支持一下，至多是为之刊行写一篇表示赞赏的序或资助其出版。但是，也可能其中有些人更直接地参与功过格的创作，他们通过出借有用的书或提供这方面的故事或个人经历，揭示报应的运作，有助于编辑工作。功过格的刊行对所有这些人到底有什么利益呢？遗憾的是，那些只是给予赞助的人并不一定留下明确的解释。然而，偶尔有些书中会陈述个别赞助者的目的："治愈母病"或通过科举考试，等等（例如，周鼎臣"印送姓氏"，收于《〈增订〉敬信录》，第1页上—4页上）。因此，有些赞助者部分是对自己获取功德感兴趣。当然也存在着参与地方精英所领导的乡里计划的社会压力，这种压力鼓励为刊行功过格提供捐助。

持者的名单上有时会出现非常著名的官员或学者。《迪吉录》上列有文震孟（1574—1636 年），翰林院编修，曾做过崇祯皇帝的讲官；顾锡畴（1619 年中进士），崇祯朝的礼部尚书；以及祁彪佳（1602—1645 年），著名官员，明遗民（他也是刘宗周的门人）。知名的文人远不止上述几位。[1]《崇修指要》是在清初几位著名的官员和学者的帮助下编成的，其中包括周亮工（1612—1672 年），以其文学才能和打击叛臣郑成功（1624—1662 年）的军事成就而著称；还有姚士升（1658 年中进士），这位著名学者在 1658 年科举考试中名列榜眼。[2]许多其他的

---

[1]　关于颜茂猷《迪吉录》的其他著名支持者，参见酒井忠夫：《颜茂猷的思想》，第 259—262 页。

[2]　恒慕义编：《清代名人传》第 173—174 页。《碑传集》卷 10，第 21 页上—23 页上，以及卷 89，第 12 页下—14 页上。李国昌在参考了 14 种不同的功过格后，编了他自己的功过格，并且他得到总计 50 位协助者的帮助——16 名参订和 34 名"编者"。这些人中许多都是官员，在满洲征服中原之后，不同程度地参与了维护地方秩序。周亮工作为抗清斗争的镇压者，也被归入这一类；姚士升虽然可能以学者和文人身份而知名，但也以他在海南琼州府作推官而知名，特别是他在那儿管理救济和镇压武装起义。另一位参订者钱广居虽然获得举人功名（1642 年），但他在明亡后在家乡驱散土匪，这也可能让他的好名声闻于当政者，最终使他得到清廷的注意。他得以在工部任职并被派到扬州。在那里他设法打击扰乱城市的"贪官、讼棍和山匪"等等（见《太仓州志》卷 20，第 2 页上）。另外几位参订者——王坤（1652 年进士）、廖应召（1659 年进士）、汤其升（1659 年进士）、王有年（1659 年进士）、张士任（1661 年进士）及苏汝霖（1652 年进士）都以管理地方、解决争讼、完纳钱粮，以及在年景艰难时救济贫民等方面的才能而著称。蔡方炳是明遗烈蔡懋德（1586—1644 年）之子，后者在守太原抵抗李自成时死难，蔡方炳本人从未获得过官位，但却是程朱学派的知名学者和几部政书的作者（见《国朝耆献类征（初编）》卷 119，第 9 页上；卷 247，第 29 页下—30 页上；卷 340，第 39 页上—下；《南丰县志》卷 25，第 4 页下；《福州府志》卷 55，第 13 页上—下；卷 62，第 5 页上—下；恒慕义《清代名人传》，第 622 页）。其他三人则任官：郑秀（1652 年中进士）任监察御史，归泓（1655 年中进士）曾任礼部尚书，游名桂（1658 年中进士）曾任松江府知府。帮助选编的其他人大多数像《迪吉录》的捐助者一样，是李国昌家乡金溪或邻县临川的居民，在服务乡里或不寻常的美德方面赫赫有名。比如《崇修指要》的序作者归圣脉以孝道著称，他在 1725 年因此受旌表（见《苏州府志》卷 88，第 27 页下）。

17 世纪功过格的参订者是当地官员或拥有功名的人，但是其中大部分人身份不明，他们支持功过格创作的目的明显是期望回报。正如一个赞助者所解释的，希望能确保通过考试。[1]有时，整个地区会合作推动功过格的刊行。例如，18 世纪早期刊行于辽宁的《广善篇功过格》，就将一家饭馆、一个宗教团体和其他 43 名当地捐助者列在一起，这其中包括 29 位汉军和满洲旗人，以及一位有名望的翰林学士。[2]

所以，17 和 18 世纪功过格的编者来自受教育精英的各个阶层——从失败的举子到成功的士大夫，他们受"助"于参订者和捐资者团体，有时则是受"助"于当地社会。虽然不可能对这些支持者的社会构成加以全面估计，但他们当中确实既包括很有地位的、甚至是杰出的官员，也包括那些买过几页功过格却没留下任何记录的人。

总的来说，这些新功过格的作者和支持者们的思想见解，与袁黄及其同仁们非常不同。《迪吉录》的作者颜茂猷本人是复社的成员，他的许多较为著名的顾问——顾锡畴、文震孟、祁彪佳、林钎（1616 年中进士，1636 年卒）、王道焜（1621 年中进士），以及魏呈润（1628 年中进士）——都是东林党人的支持者，因此也是泰州学派的对头。[3]大多数作者和支持者喜

---

〔1〕《印送姓氏》，第 1 页上—4 页上，见周鼎臣《〈增订〉敬信录》。

〔2〕《广善功过格》最后三页。或者举另外一个例子，康熙版的《汇纂功过格》得到青浦县乡里人士的资助——在总共 150 个名字中有 8 位在当地的方志中有传。他们或因孝顺和美德，或因治学成就而知名。见《青浦县志》卷 29，第 9 页上—下，瞿然恭；卷 9 第 15 页下—16 页上，叶之奇；卷 29，第 25 页下—26 页上，孙琪；卷 30，第 2 页上，邵式诰；第 2 页上—3 页下；王原（1688 年中进士）；第 4 页上，孙鋐；第 6 页下—7 页上，金世祺；第 13 页上，吴周纮。

〔3〕［日］酒井忠夫：《颜茂猷的思想》，第 263—266 页。

欢用较为正统的程朱理学的方法学习和修身。例如，《汇纂功
过格》的作者陈锡嘏是朱熹的虔诚信徒，执著于格物穷理。他
的朋友黄宗羲记载说，他甚至在生命垂危时，还熬夜苦读，以
格物穷理。[1] 别的功过格提倡者开始将功过格宣传为"致知"
的实践指南，把它看成是将经典中的抽象原理转化为日用的具
体规范[2]；很少有作者像袁黄曾经认为的那样，主张功过格
是开启个人良知的钥匙。一些功过格甚至以朱熹的为学章程为
模式：胡溶时在他的《汇编功过格》中解释道："人已交尽，
可以为小学之章程，圣道之阶序，其次第率仿朱子《小学》
《近思录》两书。"[3]

　　功过格的作者身份和刊行方式的这些变化，表明了精英们

---

[1]　《碑传集》卷 44，第 26 页上。

[2]　陈锡嘏在他的《汇纂功过格》"修身格"中包括了"致知"一类事迹；又见
徐本：《立命功过格》"序"第 1 页上—下。

　　　关于鼓励理学家修身的功过格，也许最好例子是陈瑚（1613—1675
年）的《圣学入门书》或《圣学入门》。该书围绕朱熹从《大学》中所提出
来的理学修身计划的各个步骤而编排。例如，第一步，"大学日程"被分成
以下几步："格致之学"、"诚意之学"、"齐家之学"、"正心之学"、"修身
之学"，以及"治平之学"。见陈瑚：《圣学入门书》，第 3 页下—4 页上、
19 页上—27 页上；又见酒井忠夫：《中国善书研究》，第 388—389 页。

[3]　胡溶时："提要"，第 1 页下—2 页上，《汇编功过格》。

　　　并不是所有功过格的作者都是程朱学派的支持者。《汇纂功过格》的作
者陈锡嘏在其书中明确讲授了程朱学派的教义，但是颜茂猷声称他是王阳明
的追随者。许多作者似乎暗示他们的书包容性很大，适用于各种不同的方
法。在这些稍晚的著作中，引用的著作涉及一个相当大的作者群，其中包括
对立的哲学派别，以支持他们的修身之法。例如，李国昌为了在他的功过格
中论证"正心"，引证了朱熹、陆象山（1139—1192 年）、范仲淹、邵雍、
陈献章（1428—1500 年）、薛瑄（1389—1464 年）、王阳明，以及王艮。甚
至是那些选择并加入某一学派的功过格作者，也在收集资料时宽容大度地博
采并蓄：例如，陈锡嘏虽是程朱学派公开的追随者，但还是偶尔引王阳明
的话，以支持自己关于修身的方法。见李国昌《崇修指要》卷 10 各处，陈
锡嘏《汇纂功过格》卷 3 第 13 页上。

对功过格社会含义的认识有了变化。纵观 17 世纪和 18 世纪早期，那些写作、编纂以及赞助刊行功过格的人，对功过格社会功能的理解明显改变了。正如袁黄在 16 世纪晚期改变了功过体系的意义一样，他的继承者们再一次改变了它的社会目标。袁黄鼓励那些有抱负的士大夫使用功过格，以完善自身，从而得以在此生更上一层楼；17、18 世纪新的功过格的作者们向那些功过格使用者传递了相同的信息——他们继续保证，个人实际上能通过积累功德提高自己的地位。但这一信息现在只是他们更为关注的问题——诸如通过调整甚至控制社会流动以确保社会稳定等等——的一部分。他们使用功过格的观念反映了一种对报应的诠释，也反映了一种对理想社会的看法，这种诠释和看法更接近东林思想家的观点，而与袁黄的看法不太一致。因此，虽然这些人中没有人声称与袁黄的思想决裂——实际上，他一直被视为功过格体系背后杰出的道德权威之一[1]——不过，他们将功过格视为完善社会功能的工具，与仅仅将其视为使用者个人的“立命”手段相比，现在功过格被赋予的功能要广泛得多。功过格文本现在成了指导行动的百科全书，它被设计来指导每个人，使他们的行为与其社会地位相符。纵观整个 17 世纪，功过格是为改善社会无序和阻止道德腐败而绘制的、包罗万象的改革蓝图。

---

[1] 袁黄的《立命篇》的全部或部分经常被包括在稍晚的功过格中。见颜茂猷：《迪吉录》卷 8，第 59 页上—63 页上；陈智锡：《劝戒全书》卷 2，第 37 页上—49 页上；陈锡嘏：《汇纂功过格》卷末，第 4 页上—7 页上；颜正、颜云麓：《丹桂籍》卷 4，第 24 页上—42 页上；《同善录·劝善篇》第 103 页上—120 页上。或者，即便他的著作并未被直接征引，他也被视为积功体系的“先驱”之一。例如，参见陶珽、陶琪：《毂治汇》卷 13，第 1 页下—2 页上，以及李国昌《崇修指要》全书各处。

　　许多功过格提倡者在解释他们支持功过格创作的动机时，公开表达了他们对当时社会秩序混乱的焦虑，以及对人们生活习惯的关注，同时也表达了他们对中央权威不足以解决这种无序的绝望。沈云祚将陈智锡的《劝戒全书》视为一本有助于变乱世为治世的著作，他在 1641 年（也即明亡前夕）写道："当今兵荒洊至，生灵涂炭。圣主求贤若渴，成卿抱经济弘猷而又立言以树德。"[1] 陈智锡自己似乎也同他的朋友一样，对当时的形势颇为沮丧，他相信私人的、非官方的传播善书和功过格的努力，或许能救治时代弊病。他抱怨说："嗟乎！近来人心日坏，总因不识劝戒。救末俗者，急以报应之道障狂澜而熄燎火。"[2]

　　顾锡畴在《迪吉录》未注明时间的序言里，更为明确地强调了功过格与社会政治改革之间的联系："方今圣明在御，百度振肃，朝朝兢兢，惟恐失坠。然于本心之良，似觉未曾唤醒。即使道以德，齐以礼，亦未可旦夕取效，不若以吉凶之说动之，庶几易入，则此书之行不可以少缓矣。"[3] 在此，顾锡畴赋予善书的是类似政治性的功能；在因为领导失败所导致的道德真空中，这些善书能帮助皇帝引导人们规范举止。顾锡畴对危机迫在眉睫的认识并无大错，因为当《迪吉录》刊行时，明朝已经日暮途穷了。

　　甚至在最终的政治灾难，即 1644 年明亡之后，功过格的支持者们还在悲叹他们时代的道德溃败，并且暗示善书或许可以部分地起到补救作用。李如鼎在 1666 年为李国昌《崇修指要》

---

〔1〕　沈云祚：《劝戒全书叙》，第 5 页上—下，见陈智锡《劝戒全书》。
〔2〕　陈智锡：《感应篇注小引》，《劝戒全书》卷 1，第 2 页上。
〔3〕　顾锡畴：《迪吉录序》，第 4 页下—5 页上，见颜茂猷《迪吉录》。

一书写作序言，其中明智地避开任何具体的政治批判，但是他批评了当时学者的无知，也谴责了公众道德的普遍败坏：

> 梨枣之灾今日报矣。六经二十一史，经生之家，笥中未尝藏其帙，口不能道其篇名者有之，坊市之所充栋者，半是抄袭雷同之策论，标榜之曰："某选也，某选也。"末学俗士吠声而来，曰："某选善"，竞市之；"某选不善"，市弗售也。若此者，所以劝伪学也。
>
> 又其甚者，淫辞艳曲、稗乘野史、演义小说，刻梓流传。故《水浒》行则绿林多聚啸之奸，《金瓶》出而金屋有夜奔之女。若此者，所以诲盗与淫也……宗哲亦人氏，恝焉心伤，思所以救之，往时传书行天下。

功过格是非常有价值的，因为它们能教给人们、特别是教给年轻人适合他们生活状况的价值观：

> 予又教今世之人读亦人之书者，曰："经生之家，颂古先哲人高文奥义，可以果俭腹，可以藻拙笔。里巷之子，历观事迹，备有明征，可以教孝，可以敬让，可以闲邪，可以存诚。一切标榜之策论，可以不必读；诲盗诲淫之书，尽取而焚之，从此家无异学。〔1〕

《汇编功过格》的作者胡溶时与顾锡畴一样，视功过格为能够帮助统治者教化人民的课本。通过引证明世宗（1521—1567年在位）这样的权威在此问题上的看法，胡溶时解释了善书的特

---

〔1〕 李如鼎："序"，第1页上—2页下，《崇修指要》。

殊价值："兹编盖亦无愧斯语，不但扶翼圣经，抑且补助王化。"[1]《立命功过格》（序作于 1747，1748 年刊行）的编者徐本（1718 年进士）甚至直言不讳地指出，功过格是"促人行正"之道。[2]

17、18 世纪功过格的提倡者明确强调了功过格广泛的教化价值。袁黄曾经向那些个人使用者提供一种获得道德改进和功成名就的可靠途径，而现在这些人却宁愿将功过格视为一种促进社会道德整体改善的方法，一种辅助政府达成遍施"教化"效果的工具。当然，袁黄从未否认使用他的功过格也有这种普遍致善的效果，但他的注意力集中于个人的自我进步，而非全社会的改革。而且，尽管 17、18 世纪的功过格仍像袁黄那样鼓励个人的道德进步，但现在却表达了一种更大的关注：向所有人传播功过格的教训，以使大众改善品行，从而达致社会道德的集体转变，即社会道德作为一个整体得到改善，也许更扼要地说，可使社会秩序恢复稳定。

在重新定义功过格的效用的同时，人们在关于报应的问题上也有一种重要而微妙的变化。当然，"善有善报，恶有恶报"的思想在新的功过格中仍然保存下来，它和以前一样，依旧是功过格发挥作用的基础。和以前一样，在那些为了说明这一体系的运作而反复讲述的故事中，各种各样的神都给那些行善者以奖励。《不费钱功德例》鼓励它的使用者，无论遇到什么令人愤慨的事，都不要对报应的公正性失去信心："不因善人失意，自己贫困，遂退善念；不因恶人富贵，遂疑报爽。"[3]

---

[1] 胡溶时："提要"，第 5 页上—下，《汇编功过格》。关于这部功过格更多的内容，见酒井忠夫：《中国善书研究》，第 386 页。

[2] 徐本："序"，第 1 页上—下，《立命功过格》。

[3] 熊弘备：《不费钱功德例》，见陈宏谋《训俗遗规》卷 4 第 50 页下。

假如我们只看这些功过格的正文部分，它会显示稍晚的功过格作者也和袁黄一样，对信仰报应满腔热情。但是，实际上这些人并不都像袁黄那样热衷于此；如果我们读一下他们的功过格的序言，就会发现他们都与东林思想家们一样，对神的报偿观念有一种矛盾的情感。许多人只把这种思想视为一种方便法门，适用于具有中等智力和道德能力的人。例如，李郐为《汇编功过格》的一个 18 世纪的早期版本写作序言（作于1702 年），他用下面的话解释了报应的用处：

> 或曰："仁人者，正其谊不谋其利，明其道不计其功。如格中所载诸条，大抵见功处少，见过处多。且自以为功过聚丛焉，毋乃启人苟且觊觎之心，而于圣贤立言之旨微不合与？"余曰："不然。天下惟大智慧人头头是道，若中人以下非大声疾呼、提撕警觉一番，不足以振其聋而启其聩。故是书一出，可以代道人之铎，可以当几席之铭，可以泛苦海之航，可以喝佛子之棒。"[1]

在前引《迪吉录》序的一段话里，顾锡畴也视"福祸之说"为一种用以"感"人的简便易行之法。他向读者保证，他的朋友颜茂猷，即《迪吉录》的作者本人并不相信行善是为了回报，只是使用这种思想去"鼓人之趋（善）者"[2]。因此，与袁黄相比，这些功过格作者主要根据社会地位的不同定义了行善的

---

[1] 李郐：《汇编功过格》序，第 2 页下—3 页上，《汇编功过格》。
[2] 顾锡畴：《迪吉录》序，第 3 页上—下，《迪吉录》。这种否认似乎有一点牵强，因为颜茂猷在自己的序言里详细解说了报应原理，为它辩护，并且使用了很多佛教术语。

不同动机：普通人行善仅为获取回报，而道德高尚的君子是为善而行善。

但我们并不是很清楚，这些人实际上是否认报应信仰本身呢，还是说仅仅认为报应不应该是"君子"、那些受过教育和拥有地位者的行动基础？几乎无人对这一概念本身的有效性提出怀疑。陈锡嘏在他的《汇纂功过格》中解释道："君子之为善也，尽其所当为而已；非有所希报于天也。其去恶也，绝其所不可为而已；非有所惧祸于神也"，不幸的是，"今夫无所慕而为善，无所畏而不为恶者，天下一人而已。执此以例天下之众，吾知其必不能也。强其所必不能而卒使天下之为善者少，为不善者多，则何如明告以不可诬之理，引之以所慕，而惕之以所畏，之为得也。"[1] 陈锡嘏并未否认报应的作用，它是一种"非欺人之理"，并且他还引证《易经》和《春秋》来支持这种信仰。但是在报应问题上，他接受了大多数功过格作者和序文作者的典型态度——真正的学者和"君子"不需要靠奖惩来促使他们趋善避恶，但是大多数人，那些中产之人和下等人，确实需要这样一种信仰作为他们行善的动力。陈锡嘏在《汇纂功过格》的正文中实际上也表达了这种主张：他的功过格中关于士人品行的部分，并没有讲述美德获取回报的故事，这和他坚持道德高尚的人行善不必考虑利的思想是一致的。我们可以假设，这些人不需要报应的保证，报应是那些道德水平较差的人所要求的。那么，在这些功过格中，善行获得奖励的承诺在某种意义上最终被解释为一种教化的技术手段：它激励人们去学习并在实践中行善。

---

[1] （清）陈锡嘏：《汇纂功过格》序，第1页上—2页上，《汇纂功过格》。

　　功过格作者们把报应的观念用作刺激道德改善的力量，但他们总的来说还是小心翼翼地把他们对报应的看法与作为佛道二教之基础的报应观念区分开来，他们认为报应是偶然的、作用有限的。他们承认，他们愿意利用这些"迷信的"思想，只不过是因为它们可能会获得更广泛的欢迎。像高攀龙一样，许多人似乎感到，真正儒家的感应思想对于大多数人来说是太深奥了；因此人们不得不依靠"鬼神证之"的故事。李如鼎为李国昌在其《崇修指要》中使用佛道二教的报应理论辩护："佛理不可以为真，然易明；道家之理不可以为真，然其魅于农夫。其引导群氓之手段无价，必无疑议焉。"[1] 同样，虽然陈锡嘏在他的《汇纂功过格》序中也将佛道二教的因果报应观念斥为邪陋，[2] 但他在功过格的主体部分却还是广泛征引佛教经典和道教著作，以及许多描述"业"的作用的故事和大量鬼神操控报应的故事。袁黄乐于接受云谷功过体系中的佛教成分，而这些功过格作者却感到，有必要解释一下，在功过格中频繁引用佛道典故的做法，只是一种对大众想象力贫乏的让步，也是道德教化的一种技巧而已。只有把信仰报应与大家喜爱的佛道二教的"大众迷信"相联系时，人们才会响应它。

　　相比较而言，士绅们只要有经典和历史上的大儒担保，就会相信功过格的价值，这也正是新的功过格作者所暗示的。在为功过格中的佛道成分辩解时，他们迫切希望能使这些功过格得到来自儒家的、新的、更为充分的支持。他们开始宣称使用功过格得到了北宋儒家的支持：正如一位作者指出的，

---

[1]　李如鼎：《序》，第3页上—下，《崇修指要》。
[2]　陈锡嘏：《汇纂功过格》序，第4页下，《汇纂功过格》。

范仲淹（989—1052 年）和张浚（1097—1164 年）都"笃"行功德积累。[1]更微妙的是，整个历史和哲学传统被引入这些书中，以确保功过格所传达的信息的合法性——这些书引述了大量道德权威的话，还用中国历史上的著名事件来说明功过格的效用，就像袁黄喜欢引证时人时事为例一样。

但是，功过格作者们寻求儒家支持的要求甚至比这更进一步。袁黄和云谷依靠引证最早的经典——《诗经》《尚书》《易经》和《春秋》——同时也依靠对《孟子》的非常随意的解读，来为他们的功过体系辩护。稍晚的功过格作者同样依靠这些典故（虽然他们十分明智地删除了对《孟子》的引用），不过，他们在此基础上更进一步，将功过格与经典相提并论，暗示功过格也同样能提供神圣的儒家经典中所包含的指导。陈锡嘏在《汇纂功过格》中解释道："余观其所载，多含古今圣贤之精义微言，间有所发明，亦皆合于经传之旨，足以扶伦纪、正人心而偕斯世于大道。"[2]张圻在一篇注明是 1671 年的序中主张，《汇纂功过格》会帮助读者"将大而六经之奥旨，诸儒之精论，可由心悟以明其理"[3]。《立命功过格》的作者徐本

--------

[1]　《心录》，第 4 页上，《日乾初揲》；陈智锡：《劝戒全书》卷 2，第 1 页下。很可能功过格作者在此暗示真的存在一种思想上的联系，即在北宋"务实"的理学家对经世致用的关注和功过格实用的道德取向，这两者之间是有联系的。之所以建立这种联系，可能是因为混淆了《太上感应篇》和《太微仙君功过格》的作者身份的结果。前者署名李石，号昌龄。范仲淹的岳父也叫李昌龄，因为范仲淹是宋代"务实"的大改革家。因此后来的学者很容易设想是范仲淹的岳父写了这部书。《太微仙君功过格》的作者被误认为是真德秀，因为他的号"西山"出现在《太微仙君功过格》的题署之中。真德秀也和宋代"务实"的理学传统相联系。见吉冈义丰：《道教研究》，第 73—80 页，以及酒井忠夫：《中国善书研究》，第 366—371 页。

[2]　陈锡嘏：《序》，第 4 页上—下，《汇纂功过格》。

[3]　张圻：《序》，第 2 页上，《汇纂功过格》。

也视功过格为理解儒家经典的钥匙："盖他经譬之散钱，此其贯索也"。他又更为具体地将《立命功过格》与《春秋》相比较："其义更莫近乎《春秋》。《春秋》，赏罚褒贬之书也。守是格者，衡赏罚于寸心而不容自昧，著褒贬于暗室而不敢自欺。"[1] 功过格言简意赅地列举善恶行为，作为一种指导手册，它反映了儒家经典中更具规范性的真义。[2] 正如《春秋》通过褒贬人物，强调历史上的道德教训一样，功过格也通过明确区分善行与恶行，通过分析不同的历史故事，帮助记录者在生命旅程中做出合适的道德选择。功过格的优势在于，它们使儒家经典更易理解：它们提取儒家经典的道德精髓，使之不仅能吸引学者，而且还能吸引"中质"之人的兴趣。

17、18 世纪功过格的篇幅和架构也有令人震惊的变化，这些变化反映了作者们对功过格功能的新理解。整个 17 世纪，功过格变得更长并且更全面，涵盖了相当广泛的人际关系和行为。袁黄的功过格仅仅包括 100 例事，并且没有给予充分的解释，只是按照功过的分值做了排列。这些事例包括慈善行为或同情、个人自律，还有少数几件有关宗教献祭。《迪吉录》和《劝戒全书》都有相对简明的功过格，但是，它们被隐藏在长达 10—12 卷的善书中，这些善书提供真实的生活事例和故事，作为功过格中典型事迹的例证。现在这些分主题安排的事迹包括了内容更为广泛的行为：如"孝顺"、"和睦"、"慈教"、"宽下"、"劝化"、"救济"、"效财"、"奢俭"、"性行"、"敬圣"以及

---

[1] 徐本：《序》，第 1 页下—2 页上，《立命功过格》；又见李如鼎：《序》，第 4 页上—5 页上，《崇修指要》。

[2] 在清初，这些经典在严肃的学者中重新变得流行，这可能并非巧合（见皮锡瑞《经学历史》第 287—297 页）。

"存心"等。像《劝戒全书》一样，它也包括了一个特地为官员准备的功过格"当官功过格"[1]。

到 17 世纪晚期，长篇功过格——其中有一本超过了 850 页——开始独立刊行，同时附有合并入功过格的注释和事例。李国昌的《崇修指要》是现存第一部以这种方式独立刊行的功过格，而最长且最复杂的要数《汇纂功过格》。作者陈锡嘏认为需要一种全面指导品行的书，因此创作了它：

> 太微仙君原格，第载大略，听人以类旁推。传世既久，经先贤广为参订，条例详悉，令人益易遵行。……因参校与善堂刊本，并汇考诸集，细加研释，肌分而缕析之，期于无一挂漏，无一复叠。……加以引证注释，而功过格之流行，于斯集大成矣。[2]

陈锡嘏是非常正确的：他的功过格是 17 世纪留存下来的最全面的功过格。它长达 12 卷，还有额外的两章作为引言和结论，它也是所有功过格中注释最全的。每件事例后都有一段"总论"，用来解释这件事的意义和规则；还有一段"增注"，以区分其他与之类似的事；还有"广义"，对这件事进行充分的讨论；"发明"，则从经典或其他著作中征引支持材料；"征事"则给出这件事的行动实例；还有一个"附录"，其中包括陈锡嘏想增加的任何其他观点。[3]正如张履祥曾沉痛地预见的，在这个

---

〔1〕 （明）颜茂猷：《迪吉录》卷 8，第 64 页上—71 页上；卷 4，第 80 页上—84 页下。见 ［日］酒井忠夫：《中国善书》，第 378—383 页。

〔2〕 （清）陈锡嘏：《凡例》，第 1 页上，《汇纂功过格》，引自 ［日］酒井忠夫：《中国善书》，第 392 页。

〔3〕 同上，第 1 页下—2 页下，《汇纂功过格》。

例子里，功过格实际上几乎成为一部经书：陈锡嘏相当重视为功过格撰写注释，就像他对待神圣的经典或杰出的哲学著作一样。功过格作者尽力确保读者能明白每一件事例的重要性和性质。

陈锡嘏在构建他的功过格时，就像颜茂猷的书显示的那样，对包罗万象有浓厚的兴趣。他的功过格包含有一部分关于家庭关系的内容（"尽伦格"），进一步细分为父母、伯叔、兄弟、妻妾、子女、亲友、婢仆以及主人的事例；还有一部分关于自我修养的（"修身格"），包括"致知"、"存心"、"行谊"、"言语"、"色欲"、"货产"、"事神"以及"惜福"等；另外还有一部分是关于与他人的关系的（"与人格"），它被分成这样一些事类，诸如社会交往（交结）、救济以及劝化等。其后还有一系列"特别类型"的功过格，如针对"爱万物的"（"爱物格"）、针对工匠的、针对"用钱获取功德的行为"（"费钱功德例"）、针对妇女的、针对官员的。

陈锡嘏之后的功过格作者倾向于编纂 17 世纪晚期长篇功过格的节选本。在 18 世纪早期，一种多少经过压缩的《汇纂功过格》版本，即《功过格辑要》得以刊行（序作于 1717 年）。它的作者是并不知名的李士达。他解释说，虽然他极为钦佩陈锡嘏的《汇纂功过格》，但发现它对日常运用来说过于笨重，因此他删掉了一些较为深奥难解的注释。[1] 30 年后，一个更为简短的版本，即徐本的《立命功过格》刊行，它使功过格在形式上更具实用性。[2] 最后，在徐本的功过格刊行后的 20 年内，

---

〔1〕 李士达：《序》，第 1 页下—2 页上，《功过格辑要》。见〔日〕酒井忠夫：《中国善书》，第 394 页。

〔2〕〔日〕酒井忠夫：《中国善书》，第 394—395 页。

一部由江文澜所写的《晨钟录》（序作于 1763 年）刊行。这部四卷本的善书大量利用了早期功过格，特别是《劝戒全书》。在进行删节时，这些作者们并未牺牲《汇纂功过格》包含范围的广泛性。李士达和徐本都保留了陈锡嘏功过格的所有门类和事迹；他们只是减少了注释。即使是全新的功过格也都反映了对完整性和简洁性的双重关注。《文昌帝君功过格》（序作于1724 年）甚至包含了比《汇纂功过格》更广泛的内容，但因为它没有传注或解释，因而可以被印成一本简明实用的小册子。

有一种新型的功过格，它是按身份群体来编的，或许最充分地反映出编者对综合性和易于使用这两者的关注。熊弘备的《不费钱功德例》列举了针对中国社会内部 11 种不同身份等级的人的不同规定：乡绅、士人、农家、百工、商贾、医家、公门、妇女、士卒、僧道、仆婢工役以及大众。[1] 正如标题所暗示的，这本书主张，人不一定要富裕才能获取功德。它的启示就是：任何人，甚至那些不愿或不能"购买"功德的人都能积功。当然，袁黄在他的关于积功的故事中也持有这种观点；但是这在袁黄的著作中只是一般性的概念，是其道德行为"理论"的一部分，现在它被赋予了具体的和实用性的表述，而且其出版形式也更加便于使用——《不费钱功德例》是一本简便

---

〔1〕 这部书最易找到的版本在陈宏谋《训俗遗规》中，卷 4，第 43 页上—51 页上，详见《五种遗规》。《不费钱功德例》是清初按社会地位编纂的最成熟的功过格。但它并非这一类功过格中最早的和唯一的例子。李日景（来自山东济南）的《醉笔堂三十六善》注明是 17 世纪晚期刊行的，该书主要遵循了传统的社会分层；它为官员、绅宦、士行、商贾、农家各开列了 36 种条规。此处商贾被排在农家之前，这是对理想秩序的一个反动。《广善篇功过格》写于 18 世纪早期，其中也有一格按身份和职业团体排列，石成金的《传家宝全集三集》也是一样。详见酒井忠夫：《中国善书研究》，第 397 页，以及奥崎裕司：《中国乡绅地主研究》，第 8—9 页。

易携的手册，它可以指导中国社会中任何一个阶层或群体践行廉价或"免费"的积功行为。现在，想获取功德的贫穷农民或穷书生有了一系列具体的事例，以指导行动。

当功过格的适用范围已经扩大到所有中国人的行为时，承诺给善行的回报的性质也被修正，以适应多种多样的情况和企盼。袁黄的读者被许诺获得地位提升的奖赏——也就是说，他们或他们子孙的科举功名。在稍晚的功过格中，科举功名仍是最流行的奖励，其他形式的报偿有长寿、病愈以及逃离自然灾害。慷慨的地主可能因为他们感恩戴德的佃户向当地神祇祈祷，而起死回生；曾发起过灾荒赈济的富裕士绅会发现自己能活到九十高龄。致富仍然很少被作为奖励，但是也有这样一个例子，有个商人捐献给一项公共工程的钱最后都得以偿复：神并未使他变得更富有，但是保证他不会因仁慈而变穷。[1] 与宗教信仰有关的报偿也再度流行。有这样一个例子：某位善仆因其忠诚而最终升上西方极乐世界。在另一个例子中，一位善人因为乐于助资，而被任命为山神。[2] 报偿甚至可能是容貌的变化：一个名叫奚百三的人，为难看的赘瘤所苦，他给了一位游方道人两文钱（这是一种值一功的行为），当晚，他的赘瘤就消失了。[3] 上面所讲各种各样的奖励，帮助功过格赢得了更大的读者群：那些既不希冀也不渴望科举功名的人会找到一些与他们的地位和情况更相应的目标。

在袁黄死后的几十年内，他所开创的功过格深受欢迎，但其倡导者、形式以及意义都经历了转变。对袁黄来说，个人使

---

〔1〕 （清）陈锡嘏：《汇纂功过格》卷7，第25页上。

〔2〕 同上，第25页上—下。

〔3〕 同上，第4页上。

用功过格最重要的目标就是世俗的成功；而道德行为是达到这一目标的方法。他用分值编排组织功过格，列举了积功的成功事例，这些都有助于宣传，人们——理论上说是任何人——能通过道德努力，决定自己现世的命运。

17 世纪和 18 世纪初期的功过格提倡者，较少关注使用功过格的个人的进步；他们更为关心的是社会整体秩序的稳定。17 世纪普遍的骚乱，从小规模的佃农和奴仆反抗，到大规模农民起义，都充分显示了旧秩序的脆弱。当然，这种信念现在也岌岌可危：即中国社会的各阶层之间的互相依赖，通过互惠关系和谐共处，成为一个稳定和安全的整体。农业雇工要求签订契约，承认他们日益增长的经济影响力，在根本上拒绝接受土地所有者与耕作者之间的家长制关系。过去他们的权利是与他们在当地的社会地位（在某些情况下也是法律地位）相联系的，现在他们要求新的权力和契约规定的权利，这些权力和权利远远超过了以往。使事情变得更糟的是，17 世纪的大多数时候，中国缺乏有效的中央政治权威——士大夫和地方精英们并不能依靠政府去恢复秩序。于是，通过设立地方慈善社团和学校，组织乡约和救济，当然，还有刊行善书，这些人就以私人的行为来行使那些本来该由政府承担的责任。对比来看，明初善书的创作在很大程度上是得到政府赞助的[1]；而到 17 世纪，大多数新的善书和功过格都由私人编辑和刊行。

17 世纪的功过格的作者感受到，社会在宗教信仰、道德价值观和社会抱负的要求上明显是多元的或"碎片化"的，他们对此忧心忡忡，并且希望重建他们认为在明初中国社会确实存

---

[1] [日] 酒井忠夫：《中国善书》，第 8—27 页。

在过的道德和社会认同。他们的功过格更加复杂——它们界定善行的不同动机，道德、社会和职业的种类不断分化，参考的思想资源也更广泛，奖励形式更多样化——这些都反映了他们渴望重建协调一致的秩序。这些书为每个人都提供了一些东西。它们首先阐明应用于不同社会阶层的不同原则，然后明确互惠和互助的价值，以此来帮助恢复秩序，而这种互惠互助通过调整各种身份之间的关系，巩固了社会等级制，将不同等级和阶层安全地整合起来。因此，在某种程度上，认可多元化反而鼓励了各自分离的部分结合成一个更为坚固的、更为稳定的秩序。

总而言之，对 17、18 世纪的功过格提倡者来说，维持社会秩序是他们首要关心的问题。他们的功过格当然勾画了一个与袁黄的著作相同的一般体系。但是，由于他们并没有把报应思想视为是一种信仰，而是视为引诱人们行善的有用的技术，他们对袁黄功过格感到不安，因为那反映了一种"非君子的"机会主义——他们暗示，只有当功过格有助于一种更大的善，有助于人们的道德教育时，他们才会支持这种学说。他们并未激烈地改变袁黄的积功计划，但是，他们将袁黄体系的焦点从个人升迁转移到一种创建稳定的社会和道德秩序上来。对袁黄来说，这当然也是他所渴望的使用功过格会产生的影响，但是，这并非它的首要目的；功过格首先并且最重要的是指导有抱负的官员。然而，稍晚的功过格作者们只是将这种个人地位晋升的目标，视为取得他们更高目标时的一步；这个更高的目标就是移风易俗和调整并巩固整个社会秩序。假如人人都能遵循新的、包罗万象的功过格，按照其中所包含的、与自己地位相应的指导去做，那么，无论他能否实现自己的目标，整个世界将会变得更好。

# 功过格的社会愿景

17、18 世纪功过格作者们最关注的，是为社会所有成员的道德教育明确行为规则，并进行解释。这些功过格展现了一幅包罗万象的社会图景，一张关于社会秩序的蓝图，它来自作者对儒家经典深奥含义的提炼。

这种社会秩序被当作是道德秩序——道的产物或自然反映。报应的思想确保每个人迟早会种瓜得瓜，种豆得豆；因此，个人在社会中的位置只是其道德成就的结果。当然，在袁黄的功过体系中，这种观点也是显而易见的。不过，袁黄更加强调报应信仰的另一方面——即鼓励自我进步和获得物质利益。他宣称："趋福避祸靠自己。"[1]诚然，袁黄接受了中国社会中的等级结构，但是他将之视为一种动态的等级制度。限制个人升迁机会的只有他自己的德行。像何心隐一样，他教促人们积极不懈地"追求"进身。在他的体系中，社会抱负只有通过道德改善才能实现，因而毫无疑问它既是值得追求的，也是善的。虽然 17、18 世纪的功过格也依靠这种相同的报应原理——善行仍可获得地位的回报——但报应所传达的社会信息的重点却发生了转变。关键就在于社会秩序本身如实反映了神的道德评价。报应现在与其说是鼓励升迁，还不如说是肯定现状。神让每个人各安其位，且不会奖励那些试图"逾越"这个位置的人，而是奖励那些乐于接受它、并乐于履行与这个地位相应职责的人。

---

〔1〕　（明）袁黄：《立命篇》，第23页下。

这些新功过格的作者们最关注的，是界定那些有助于维持现状的行为。功过格使用者仍然期望通过使用功过格而获得上升，因为这些功过格实际上也确实包含有像袁黄所讲的那类故事，用来说明这种奖励是一定会有的。但是，这些功过格作者有更宽广的视野，他们认为这只是一种便捷的方法，它使"小"人——也即那些不承诺奖励就不愿行善的人——做分内之事。这些功过格作者远远超出个人成败得失之外，力求维系完美平衡的等级制度，在这种制度下，每个人都要安分守己，最多也就是可以经历几代人的时间，在社会阶梯上慢慢向上攀登。他们认为，稳定重于变化；变化一旦发生，就必须尽可能得到仔细的调控。

袁黄强调个人升迁的观点被一种新的努力所取代，它力劝功过格使用者"安分"或"乐天安命"。[1]陈智锡在他出版于明亡前夕的《劝戒全书》中，警告读者不要企图改变他们的生计或他们的住处——在这里，甚至出行也被视为一种潜在的恶，因为它可能招致偷窃、私通、纵火等等。[2]他在书中收录了一名叫李长科的人用俗语注释的圣谕六言，这有力地展示了个人接受命定的例子（而且附带削弱了作为《劝戒全书》基础的整个报应观）：

> "安常便是福，守分过一生。"这几句说得极好。曾见许多赚大钱的，行险遭凶，不如小买小卖的，自在平稳。许多心高妄想的，分外营求，不如守艺农田的，长久安乐。

---

〔1〕 （清）李国昌：《崇修指要》，卷1，第30页上。
〔2〕 （明）陈智锡：《劝戒全书》卷4，第38页上—下。

所以古人云："万事不由人计较，一生都是命安排。"命运
好不求自至，命运不好枉费心机。纵使偶然侥幸，毕竟弄
巧成拙，望高转低，鬼神也自算了你，终必破败。故凡人
须要随我生理，安意为之。[1]

袁黄保证人们能改变自己的命运，而李长科则暗示人们对自己
的命运无能为力；袁黄鼓励人们全力追求好运，李长科却警告
说追求升迁只是白费气力。如此说来，个人应当无为而治。

李长科主张，谋求高位可能是一种错误的做法，不值得去
做："岂知朝廷爵禄，不是容易享的。那做官的人，自有做官
的苦楚，比你们百姓更甚。"完全可以从事别的职业，并不是
人人都得以当官为目标：

除了读书，论生理，莫若农田好了。……园中栽桑，
地上种绵，有穿的；池中蓄鱼，家中蓄牲，园中蓄菜，有吃
的。便是天年水旱，广种薄收，也可糊口。眼不见官府，脚
不踏城市。山中宰相，世上神仙。这也是最好的，何必定要
做官？假如无田的人家，租得几亩，典得几丘，勤勤耕种，
完了主人租，落得几斗米，虽是粗茶淡饭，倒比那膏粱吃得
有味；虽是粗衣大布，倒比那锦绣穿得更温。妻子也不骄奢
惯了，儿孙也不游荡惯了。那农田的真有许多妙处。[2]

《崇修指要》的作者李国昌尝试解释上述话中包含的矛盾和困

---

[1]　李长科：《圣谕六言解》，见陈智锡《劝戒全书》卷3第28页上—29页上。
[2]　李长科：《各安生理》，见陈智锡《劝戒全书》卷3第29页上—下。

惑：平静地接受命运之签与功德积累体系的核心思想"立命"，这两者怎样才能折中共存呢？他在功过格后面的劝戒部分写道："今教说人因喜上天之命而享道德之正，乃圣人真运之说。……彼安于其命者不欲变之，然确可决定其命，在心中行善、修身，甚或有将天寿视之为一己之力，不言命而待命，且自发一造物之心。"[1] 到这儿，我们已经转了个圈，又回到孟子的主张上来了，即对君子来说，只有道德命运才是可控制的。这些功过格作者保留了报应的观念，但是现在它不是追求地位晋升的理论基础，而是遏制地位晋升的基本原理。正如李国昌在另外一处所主张的："持朴履规。"[2] 人应该相信上天，而不要追求改善自己的地位。报应的运作程序确保了社会等级是一种以道德为基础的秩序，因此这些功过格作者认为，应该尽力限制等级制度之内的变动。

### 1. 奴仆的地位

在功过格和善书中，这种对限制社会流动的关注，在对下等人的态度上，以及关于下等人和上等人之间关系的看法上，表现得最为生动。在 17、18 世纪的功过格中，奴仆明显受到关注；有些功过格中有一整卷涉及这一群体的行为，并且所有功过格都频频谈到支配主仆关系的规则。这个时期奴仆起义频繁发生，涉及仆人的诉讼数量激增，这些都说明主仆关系是一种特别敏感的关系。功过格关于奴仆地位的记载提供了一个很好的例子，可以借此研究士绅们为缓和主仆关系紧张而提供的解

---

[1] （清）李国昌：《崇修指要》，卷1，第40页上—下。
[2] 同上，第40页上。

决方案，这是明末清初社会等级制度中张力最大的部分。

陈锡嘏的功过格中有"家仆事家主"部分，这部分揭示了他在关于奴仆地位和作用问题上高度矛盾的情感，也代表了大多数功过格作者的态度：

> 为人仆，犹夫人也。一时名分，岂足为羞？然往往以卑贱自居，若谓必无荣贵之理。遂自轻忽，无所不为。不知果报之理，不以卑贱而无验也。问人之心，谁不欲岁算延长乎？谁不欲平居康健乎？……
>
> 若能受持是格，先以至诚之心事主，次以至诚之心与人。凡夫父母兄弟夫妻子女，存心动念，处事出言，一一奉行不苟。行之数年不怠，其所愿者，必皆如其所愿；即其所不敢愿者，亦尝有于意外获之。天之报人，固历历不爽者也。[1]

陈锡嘏在句首就表示奴仆处于一种极为悲惨境地——他们必须保证自己的人格。但是，他接着又要人们"以其所欲而导之"（如他在序言中指出的），鼓励他们去行善——以期获得富贵等回报。这里，相信报应被用来解释身份制度的潜在流动性：奴仆和别人一样也是人；他想别人所想、凭借着善良的行为，他也应该能得到他所想得的。当然，他应该运用他的道德潜力，否则将绝无可能改变地位。但是按照这里的规定，首先且最重要的就是竭诚事主。一个奴仆，只有当他尽力履行了服侍的义

---

[1]　（清）陈锡嘏：《汇纂功过格》卷 2，第 88 页下。下文引到此书时将在引文后标出页码。

务，成为完美的奴仆之后，他才能超越自己的地位。陈锡嘏没有否认奴仆地位升迁的可能性。事实上，通过强调这种可能性，陈锡嘏鼓励奴仆全心全意为主人服务。

附在这个引论之后的故事更为生动地说明了这些观点。它同时提醒读者，仆役这种社会等级制度中最低的地位，是一个他们在道德上"应得的"地位。南直隶旌阳吴六房的奴仆吴毛是一个非常善良的人。明亡时，起义军占领了这个地区，主人阖家出逃，他却留下来看护家产。结果他死于起义军之手，死前身受七处重伤。后来他弟弟梦到他，吴毛解释说，他的"业"就是如此，他本来应该投猪胎七次以赎他前世的罪业。但是，他做仆人如此积善，使他免受转世轮回之苦（七处受伤代表了他的七次投胎），直接进入西方极乐世界。因此吴家立起他的神像并祭祀他。陈锡嘏评论道：

> 按佛经，为人奴婢，由前世不修来，则知因善为人。不幸而处于卑下，已非天之所以厚待我也，乃竟以卑下自居，而不复有自好之意……世若吴君之持戒力善，盖难其人。若吴君之持戒力善而终也为贼所杀，则世益以借口，而莫肯于为善。岂知吴君之尊，如彼其深，吴君之报，如此其厚乎？使其竟死，世何从知？幸也明告于弟，显形于生，举世因其传焉，而凡不幸而处于卑下者，可以奋然兴矣。（卷 2，第 90 页上—下）

陈锡嘏向他的读者保证，社会等级制度是以道德为基础的：尽管从表面上看，美德并未得到奖励，但天地间的道德公正仍然是确定存在的。实际上它是如此精确，以致于吴毛必须完成

"七次投胎"的经历，才能获得奖赏（进入西方极乐世界）。

但是，陈锡嘏在声明每个奴仆的低下地位都有一种道德上的合理性后，接着又声称，奴仆实际上可以是善的。他说："孰谓斯养中无大圣贤哉？愿世之视奴仆者，勿以轻人；愿世之身为奴仆者，勿以自弃。"（卷 2，第 89 页下）很明显，奴仆可能是"圣贤"，陈锡嘏的这个发现颇令人惊奇，并多少有些令人困惑：在他为主人所写的功过格中，一位主人因"遇德行才学兼至者，意中犹以仆辈视之"而受到严厉惩罚（三百至一千过）。（卷 2，第 79 页下）这一规定本身就暗示着有美德和受奴役被认为是互不兼容的。但是他又确实很努力地去理解并且解释那些服苦役者行善的困难，正如下面这段评论：

> 主仆者，一家之君臣也。然自古以来，忠臣多而义仆少，岂尽为仆者之莫肯好义乎？盖君之待臣，显其门户，荣其自家，恩宠无穷，宜其厚报也。至于奴仆，不过得几金之身价，遂至陷为微贱，其情亦可哀矣。且既服役后，任劳苦而罔恤，遇疾病而不知。
>
> 分则君臣，情如路人。虽有至性者，亦安从兴其感报之念乎？虽然，我欲积德求福，则何论主之惠吾与否也，……然则事薄恩之主，正我之易于增福者矣。艰苦于一时，受享在以后，有志者固宜奋然自勉矣。（卷 2，第 89 页上—下）[1]

所有这些话都生动地透露出，那种认为奴仆具有道德潜力

---

[1]　[日] 细野浩二：《明末清初江南的主仆关系》，第 16 页。

的观点存在内在冲突。奴仆地位低贱，一般看来，这种地位部分地反映了他们的一些道德缺陷，当然也注定了他们在物质上的穷困。而更糟的是，奴仆是一个"路人"，与主人之间没有亲属关系。因为这些原因，假如奴仆行为善良，倒有点让人奇怪了。但这的确又是可能的，而且让奴仆聊感宽慰的是，如果遇到主人残暴，他还在拼命行善，其努力的艰难就更增加了他善行的价值，以至于比起那些善良而温情的奴仆来，他可以指望更快得到更好的报偿。陈锡嘏警告说，无论他被如何对待，奴仆必须服从主人，并且坚决忠诚于主人的利益；否则他不会从神那里取得任何奖励。

陈锡嘏为奴仆开列积功所需遵行的规定，毫不奇怪，他最关注的问题还是要保护主人家的和谐以及主人在家内的权威。49 条规定中只有 4 条描述了那些可能被解释为扰乱家庭团结的行为；所有这些都是在奴仆鼓励他的主人行善，或者阻止主人犯错时发生的。在后面的例子中，奴仆因为没有试图去纠正主人的过错，被扣以 20 过。但是，即使在这个例子中，"若其主酷虐性成，畏惧不言者"，奴仆可以被赦免任何罪过。另外 8 条规定鼓励奴仆之间关系和睦：奴仆不要把艰苦工作推给其他奴仆去做（违反者 10 过，不违反者 1 功），不要散布关于同伴的流言（10 过），不要对其他成功的奴仆心怀不满（1 过或 1 功），在别的奴仆生病或遇到麻烦时，他应援手相助（1 过或 1 功），还有他应该在主人面前帮其他奴仆掩饰小过（1 功）。（卷 2，第 91 页上—94 页上）

其余 37 条论述了维持主仆和谐关系的问题，这主要是通过奴仆的屈从恭顺来实现。遵循这个规定的奴仆将被奖励 100 功："尽敬尽爱，终身一念不欺，随职自效。"如果帮助主人世代相传，他将获得 200 功奖励："若扶持幼主起家成立，终身不染丝毫者加倍。"（卷 2，第 92 页下）关于这类奴仆的忠诚事主的故事在其他功过格中也很普遍；李国昌就讲了几个这样的故事：奴仆把旧主的孤儿从贫穷中或从他们亲属的阴谋中解救出来，他因而得到官方的褒奖（通常是追赠的），或者是子孙显赫的报偿。[1] 功过格向奴仆们保证，只要他奋不顾身地向主人奉献忠诚，他或他的子孙所得奖赏将是豁除贱籍。

在另外一些更为具体的条目中，陈锡嘏敦促奴仆承认和维护主人在家里家外的权威。在家庭内部，奴仆要"对主和气婉容，顺意承旨，主常喜悦"（一天 1 功，假如这种行为持续一个月的话，额外奖励 10 功）。在整个功过格中，这个基本的原则以不同的事例形式多次重复：奴仆应该"一心事主，不欺不肆"（每年 50 功），应该"见最幼主，必尽诚敬"（100 功），应该警告别的抗主命之奴（每件事 1 功，不执行则 1 过），对主人的亲属应该"敬慎不失礼"（100 功），并且要照料已故先主的坟墓（5 功）。在罪过的部分中，奴仆们被警告不要"无事嬉游，致主责怒"（1 过），不要"无视主人教训"（1 过），不要欺骗小主人（每件事 1 过），在主人面前不要言语粗鲁（1 过），不要对主人出言不恭（3 过），不要鼓动其他奴仆做不忠诚的事（每事 10 过），不要怂恿小主人自由放纵和堕落（100 过），不要"传述事非，离间主家骨肉"（300 过）。（卷 2，第 93 页上）

受残暴主人之苦的奴仆只能耐心忍受，他可以这样安慰自己：自己忍受的痛苦更多，积功也就越多。与此相一致的是，功

---

[1]（清）李国昌：《崇修指要》卷 6，第 13 页上—16 页上；又见《日乾初揲》第 18 页上。

过格甚至让奴仆服从不公正的主人："受主鞭笞怒骂，及服役劳者，无怨望心（一事 10 功，极难忍处无怨加五倍记）。"在"过"的部分中，作者也承认要这样做是困难的，与这一条相反的行为，所得"过"分相对较少："不甘服役，生心离主，一念一过；若出怨言，一言一过。倘其主酷虐难亲，不得已而思去主者免。"奴仆也被要求在乡里保护主人的权威：他们被警告不得在外面议论主人的事（50 过）或他的错误（不议论则有 100 功），并且维护主人的名誉受到鼓励（1 功）。（卷 2，第 93 页上）

这些条规规定了奴仆对主人的适当行为，这些行为反映的是一个顺从的、"好"奴仆应有的态度。首先是要维护主人的权威，最重要的是对主人恭顺（奴仆被设想成甚至对残暴的主人也要保持忠诚）。这些行为确保了奴仆之间以及家庭成员之间的和谐（反对传播流言蜚语的规定，说明功过格的作者们也认识到了奴仆有破坏家庭和谐的能力），以此作为保证家庭和睦的基础。最后，相对于乡里他人，他们更鼓励奴仆对主人和主人的家庭效忠。

这些规定也反映出功过格的作者惧怕奴仆在权力和财富上僭越他们的地位，无论这样是否危害到他们主人的权威。在鼓励奴仆认同主人及其家庭命运的同时，这部功过格还敦促奴仆"不依主势，欺凌小民"（一年 20 功），并且不要"为主骗诈人财物"（每 200 文 1 过）。（卷 2，第 92、94 页上）这些都是明确警告那些倚仗主人权力的奴仆，不要为自己贪钱揽权，这在"无耻之仆"中并非罕见之事，所以明末清初的社会批评家对此心怀畏惧。[1]陈锡嘏也意识到主仆的经济地位有可能颠倒过

---

〔1〕 〔美〕周绍明：《晚明时期太湖流域的奴仆》，第 693—698 页。

来——奴仆也许会在某个时候变得比主人还富有——他强调即便如此，奴仆对主人仍然存在义务。奴仆要负责主人的葬礼（50 功），要照顾主人的坟墓（5 功），并且对穷困潦倒的主人给予救济（每 100 文 1 功）。阴谋反对失势的主人将受到 100 过的惩罚。最后，那些自己变得富有却不帮助贫困主人的奴仆将受到最严厉的惩罚（1000 过）。（卷 2，第 92 页下）〔1〕很明显，在道德上，奴仆永远不能摆脱奴仆的地位，无论他的经济地位发生了怎样的变化。

其他的善书作者在奴仆的经济问题上，甚至采取了更为严厉的立场。对《劝戒全书》的作者陈智锡来说，奴仆根本未被设想能变得富裕。他重新讲述了下面这个劝诫故事：

> 如松陵计氏仆临危，家资三千金，子方十岁。其主春元也，仆叩主人，愿献其半，以求保孤。主人曰："我受之无名。但汝下人，而致富若此，岂无刻事？且享福过分，致损尔寿，安能善后？当以半为汝子种德耳。"仆感泣长逝。主人尽散其半，行种种方便事，延名师与己子同学。后仆子与己子同榜。嗟乎！仆固大智，而主更大贤，同榜之应，岂偶然哉？〔2〕

如果奴仆积累了与自己低贱身份不符的财富，那就一定是通过腐化和不道德的途径而获得的，将受到折寿的惩罚。他积累的

〔1〕　关于一位奴仆帮助其穷困的主人的故事，见（明）陈智锡：《劝戒全书》卷8，第 49 页上—51 页上。

〔2〕　（明）陈智锡：《劝戒全书》卷5，第 33 页下，引自 ［日］奥崎裕司：《中国乡绅地主研究》，第 464 页。

罪过也会威胁他的子孙后代，只有通过捐钱行善举，他才能赎回和改善他家庭的运气。这位奴仆的确犯有两种类型的罪恶：第一是惯常聚敛财富的恶习；第二，更有甚者，妄图脱离主人的控制，并与主人分庭抗礼，以此谋求超越自己身份的更高地位。对奴仆来说，提高经济地位并非自我完善之道；只有通过行善才能确保沿着士绅支配的晋升之梯获得成功。陈智锡警告说："小人久积致富，亦因日夜持筹，费尽心力所致。为主人者，只宜谕令作善。"[1]

然而，对于奴仆来说，只要他的天赋全都用在使主人家庭富裕上，有能力赚钱就并非坏事。陈锡嘏举例讲到浙江淳安徐家的奴仆阿寄，那是奴仆在经济问题上应该仿效的典范。阿寄在主人死后，留下来照顾主人的孤儿寡母，他谨慎小心地把他们少量的钱投资于漆业，并设法使这个家庭富裕，最终为故主的女儿们准备了丰厚的嫁妆，使女婿们受到教育，在他死后，这个家庭仍供给充裕。陈锡嘏对阿寄的美德大为惊叹："寄，村鄙之民，衰迈之叟，非素闻诗礼之风，心激宠荣之慕也，乃肯毕心殚力……公而忘私，毙而后已……缙绅、读书明理达义者，何以加诸?"[2] 阿寄与前述计家的仆人相比，更像一个真正的"士绅"，因为他为主家而非个人的利益而聚积财富。

这些善书提倡一种服役的道德，最清晰地表现在一个警示性的故事中。这个故事在几部善书中反复出现，它表现了故事的主角——一位仆人的道德两难困境（这在功过格中相当少

---

[1] （明）陈智锡：《劝戒全书》卷5，第33页下。

[2] （清）陈锡嘏：《汇纂功过格》卷2，第90页下—91页上。这个故事也出现在李国昌《崇修指要》卷6，第15页上—16页上。它似乎取材于一个真实的故事，见［美］汤维强：《在前近代社会的集体暴力》，第210页。

见），他们需要在两种道德价值观之间进行选择，或效忠主人，或者诚实自励。陈智锡看来是第一个使用这个故事的：

> 昆山两富相仇。甲某有田既下种矣。乙某密召仆周某，与稗数斗，劳以酒肴，令夜散彼田中。仆念彼家力作辛苦，指望收成，何忍害之？然迫于主命，又恐己辞或另请他仆害之。乃佯诺而潜蒸其稗。其主夜起远伺，则见遍布田中矣。后稗不生，深讶计不遂，然初不虑仆有他故也。后仆有子中式，主人子忽发狂，有土神凭之曰："某仆以某年某月夜事，天赐贵子。某主即以某年某月夜事，天罚绝嗣。"全家相顾，不知所由，惟主仆各点头而已。[1]

这个故事所包含的信息乍看起来似乎反映了对身份限制的突破而非固化身份：奴仆会因为违背主人权威的行为而受到奖励。但是，这种颠覆行为被置于一种特定语境中，行为的最终意义就改变了，奴仆虽然违背了主人的命令，但放在更大的社会秩序中，这种行为仍然是与他的奴仆身份相符的。毕竟，他确实执行了主人的命令；奴仆并没有公开地反抗上等人的权威，面对权威甚至不敢有任何温和的道德劝告。他在很大程度上是一个善人，因为他始终是一个好奴仆。在这里，主人是罪恶的，因为他作为一名地主和主人，背离了与他地位相应的道德原则；而奴仆是善良的，因为他并未试图超越自己作为奴仆的身份，只是卑贱地做善事。实际上，当 40 年后陈锡嘏在他针对奴仆的

---

[1]　（明）陈智锡：《劝戒全书》卷 6，第 30 页上—下。这个故事在奥崎裕司的《中国乡绅地主研究》中被引用和讨论，详见该书第 466—467 页。

功过格中略述同一故事时，他明确地作了如下的注释：

> 若钱翁不欺其主，而行其主之吩咐，则害其天性也。必辞而不为，而为之者仍有人，则仅以全己之功。……俾之两全无害：外不悖理，内不悖主。若钱翁之事其主，真可谓合乎情，中乎礼义者矣。卒也身受诰封，厕缙绅之列。世谓为仆者必无荣贵，不几于所见之浅乎？[1]

因此，公开反抗或揭发主人并非奴仆该干的事。神被引进来做最后的道德审判，并且执行惩罚，他们向功过格使用者保证，当前的身份秩序基于道德原则，但它也经常被调整以符合真实的道德状况。正如李国昌承诺过的，神奖励那些安分守己的人。

因为当时一些奴仆实际上已为自己聚积了财富，滥用主人的权威或者向主人权威提出挑战；并且在某些情况下揭竿而起杀死主人，夺取财富，所以毫不奇怪的是，这些功过格中对奴仆的规定全都反映了作者们对地位剧变的恐惧。陈智锡刚好在 17 世纪40 和 50 年代，即奴仆起义爆发前夕，写作他的作品，他似乎也已觉察到这些危险。他多次讲述这样一个故事：一个人不愿履行徭役，因为惧怕他的奴仆会在他离去后侵夺他的财产。[2]功过格作者们感到焦虑，担心他们所理想中的、和谐的主仆关系会崩溃，而这种关系部分基于奴仆的忠诚和服从。只有再度教育奴仆要安分守己，只有抑制他们对财富和较高地位的野心，为他们主人的幸福而献身——简而言之，忠诚地、恭顺地为主人们

---

〔1〕（清）陈锡嘏：《汇纂功过格》卷 2，第 90 页上。
〔2〕（明）陈智锡：《劝戒全书》卷 7，第 66 页下—67 页下；［日］奥崎裕司：《善书中表现出来的中国明代下层民众的生活方式》，第 43—44 页。

服务——那么，原有的、"好的"秩序才有可能恢复。

## 2. 精英的责任：士人、官员和乡绅

然而，功过格的作者们绝不只是指导较低社会阶层的成员。当然，功过格的规定和故事鼓励那种让奴仆"安分守己"（同时为了将来社会地位的上升而不断努力）的行为。但是，不能将功过格解读为只为这种目的而设计的书，因为它们呈现了一幅完整的社会图景，它也强调了地位高的人——士人、官员和乡绅——的职责及与其地位所对应的义务。作为以巩固稳定的社会等级制度为目标的书，它们关注不同身份集团之间的关系，在涉及不同身份的人的问题上，对双方都给予关注，而不只对某个特定的群体进行控制。

显然，在功过格作者看来，教养有素的精英在维护这种互相联结的社会等级制度的过程中，将扮演主导角色。对这个问题，17、18 世纪功过格的看法非常接近于上一章所讨论的东林派思想家：精英成员为了他们乡里的福祉，必须承担重大责任，以使他们的高贵地位具有合法性。在某种意义上，功过格支持陈龙正关于精英责任的思想，解释了精英地位的报应基础，然后又为精英成员如何承担他们对佃户、奴仆以及本地穷人的责任，提供了具体的指导。

例如，颜茂猷在《迪吉录》中，特别关心那些只有士人、官员和乡绅才能做的工作：他的善书有一半是"官鉴"，用来解释对官职中善行的奖励；还有一半"公鉴"，提供更具普遍性的道德建议，但这仍然主要是针对精英阶层的。他在题为"乡绅家居懿行之报"这一节中，宣称乡绅在教化百姓方面甚至是比士人更为重要的力量："乡绅，国之望也。家居而为善，

可以感郡县，可以风州里，可以培后进，其为劝化比士人百倍。"[1]这些教化的事迹可以包括较琐屑的道德模范行为。颜茂猷举例说，管宁因叛乱之警逃到了辽东。他教导当地居民如何养牛，在井中取水时学会谦让，在祭神时合乎古礼。因为这些移风易俗之举，他得到了长寿和官职的奖励。[2]

陈智锡在《劝戒全书》中，积极主张精英对社会的责任。他认为，同情穷人的贵人不只是行为善良，还是在履行一种天地赋予他们的社会职责：

> 天地，大父母也。生天地之间者，海内皆兄弟也。世未有父母而忍视其子之贫，则断无天地而不恤斯民之困。譬如有子几人，或贫或富。富者肯损有余以资不足，父母必乐甚。至不幸遇凶荒，而同气相怜，扶持救恤，父母必更乐甚。倘尔为尔，我为我，手足如冰，苦乐异景，高堂之哀惨何似？繇是观之，恤贫而曲加赈济之德，无论人感，定为天地所爱。拥富而不念啼号之苦，无论人怨，定犯天地所恶。[3]

陈智锡感到非常难过，因为当时的乡绅未能承担与他们社会地位相应的、不可推卸的职责。他警告说，这种过失会不可避免地造成一种后果，即逐渐损害最初承诺给他们乡绅地位的好运。他抱怨说："近乡绅遇水旱而家多积蓄者，惟日望米价涌贵，即至亲至友，不知周急。故有戏作神《答求雨文》曰"：

---

[1] （明）颜茂猷：《迪吉录》卷4，第56页上，引自酒井忠夫：《中国善书》，第81页。

[2] 同上，第59页上—60页下。

[3] （明）陈智锡：《劝戒全书》卷5，第20页下—21页上。

　　　我观下土，富不泽贫，贵不泽贱。甚者亲不泽亲，在
　　在谁非旱境？我观众生，贫难求富，贱难求贵。甚者亲难
　　求亲，人人谁肯应求？平等相求，尚多不应，汝去天不啻
　　万里，乃望有求立应耶？汝但反求，常作泽物想，汝甫即
　　人，吾雨及汝矣。

陈智锡在这篇演说之后又接着写了另一戏作神《答求寿
文》曰：

　　　世间贵人，天岂私荣？众贱莫扶，委之使扶。世间富
　　人，天岂私厚？众贫莫助，责之使助。灾褫流行，尔有生
　　人之权，而无好生之德，乃欲上帝生汝耶？汝但反求，常
　　思施济，汝寿斯民，吾寿及汝矣。[1]

作者在此借神之口提醒乡绅，他们的地位依赖于他们的美德：
高贵的身份和福气反映了美德，但是它是过去积累的——要想
维持高贵的身份和福气，还要继续积德。报应运行肯定了低贱
地位的合理性，但是它也在某种程度上唤醒了精英的道德责任
和社会责任。我们在这里看到了一些东林党思想家提出过的、
关于精英的社会责任的观念。高攀龙和陈龙正曾警告说，富绅
假如不关心他们的奴仆，不为当地谋福利的话，通过自发的报
应程序，他将会受到惩罚。陈智锡借虚构的神之口，陈述了一
种更为直率的报偿政策：乡绅或者去履行他们的社会责任，否

----

[1]　（明）陈智锡：《劝戒全书》卷5，第21页上—下，引自奥崎裕司：《中国乡
　　绅地主研究》，第469—470页。

者就不要指望得到神佑或神助。正如他对奴仆不顺服的关注是基于他看到了主仆关系之间真实的张力，现在他忧虑乡绅不尽传统职责，也是因为意识到由于商业机会增多、不在乡食租地主的经营方式日益普遍，乡绅不断疏离乡村社会。在这样一个时代，提醒乡绅的责任——事实上是让他们认识到，他们的地位有赖于履行这些责任，这是非常重要的。

从陈智锡的著作中我们也可明显看出，随意做几件善事和单纯的克己行为并不真正足以完成乡绅的责任。精英对民众负有责任，被与上天对所有人负有责任相提并论。简而言之，他们负责照应民众，或者更准确地说，他们对佃户、奴仆以及乡里所有穷人的幸福负责。

陈智锡讲述了一位模范地主的事迹，从中列出了乡绅对其佃户所负有的责任：

> 陆平泉，云间人，好行方便，至老不衰。待佃户尤加厚，每诫其子孙及其僮仆曰："农夫历尽四时艰苦，方得有此秋成，不可不深体恤。收租切勿用大斛，看米色宁宽一分。"凡遇水旱，多给工本，不责其偿。冬间免荒米，务从厚。凡佃户有讼狱，有疾病，必多方周护之。五旬免寿米，始加爵则又倍免。六旬以后，凡得一孙，即加免租米若干。故陆氏之佃户，家家温饱。公八十五岁时病困垂瞑数次，亲朋为祷于庙，一老友忽眩去，经宿方苏，云见老农百余人伏阶下求保哀切。[1]

---

[1] （明）陈智锡：《劝戒全书》卷5，第28页上—下，引自奥崎裕司：《中国乡绅地主》，第468页。这个故事在陈锡嘏《汇纂功过格》中也有记述，见卷5第25页下—26页上。关于陆平泉（树声）的传记，参见《明史》卷216，列传第104，第19册，第5694—5696页。

这些祈求的结果是，城隍请求上天给他缓期，来自上天的使者同意延长陆平泉 12 年寿命，因为他矜恤农人，种德四十余年。陈智锡又补充了一段编者按：

> 彼农夫终岁勤动，无时得暇，合家劳苦，无人得宁。一遇水旱不时，竭尽手足之力，固无论矣。……然则富贵家最宜加惠佃户。彼竭力养我，而忍重困之乎？王文肃公每夏必载家人游各庄，以观力作之苦。申文定公每冬常有破格之惠，以及乡农。诸尚宝景阳，闻佃户死丧，必涕出而助之。丁清惠公待佃户如父子，佃户无不富庶。四公得平泉遗厚，故皆享上寿。[1]

这实际上是承认佃户（以及奴仆）的辛劳，承认精英、"富贵"之家对农民辛勤劳动的依赖。这种依赖并未被作为问题加以讨论——陈智锡从未暗示这种关系本身有什么不公正或错误，只要求地主能够履行他们的职责。提及农民的艰辛只是为了施加一种道德压力，使精英善待他们的依附者，这种压力还受到神判的支持。地主和主人应该善待他们的佃户和奴仆，他们可以因此而指望得到神的加倍奖励，并且也因为他们实际上依赖农民的劳动。

稍晚，在 17 世纪 80 年代，陈锡嘏强调了后面这一点。他在《汇纂功过格》中，引用了一个名叫诸晋三的人对地主的警告："且令佃户乐业，则田可肥美，租无亏空，常年收取，不

---

[1] （明）陈智锡：《劝戒全书》卷 5，第 28 页下—29 页上，引自奥崎裕司：《中国乡绅地主》，第 468 页。

致费力，何尝不便益也。若竟刻薄佃户，毫无通融，佃穷而田亦坏。产业多者，每受有田无佃之累，则安可不思所以惠养之哉？"（卷5，第23页上）〔1〕所以，地主即便是为了自己的利益也应该照顾佃户，这是非常重要的。他们不仅能因此获得由神赐予的长寿之类的奖励，而且能确保他们拥有持久的繁荣昌盛：因为满意的佃户会勤勉忠诚。在此，这种关系依赖于地主家长式的仁爱（和理性，这二者都是陈锡嘏暗示的），它依赖于地主的自觉和自决，并不受任何保护佃户的契约或法律所支配。佃户拥有较强的经济力量、他们日益希望挑战地主权威、或干脆抛开地主，这些都是社会经济关系中的真实变化。功过格作者试图通过重申过去的主佃关系，再一次回应了上述变化：这种过去的主佃关系是一种基于"互助互养"的、和谐的家长式关系。他们对日益难于控制佃户的忠诚感到焦虑，甚至恐惧，这在他们意识到地主依赖佃户劳动时被生动地表现出来。在这里，天平已经发生了倾斜：16世纪早期的作者，如徐阶，强调互相依赖，而这里的两位作者们都强调地主对佃户的依赖。假如地主不善待他们的佃户的话，他们将失去佃户——在功过格的构想中，这不仅是当时的经济现实，也是道德要求支配下的结果，而后者既来自神的报应，也来自人的报应。

功过格也有相当的篇幅涉及主人对奴仆的职责，这种迹象也说明在明末清初，许多人都对这种重要的关系感到焦虑。陈锡嘏的《汇纂功过格》中包含了提供给主人所用的最为详尽的功过格，它为主人身份所包含的责任提供建议，其涉及的范围

---

〔1〕 又见［日］奥崎裕司：《善书中表现出来的中国明代下层民众的生活方式》，第30—31页。

最为广泛。主人首先要负责选择合适的奴仆和小心地限制他们的权力。他要确保把任何"不应"成为奴仆的人排除在外，以保证这种身份秩序的纯洁性和正确性：他必须仔细调查奴仆的背景，以便确定奴仆（他或她）并非来自官宦人家，良家子弟是不适于做奴仆的。假如有人知道他曾接收这样一个来自高门大户的人作为奴仆，且拒绝还其自由的话，他将被罚以100过。其他几条涉及这方面的注意事项包括：不查身世就收一个奴仆犯20过，而调查一个奴仆的家庭背景则获得3功。在最后一条下面还有一个县令钟离瑾的故事。某日钟县令偶遇新买的婢女在干活时哭泣。她解释说，她的父亲曾经做过这里的县令。但在父母死后，她流落到一个小吏之家，然后，这小吏又将她卖入钟家。"我见大人处理公务，即思祖先，因家败而悲。"钟离瑾查验了她的旧事，将她释归，并安排她嫁给当地一家望族之子为妻。钟离瑾后来梦到，有神许诺他长寿，并且子孙有成。果然，他活到96岁，他的所有儿子都当了官。（卷2，第75页上—下）这就是对人纠正社会等级制度错位的奖励。

同样，主人也有责任监督奴仆不要滥用其主人的权威而拥有超过他们身份的权力。在《崇修指要》中，李国昌也表达了他对奴仆滥用主人权威的担心，他用一整节来讲述对奴仆的约束，主要劝说主人们少蓄奴，并且要认真管理这些奴仆。[1] 然而，对陈锡嘏来说，解决这一难题的最好办法，是仔细地挑选奴仆。因此，在这里，对奴仆的背景调查也成为一种重要的预防措施。不去核查奴仆以前的身份，导致招来了捣蛋鬼和马屁精，这等于犯下100过；收冷酷残暴的人为奴和对其旧主不忠

---

[1]　（清）李国昌：《崇修指要》卷6，第3页上—4页下。

的逃奴都犯下 30 过。他劝告官员不要收留任何自愿为仆的人
（30 功），这条劝告无疑是专为防止有人向官员自荐为仆，以逃
避赋役，并利用与官员的关系牟利揽权而设计的。实际上，陈锡
嘏建议大户人家立家规，不雇佣强横和机灵的奴仆（100 功），
因为他们有能力欺骗主家，或者滥用主家的权势来致富。最后，
还有这样一条明确的禁令，即不允许那些翼附于主人权势的奴
仆制造骚乱或犯罪（20 过，或者假如奴仆犯一次罪，主人将被
惩罚与之相同数目的过）。（卷 2，第 79 页下—80 页上、第
77 页上、第 78 页下、第 81 页下—82 页上）这些规则都暗示了
对明末一种普遍现象的认识——即有野心的奴仆试图操弄主人
的权威，以使自己获得权力和财富。在《汇纂功过格》中，主
人要对抑制奴仆的野心和权力负很大责任。

但是，在为主人提供的指导这一部分中，首先要强调的，
是主人必须以同情之心善待奴仆，对待他们的佃户也是如此。
这部功过格的序文强调说，主人对奴仆的行为应该遵循同情矜
恤、合理训诫和公平的原则：

> 佛告尸迦罗越言，一切世人，视其奴仆当有五事。一
> 者，先宜知其饥渴寒暑，然后驱使；二者，有病当为医治；
> 三者，不得妄用鞭挞，当问虚实，然后责治，可恕者恕，
> 不可者训治之；四者，若有纤小私财，不得夺之；五者，
> 给与物件，当令平等，勿得偏曲。（卷 2，第 73 页下）

功过格上还列有对主人的具体指示，作为这些通论的例子。
主人应该同情奴仆的物质生活条件；假如他不给奴仆提供足够
的衣食，或当奴仆生病时不予帮助，他将每天得一过，而如果

他尽力为奴仆舒危解困，他每次都会得一功。为这后一种要求所举的例子，是一个举人的故事，他将自己的被子让给他的仆人和马夫，使他们不受寒侵。（卷 2，第 73 页下—74 页上）越苛刻的要求获得越多的功德："饮食与共，劳苦必恤。遇事善导，不加苛责，一年无间，得三十功。"一位汉朝刺史的故事用以说明对奴仆的辛劳应报以同情。他亲自帮助属员修建城墙，虽然正值酷暑，他拒绝享用茶点，因为其他役作也没有这个待遇。（卷 2，第 76 页上）

《汇纂功过格》特别注意给奴仆的处罚要适当而合理。首先，道德劝诫被视为纠正奴仆的最好方法。在这里，模范"主人"是一个寡妇，她通过不允和不喜，而非体罚（鞭打）来教人感到愧耻，以此教导孩子、仆人。由于仆人在主家从未目睹过任何争吵，他们以完美的儒家的方式，追随着榜样的言行，始终维持了他们之间的和睦，为他们的女主人服务。

在纠正奴仆行为的具体规定中，同样也强调道德说教和宽大为怀。它劝说主人对那些初犯者要宽容，不应该当众处罚，而应该私下训诫，并且给他一个改过自新的机会（奴仆犯有诸如小偷小摸之类的罪行而被主人宽大处理，主人获得 50 功的奖励）。还有另一条单独的劝告，即"可怒而善教之"（3 功）。陈锡嘏讲了一个特别的故事以支持这条劝告：有一个女仆应该对主家婴儿之死负有责任，但主人却没有惩罚她，而是放她逃走，使之逃脱主人妻子的滔天大怒。女仆对主人的宽恕十分感激，便祈祷主人能再有一个儿子。祈祷的结果使主人又得一子，而且这个儿子很能干，最后官至户部尚书。（卷 2，第 74 页上）李国昌在他的功过格中也劝主人宽恕奴仆的罪过：有一位主人以德报怨，照顾一个曾偷了他一万两银子的奴仆之女，因此获得长寿的奖励；另外一位主人则因放弃惩罚一位逃奴而任官。[1]

在所有这些条规中，并不完全排除体罚，但主人被警告说，在使用体罚时要温和而合理。残酷地鞭打奴仆，因为奴仆粗心失误而惩罚他，咒骂奴仆，迁怒于奴仆，以及因为主人自己的错误而惩罚奴仆都是 1 过，而假如一个主人责打奴仆导致他严重受伤，惩罚将是 30 过。所有这些规则鼓励理性并提倡事前预防，以尽量避免主人恣意霸道地对待奴仆。实际上，保持理性就会获得 100 功的奖励："敬畏老成正直，有谏必从，有规必纳，无少厌怠。"（卷 2，第 86 页上—下、第 87 页下、第 81 页上、第 79 页上）这种功过格强调道德劝诫，将之视为管理和教导奴仆的首要方法；假如残酷的惩罚是必要的话，它们也必须按照一些合理的计划去执行。

但是，主人的责任远不止是承诺理性地进行训诫和约束。主人也负责对奴仆进行适当的训练，关心他们的辛劳，为他们安排合适的婚姻，以及保护他们的家庭成员和财产。首先，书中劝说主人要训练他们的奴仆掌握有用的技术，而非让他们怠于享乐或从事其他非生产性的职业（30 过）。这种关注也扩展到礼仪和道德教育：主人会因为放任奴仆对礼仪马马虎虎、特别是不敬尊长（20 过）、以及因为允许女仆太过自由（10 过）而受罚。而且，他们必须看顾奴仆的孩子，如果他们确有智力的话，要保证让他们受教育（忽视这一条，将被罚以10 过；而遵循者得 30 功）。第二，有几条功过格强调确保奴仆婚姻美满的重要性。在奴仆之间安排一次两厢情愿的婚姻得

---

[1] （清）李国昌：《崇修指要》卷 6，第 11 页下—12 页上。

10 功；使奴仆在适当的年龄成婚得 20 功，而忽视 20 岁以上的女仆或 30 岁以上男仆的婚嫁，将分别受到每年 20 过和 10 过的惩罚。为女仆择得佳偶获 10 功，但如果主人为了私利为女仆择夫，则不管合适与否都将受到 10 过的惩罚。（卷 2，第 81 页上—82 页下，第 75 页下，第 76 页下）在这里，陈锡嘏呼应了当时的法律思想，因为在康熙朝（1662—1722 年），法律的制订者敦促主人按律使奴仆在较早的年龄婚配，以便他们能建立自己的家庭。[1]

还有其他各种方法叮嘱主人们要像对家人那样来对待奴仆，慷慨而善良。功过格劝告主人不要劫夺故世仆人的财产，而要将之分给其他奴仆，以使逝者能积累功德（违者 30 过，遵循者 100 功）。主人要关心生病的奴仆（20 功或 10 过），并在惩罚单身奴仆时要宽大一些（50 功）。主人在卖婢时，要确保她卖到一个好人家（30 功或 30 过）。最后，一系列规定劝告主人不要以太严厉或太残酷的命令恐吓威胁奴仆，使其不知所措（根据具体情况获得 3 到 5 功或相应的过分）。（卷 2，第 81 页上、第 79 页上、第 75 页下、第 82 页上、第 77 页下、第 76 页下、第 73 页下—74 页下、第 83 页上—87 页下）

虽然这里明确要求用更多的善心来对待奴仆和佃户，但是同样很明确的是，这种改善并不需要许诺给奴仆或佃户更高的社会地位，或是在其契约身份或法律地位上改变他们与尊长的关系。功过格的条规植根于家长制，把支配者管理子女和家庭成员的规则扩展到奴仆和佃户身上。家庭以外的力量——例如官府——对于调整这种关系并不是必须的；毕竟，由于奴仆们

---

[1]　例如，可参见（清）李渔：《资治新书》卷 14，第 26 页上—27 页下。

是"义男义女"，他们自然而然地适合于家庭等级制度。作者的目标就是使主仆关系和主佃关系回归到这种高度理想化的模式，而非为了提出一些新的、摆脱地主或主人控制的管理方式。这种态度在陈锡嘏的功过格中有明确的阐述。他例子中的一个主人公主张，假如主人将奴仆视同己出，主人自然而然地就会适当地对待他们："恩从吾幼不难推。"（卷2，第73页下—74页上）

在17、18世纪的功过格中，精英的责任甚至不止于用同情的态度对待他们的佃户和奴仆。正如陈智锡已经在其构想出来的《答求雨文》中所建议的，乡绅对本乡本里也有义务。这种义务在饥荒或其他经济凋敝时期变得最为急迫。陈智锡列举一位官员作为这种仁慈的典型，他是嘉善地区最富有的乡绅之一丁宾：

> 丁清惠公宾，号改亭，乐善不倦，尤切救荒。万历丁亥大水，米价涌贵。公始令家人用米易布，照时值每匹加米四升，费积储千余石，又修筑田野圩岸，以备旱涝。计丈给米，费积贮六百五十石。

> 明年戊子，岁益馑，公于宅西设粥厂，就食者日几千，又访老弱不能就者另给之。至九十日乃止，秋又苦旱，公又赈饥民于水次，规画皆救荒良策，全活更众。

> 冬月，灾民多苦寒，公遍访单赤者，编籍给票，戒期候领，尽出前所市易布，佐以棉花，每名给布二匹，花四斤。前后通计散米一万二千四百余石，布三万四十匹，花六万八十斤。

> 戊申复大水，公合台省疏请赈贷，且檄吴楚无遏籴，发官镪四路转输，复损己赀广赈。

> 甲子淫雨，公又发仓庾施济，散米三千石。计共四赈
> 矣。时已准改折，公又计合邑小户止田二三亩者，约该输
> 银三千两，悉以已赀代完。[1]

在这里，丁宾（顺便一提，他因所有这些善事而获得长寿的报
答，一直活到 90 岁）承担起了他对整个地区的福利之责，特别
是在危机时期。

陈锡嘏在他的《汇纂功过格》中也鼓励这种对普遍公共福
利的关心。他在功过格的善事部分里，讲述了众多较小的、一
次性的慷慨之举，同时也列举了较大的乡里福利事业，他明确
将此作为地方官员、乡绅和流寓地方的士人的义务。（卷 7，第
25 页下、第 31 页下）这些地方精英为了救济或改善乡里社会，
应该齐心协力推动这些事，假如必要的话，可以求助于这个地
区的富户，但是他们要亲力亲为。因为这些善举，他们将获得
最高的功德奖励：建立慈善学校或修复、建造桥梁、渡口以及
道路，会得到 100 功。"有势力者遇荒年倡率捐赈，实心设立善
法以济饥人（出财另记）"或"为公众出力，不惮劳苦，不避
仇怨"将获得 300 功（假如这种工作持续一整年，还可增加
100 功）。最后，"造一事利及无穷"将获得最大数量的奖励即
1 000 功。（卷 7，第 24 页下—26 页下、第 29 页下）陈锡嘏详
细陈述了一个样板计划，其中一部分是根据朱熹的模式建立地
方社仓。（卷 7，第 31 页下）[2]　陈锡嘏本人似乎特别关注赈

---

〔1〕　（明）陈智锡：《劝戒全书》卷 5，第 19 页下—20 页下。丁宾传见《明史》
　　　　卷 221，列传第 109，第 19 册，第 5829—5830 页。
〔2〕　关于朱熹的社仓思想，参见［美］万志英：《社区与福利：朱熹的社仓理论
　　　　与实践》，第 19—25 页。

灾，他为灾荒时进行适当的救济提出了详细建议，其中甚至有一个为施粥准备的食谱：

> 愚见盖有两说。赈米者，各里分赈，先立主赈二人，编募里中绅士素封捐赀杂米，家询户稽，分极贫次贫二等。极贫者日米八合，父母同之，妻子减半。次贫者各减半。先一日记口注票，亲付其家。次晨集某处换号给之。但旬给斗升。

但是陈锡嘏抱怨这种方法需要人们离开他们的处所，因而可能导致普遍的骚乱。他提出了一个较为稳妥的方案：

> 赈粥者聚而待哺，渗气熏蒸，要防变生意外。莫若用粥担，每担用白米五六升，煮粥，盛以有备桶，外备小篮，贮碗十只，筷十双，盐菜少许。挑担至通衢或郊外，凡遇贫者，令其列坐，人给一餐，食毕即借附近人家盆水涤器，以便后食者。约每担可食五六十人。十担便足食五六百人。得逐里逐巷，每日举行，无设厂聚人之弊，有随时广济之实，此赈粥莫便之法也。（卷7，第25页下—26页上）

陈锡嘏的方法是最好的，因为它在缓解饥荒的同时，又不会对公共秩序造成任何威胁。虽然陈锡嘏多次声称，士人和庶民也能组织实施这种善举，但是这些事例的故事却大多集中表现了地方官员的成就：当吕夷简在宋真宗朝做滨州知州时，说服皇帝废除农器税，他因此获得的报偿是担任宰相；蔡君谟也获得类似的奖励，因为当他做泉州知府时，曾从自己的财产中捐出 140 000 钱修建一座桥梁，并且建筑堤坝以保护洛阳桥不受大水侵袭；王雍也因为请求宋太宗（976—997 年在位）减轻强加于两浙的重税而获得任职。潘恩在明中期在邻近松江的某地任官时，通过引入一种新行业即织布业来帮助他辖区的人民。

> 公教令种棉花，取松江善纺织夫妇四家，分居四郭，谕里长率甲下人民，群而学之。因月后，亲往观焉。勤且能者有赏。自此转相鼓劝，未及期，治内无游闲之妇矣。公梦神人折二桂枝授之曰："公率民妇，习学纺织，有功兹土，上帝赐贵子二人，此其征也。"长子允哲，嘉靖乙丑进士，仲子允端，嘉靖壬戌进士。（卷 7，第 29 页下—30 页上）

陈锡嘏并非从经济角度赞赏潘恩的行为，而是从公共秩序和道德角度加以诠释：这项义举的功劳不在于手工业加速这个地区的繁荣，而在于这种手工业吸引了那些闲散家庭妇女的时间和注意力。

陈锡嘏也为那些没有当官的人提供了一个典型故事，以便他们可以效仿助人。这就是贺灿然的事例。贺灿然是万历朝山东河南巡按姚思仁的幕僚。他劝说姚思仁在大饥时上疏请求赈济，因而在 40 岁时，他被奖励，中了进士，最终官至吏部尚书。他的例子被用来向其他士人或地位较低的精英成员保证，他们也能对当地的福祉发挥影响。

> 谓能劝化豪杰权贵者，功尤倍。盖豪杰有才，权贵有势。……其害大，利亦大。是以古来圣贤，皆急收才势之人而用之。幕宾者，名为豪杰权贵所用之人，而其实则用豪杰权贵之人也。且居官者，功多过亦多，互相准折，余

> 亦无几。若幕宾则有功无过，是谓净功。如俭家营利，耗
> 费既少，致富无难。居官者，政成而万民誉之，绩奏而朝
> 廷荣之。阳世之福报既奢，则阴世之记录亦减。若幕宾，
> 则有德无名，是谓阴德……
>
> 　　故冥司注幕宾贺灿然之功，在巡按姚思仁之上也。推
> 此而论，凡有要路腹心，豪门亲戚，及挟一艺一术，游于
> 富贵之家者，皆可即此意而善用之。谁谓造一事利及无穷
> 之千功，士庶不可积乎？（卷7，第31页上—下）

因此地方精英中地位较低的成员，不应该忽视这样的机会，即他们可以对地方官或乡绅领袖发挥影响，以此造福乡里。他们也许并不能获得官员的称赞，然而正是他们的名不见经传，反而保证他们能积累更多的阴功，因而获得来自于神的、更大的奖赏。他们和高贵、富有的官员、缙绅一样，对所在地方负有责任。

17世纪的善书和功过格反映出一种对强化社会等级制度理想的极度关心，这种等级制度是基于互惠观念的。在一个秩序井然的世界里，每种地位都有它自己的权利和责任：奴仆们期望从主人那里获得家长式的关心，作为他们艰辛工作和顺从的回报；而官员则期望得到皇帝的奖励和荣耀，作为他们为公众福祉所做贡献的回报。地位越高，特权越大，责任也就越重。在互惠网络中，上天和神的加入有助于纠正人为领域中的任何错误——也就是说，神会看顾到每个人是否各就各位，而被遗漏的或不为人知的善迟早会得到奖励。在功过格的世界中，人类的等级制度正是道德秩序的一种正确表达（虽然有时人会被迷惑而不能看清这一点）；鬼神一直在表象背后起着作用，监督人的行为并且调整地位的分派，以便确保事实就应该如此。

功过格坚持这种社会等级制度的理想，这非常清楚地反映了一位学者称之为明末清初精英"危机意识"的东西。[1]因为在功过格中作为模范的关系类型与当时的真实情况迥然不同。毕竟，在这个时代，佃户和奴仆通过抗租斗争和起义来表达他们对身份限制的不满。随着越来越多的佃户转向手工业活动以增加他们的收入，要求永佃权，或干脆开始拒绝交租等等，陈旧的家长制主佃关系、这种被理想化的"互助互惠"的关系崩溃了。对于主仆关系来说，随着富裕而有权势的奴仆和贫穷的农业奴仆起来反抗主人，夺取主人财产，撕毁契约，原来那种认为奴仆是"被收养的"家庭成员的想象，也变得越来越不堪一击。到 17 世纪晚期，奴仆制度开始发生了急剧变化，因为土地所有者开始只雇佣很少量的奴仆，主要让他们从事家内劳动，而不是作为农业劳动力或地产经营者。整个 18 世纪，雍正和乾隆皇帝的诏令进一步限制了对奴仆的使用。[2]因此功过格作者们其实是试图将一种老式的家长制伦理强加于主仆关系上，但这种关系不仅在经济上的重要性已经减退，而且其性质也已有了相当大的改变。

功过格作者构想的那种社会秩序，不仅不适合奴仆和佃户，更为糟糕的是，也不适合有特权的精英成员——士人、官员和

[1]　[日] 奥崎裕司：《中国乡绅地主》，第 336—516 页，特别是其中的第 336—339 页、第 412—421 页。奥崎裕司将这种危机感更全面地与明末清初主要的思想潮流联系起来；我在此处引用它，是在一种较狭窄的意义上使用的，只是指精英对变化中的社会和经济关系的认知。例如，陈智锡在他的《劝戒全书》中即认识到，许多精英家庭地位面临危机，苏州有万亩田园、千栋房屋之富家，到第二、三代时，甚至无寸土之存。（卷 4，第 3 页下）

[2]　[日] 小山正明：《明末清初江南三角洲地区的大土地所有制》，第 130—147 页；又见石锦：《1368—1840 年间太湖地区的农业经济和乡村社会》，第 167—177 页。

乡绅——他们拒绝承担与他们社会等级地位相称的教化和地方慈善的义务。在 17 世纪晚期，甚至连地主或主人在洪水或饥荒时应该关心佃户和奴仆的信念，也荡然无存；朝廷通过地方官对救济和慈善事业承担了越来越多的责任。陈智锡和陈锡嘏在努力用善施的好处说服地方精英时，明显是在与这种冷漠的潮流进行斗争，并且试图重申地方精英在地方领导中的责任。

精英对佃户和奴仆日益增长的独立性和权威感到担心，对土地所有者特别是遥领地主日益疏离乡村社会非常忧虑，功过格绝不是那个时期仅有的反映这种忧虑的书。地方志描绘了这种关系的崩溃。而日常使用的类书，特别是家训，也都反映了乡绅地位相对于奴仆和佃户的不稳定。例如，王孟箕警告他的家人对于奴仆不要有太多的指望，他认为：既然他们自己有劳力，为什么不能不去投靠别的地主呢？因此，说他们离了我们就没法活，肯定错得离谱。[1] 为了缓解这种关系中的潜在张力，类书和家训都敦促地主和主人要同情他们的佃户和奴仆，而佃户和奴仆则要忠于地主和主人。这些文献作者描述的原则与 17 世纪功过格中所发现的那些非常相似：主人应该用善良和道德感召力来监督他的奴仆，但主仆地位之别应该被严格遵守；主人必须在奴仆生病时照顾他们，确保他们有足够的衣食，保证他们在适当的年纪婚配。主人应该使用合理的、并且是更可取的是用非体罚的方法来训诫奴仆。奴仆和佃户反过来应该为他们的尊长辛勤劳作，永远不要背弃旧主，另择新主[2]。

这些强调要同情对待佃户和奴仆的条规说明，功过格和其

---

〔1〕 王孟箕，引自〔日〕细野浩二：《明末清初江南的主仆关系》，第 11 页。

〔2〕 〔日〕细野浩二：《明末清初江南的主仆关系》，第 12—19 页。

他救世书的作者都心照不宣地承认，精英们假如指望保持他们的地位，就必须在某种程度上调整他们的行为以适应 17、18 世纪改变了的社会和经济环境。地主和主人不能再认为，他们以前对佃户和奴仆的绝对控制，现在还能照旧延续下去；正如一个地主所抱怨的，百姓驯良而主人有权威的日子一去不复返了。[1] 地主和主人必须通过善良和同情换得下人的忠诚。在乡村，他们必须通过承担领导责任——照顾穷人、赈饥、为社会秩序制定规约等等，以期保持他们的地位。因此，为了实现他们保守的目标，回归一种理想的社会等级制度，功过格作者们不得不对中国社会内部经济和社会权力的变化，做出一点妥协，像过去一样，对现在较有权势的群体给予一些让步。他们一再强调，不是独裁的原则，而是家长制原则支配了等级制度中的尊卑关系。超自然报应的学说，无论是表现为一种神的官僚体制，还是表现为一种感应的宇宙程序，都赋予等级制度以道德正确性。但是，它也增加了那些位居高位者的压力：尊长必须在实践中以善良和同情对待他们的佃户和奴仆，为所在乡里提供救济和慈善，这样才能获得和维持他们的高贵地位。

### 3. 社会等级的一种形式：《不费钱功德例》

熊弘备在 17 世纪晚期写了一部功过格，叫《不费钱功德例》，没有一本书比它更为清晰地定义了等级差别，并关注于维持这些差别的规则。这部文献不像上面讨论的那些功过格，它明确地按身份地位的来分类组织。全书分 12 个部分，下列

---

[1] 见〔英〕伊懋可：《中国历史的模式》，第 241—244 页。大致相同的观点可见〔日〕奥崎裕司：《中国乡绅地主研究》，第 461—475 页。

451 件事例和少量的注释：乡绅（55 件事例），士人（32 件），农家（21 件），百工（20 件），商贾（17 件），医家（21 件），公门（55 件），妇人（40 件），士卒（22 件），僧道（20 件），婢仆工役（22 件），以及大众（126 件）。

书上的这些分类提供了一个微观的理想社会，相比而言，《汇纂功过格》之类的功过格所用篇幅更大。地方的精英、乡绅以及士人，被赋予本地区主要领导者的角色。然而，熊弘备也承认他们的影响力并不总是用于行善的；他在书中用很大的篇幅警告各阶层不要滥用特权。对于乡绅来说，就是经济的和社会的权力。他们被禁止"侵占人田园"，"严禁子弟恃势凌人"，并且"不许仆从倚势生事"。相比较而言，士人的最大问题是滥用他们的知识、智力和笔墨；他们被鼓励"凡事属隐私者，不攻发，不猜疑"，"不书诬揭，不写呈禀"，"不传演邪淫小说"等等。[1]

然而，乡绅和士人在乡里内部都同样被期望有积极的作为。乡绅被认为要扮演几种不同的领导角色。首先，他们是社区与地方官之间的联络人和调停者，要负责将社区的特殊困难告知地方官，并反对地方官的弊政。第二，他们应当去解决村庄中的争端："里邻口角，公道解纷"，"谕人和息词讼"，"为人解冤释结"。但是，他们的最大责任似乎在于地方教化，其中包括用言传身教进行道德劝诫和教导。"倡率义举"，"正己化俗"，"村众逞凶，危言喝止"，"公举节孝"，"戒人忤逆，止人

---

[1] 熊弘备：《不费钱功德例》，陈宏谋：《训俗遗规》卷 4，第 44 页上一下。我参考了酒井忠夫在他的《儒教与大众教育著作》中的部分翻译，详见第 352—361 页。这里所列的警告士人不书诬揭，不写呈禀，可视为对 16 世纪晚期和 17 世纪士人参与许多城乡抗议运动的一种回应。参见酒井忠夫：《中国善书》，第 180—196 页。

奸谋"，"扶持风化"——几乎有三分之一的条目鼓励乡绅对村庄的道德秩序负责。〔1〕

　　在"士人"类中特别强调这些。有些条规涉及士人如何对待他们的学生。"耐心教训贫家子弟"和"遇聪明子弟教之以诚；遇富贵子弟教之礼义"，这两条暗示了在乡塾里也承认身份差别，对不同身份的学生区别对待。然而，士人更多的责任还是对整个村庄的教化。除了教之以忠孝等标准美德外，士人还要"讲乡约律法劝戒愚人"，"编辑利济为善书"，"遇上智讲性理学，见愚人说因果书"，"传人保益生命事"。〔2〕因此，士人对加强乡村内的管理和理学的正统地位负有责任；毫无疑问，士人也向那些缺乏教育，难以理解更复杂的正统思想的人宣扬报应思想，因为报应思想为身份地位的分层提供了道德辩护。

　　就像一些内容更丰富的功过格一样，《不费钱功德例》也有意使这些人不仅要关心公众福利，也要遵循《大学》的建议：修身齐家。对于乡绅和士人的规定包括许多个人的品行或道德修养和学习的条规："不说昧心人情"，"肯容人过"，"肯受逆耳之言"，"忠主孝亲"，"敬兄信友"，"敬奉圣贤典籍"，等等。对于乡绅也有几条涉及家事的规定，劝告他们要一视同仁地对待家人，不计贫富，还要抑制亲戚的傲慢自大。还有几条是处理主仆关系的。一方面，不应允许奴仆滥用主人的权威，或诽谤主人的家人、朋友；另一方面，主人在安排奴仆的婚姻时要设想周到，并且不要强迫奴仆服苦役。在"大众"一节中有一条也为待仆矜恤提供了指导："奴婢可怒不怒，且善教之。"〔3〕

---

〔1〕　熊弘备：《不费钱功德例》，陈宏谋：《训俗遗规》，卷 4，第 43 页下—44 页上。
〔2〕　同上，第 44 页上—下。
〔3〕　同上，第 43 页—44 页下、第 48 页下—49 页下。

在《不费钱功德例》中，身份较低的人不必背上个人道德责任的包袱。尽管他们可能被认为也要遵循"大众"一节中一般的道德规定，但其中与农民有关的行为，几乎完全集中在他与地主或其他农民的关系上。那些集中关注主佃关系的条规，力劝人们尊重地主的财产（"不私动主人种粮"，"不伙仆人盗卖主人谷粟"），甚至在地主非常吝啬时也要对他忠诚（"不以工钱不厚，酒饭短少，遂生怠惰，做假生活"）。许多行为提出了农业佃户的潜在破坏力——佃户通过滥用地主权威，或许会侵占邻居的土地或者挑唆社区内的纠纷："不唆田主谋买取方田地"，"不借主人势纵放六畜残邻田禾苗"，"不诌奉主人耕占邻田沟心岸界"，"不借口邻田六畜残毁禾苗唆主人诈害"[1]。在最后的几条规定反映了一种担忧——无论佃户是否是与地主共谋，他们都害怕佃户会因为他们粗放的农田竞争手段而扰乱社区秩序——这种担心支配了关于农民的功过格。就像在乡绅、士人的功过格中表现的一样，注意力再一次转向了这个问题，即社区内部不同身份等级的人如何发挥各自的职能，特别是地主农民的关系怎样影响了乡村的和谐。

然而，奴仆和雇工被预先安排在更狭小的主人家内的角色上。在"仆婢工役"格中，几乎所有22件事例都在描绘奴仆在主人或主家成员面前该如何行事。只有3条——其中两条警告不要散布主人的流言，另一条反对滥用主人的权力压低价格——涉及奴仆在家庭—社区关系中所扮演的角色。对奴仆家内行为的规定，强调保护财产（"不糜费主人柴米物料"，"不偷盗财物饮食"），维护家内的和睦（"不搬弄是非，致主人骨

---

〔1〕　熊弘备：《不费钱功德例》，见陈宏谋：《训俗遗规》卷4，第54页上。

肉不和"，"不同辈窜害"），以及即使面临困境也要忠于主人
（"不背地咒怒主家"，"不因衣食不敷萌二心"）。[1]

　　与《劝戒全书》或《汇纂功过格》所提供的详细例证和故
事相比，《不费钱功德例》几乎抄袭了它们，只是提供了一种
简本。它们的社会观是基本相同的：即社会是由各种身份组成
的等级结构，每种身份集团都有自己的利益和义务。当一个人
地位上升时，利益和义务也就随之增加和扩展，这种意义深远
的家长制的平稳运行，依赖于精英承担非常沉重的社会负担。
善人接受他命定的（并且在道德上也是正当的）地位，并且忠
实地履行与这种地位相配的规则。实际上，只有通过这种
"善"，人才能指望达到更高的地位（或维持已有的高贵地位）：
在个人地位晋升的事例得到认可的同时，作为道德努力的反映，
社会秩序从整体上也得到了保护。

### 4. 功过格中的钱财和道德资本

　　功过格作者们对促进社会稳定的关注，也反映在他们对金
钱和财产及其在功德积累过程中的作用，有着极为矛盾的情感
态度。功过格的形式和方法恰好与一种形式粗鄙的商业算计相
一致：功过格使用者积善就像商人积累金钱一样。[2]一位身份
不明的功过格提倡者在用比喻的方法解释积德行善的影响时，
非常露骨地将两者相提并论："若尔入千贯而费百，则尔入大

---

〔1〕　熊弘备：《不费钱功德例》，见陈宏谋：《训俗遗规》卷 4，第 48 页下—49
　　　页上。

〔2〕　这种商业隐喻非常适合功过格的形式，没有任何语源学上的证据证明：功过
　　　格的"格"从字面上是"标准"或"规则"的意思。参见酒井忠夫：《中国
　　　善书》，第 358 页。

于出；若尔费千贯而入仅百，则尔出超于入。入大于出则喜；出超于入则怨。"[1]

士人们也认为功过格鼓励了一种商业性地对待善的观点，因为功过格使用者被要求积累一种道德资本，他能从中获取奖励。更有甚者，由于每件事情功德的分值是不同的，所以就要求他像经营自己的事业那样去计划自己的行为，衡量自己的善行，以便他能建立起一整套尽可能高效的账目。[2]

然而，大多数功过格作者和支持者显然非常不愿意强调这种明显的隐喻。17 世纪的功过格，几乎从未用过这种隐喻——但这是一个明显的事实，两者之间极具可比性。当然，他们不愿意做这样的对比，原因之一就是害怕积功会被贴上求利的标签。功过格作者们一再声称，只有行善时不考虑利，行善之人才会积功[3]。任何一种把使用功过格加以商业性隐喻的做法，当然都会损坏这种已经相当可疑的原则，因为这将它与最赤裸裸的谋利连在了一起。但是，对功过格作者来说，另一个难题是他们本人在获取财富和获取功德的关系上也很矛盾。

功过格的使用暗示，财富可以被解释为美德的一种反映或象征，是对善行的奖励。假如神负责保证人们获得他所应获之物，那么，富商的奢华生活不就是对他善行的奖励和表彰吗？实际上，功过格作者偶尔的确会讲述这样的故事，说人们因其

---

[1] 这段话来自一个名叫蔡善继的人。见《原序选存》，第 2 页下，"心录"，《日乾初揲》。又见陈智锡：《太上感应篇》，《劝戒全书》卷 1，第 1 页下—2 页上。

[2] 例如，可参见茱蒂丝·A.贝林：《宗教和大众文化：〈三教搜神大全〉中的道德资本管理》，第 211—212 页。

[3] 例如，参见胡溶时：《提要》，第 2 页上，《汇编功过格》。

善行而获得财富作为奖励。陈智锡甚至设法暗示徽州一户吴姓大商家的好运，是对其祖先的美德和仁慈的超自然奖赏。[1]更重要的是，财富明显是一种向善的工具，是行善的一种辅助。尽管功过格作者没有说地方上何种人能领导赈饥工作，但很明显，正如功过格作者们偶尔承认的，富人更易于组织赈饥和提供资金。胡溶时在讨论慈善计划和公共工程规划时，承认"其有赖大家殷户率先从事"[2]。陈智锡在详尽说明丁宾的慈善行为时，对于花费了多少钱非常清楚，并且很明显，假如丁宾并非巨富的话，他不可能做如此多的善事。此外，通常那种费钱的事，也总是能带来较多的功德分。陈锡嘏的《汇纂功过格》为那些涉及巨额花销的善事分配了 100 到 1 000 功。（卷 8，第 25 页上—26 页下）

那些专门为愿意花钱积善的人所写的功过格的问世也暗示，财富在人们努力向善的过程中相当有价值。袁黄的功过格中就包含有这样一节，其他功过格也给那些花钱行善的人奖励功德分，通常是每 100 钱奖励 1 功。《汇纂功过格》有一个特殊的格，即"费钱行功"，专门针对那些舍得花钱的人；它包括诸如捐钱给家族成员、教书先生以及朋友的婚丧花费等事情；挽救良民使之不致沦入贫贱、不会被迫离家出走；帮助邻里穷人、孤寡；建立学校或孤儿院；为无家可归的老弱提供度过寒暑的住所；向他们提供日常饮食和其他花销；给病人施药；在饥荒时建立舍粥棚；建造或修复桥梁、道路；刊行、散发善书；以及购买、放生动物。（卷 8，第 25 页下—26 页下）许多散见于

---

〔1〕（明）陈智锡：《劝戒全书》卷 8，第 22 页上—23 页下。

〔2〕 胡溶时：《汇编功过格》，第 47 页下—48 页上，引自陈锡嘏：《汇纂功过格》，卷 7 第 29 页上。

其他功过格中的事例也要求一些花费。于是，他们心照不宣地承认，财富可能有助于积功，甚至承认在积累"实在的"资本与积累道德资本之间有直接联系。

但是，当功过格作者们要把这两种积累相联系，对财富和商业行为发表明确的观点时，他们就表现得左右为难了。实际上，前述他们对财富和金钱管理的态度，反映了传统的儒家观点，即将财富视为道德完善的一种潜在危险。例如，陈智锡警告说，财富是"万罪之器"，并且对于赚钱的道德含义明显有所保留，他这样写道："矧务聚财而不犯义者鲜矣。"[1] 然而，大多数别的功过格作者对财富与道德行为的关系，采取了一种更温和的、尽管仍有相当保留的观点。胡溶时在《汇编功过格》中极好地概括了这种较为乐观积极的立场："财者，养生之具也，重生故重财。然财之所在而义存焉。"[2] 正是最后这句体现了大多数功过格作者对财富的看法。甚至为那些愿意花钱买功的人所设计的功过格，也警告说，比起花费于获取功德的钱的数量来，态度和思想的纯净更为重要。陈锡嘏这样建议读者：

> 凡用钱施济，第一要无吝惜心，第二要无好名心，第三要无望报心，第四要无自满心。去此四心，则富者虽日费钱，自己常觉其未足。功德何尽乎？贫者或偶费

---

[1] （明）陈智锡：《劝戒全书》卷4，第26页上—27页上。

[2] 胡溶时：《汇编功过格》，第53页下—54页上，引自陈锡嘏：《汇纂功过格》，卷5第21页上。功过格作者们在讨论财富时使用"财"（偶尔用"货财"）这个概念。在某些情况下，指商业行为中的具体对象时，"财"很明显是指钱。另外，作者们似乎在一个较广泛的意义上使用它，将地产、财产以及钱都包括进去——这就是这儿所翻译的"财"的意思。

钱，鬼神自觉其有余。福报岂虚乎？然若功过格之论钱
记功，不必尽以例物，总视其心之诚与不诚而已。（卷 8，
第 25 页上）

然后，陈锡嘏重申了袁黄的那则劝诫故事：一位妇女诚心诚意
向一座庙宇捐献两文钱，比她心不在焉地捐献一千两银子获得
的功还要多。这使人们认识到，正是这种思想境界、而非钱的
数量，决定功的数量。为了强化这种观点，在"费钱行功"格
中，对于开列的任何善行都未给予具体的功德分值，也没有讲
述任何报偿的故事以说明这种美德的成果：富人特别应该行善
而不要希冀奖励。

而且，在与财富相关的条规中，功过格作者们一直在鼓励
诚实和慷慨的行为，而不是积累财富的行为。颜茂猷有关因财
富获得奖励的讨论，正如他的标题"廉财之报"所表明的，集
中关注了意外之财或不义之财回到它的主人手里的事，还有铸
造伪币的恶行。那些垂涎别人财富、或窃取他人财富的人，会
受到败家、雷劈、或投胎为畜等形式的惩罚——例如，有一个
人死后投胎到他曾经劫过财的人家为狗。[1]

李国昌在他的"临财格"中用更多的篇幅来描述有关钱和
财产的事例，但是，他也倾向于强调商业或财务活动中道德标
准的约束力和对它们的严格恪守：每个人都应欠债还钱，在应
该分财产时乐于放弃自己的份额，避免靠欺骗获取财富，以及
警惕贪婪等。这类行为获得回报的典型事例是崇祯朝（1628—
1644 年）程毓文的故事，他来自江西南城一个有钱有势家族。

---

[1]　（明）颜茂猷：《迪吉录》卷 7，第 48 页上—64 页下，特别是第 59 页上。

程毓文是家中唯一真诚并且慷慨的人："毫无守财奴之性。"他的父亲准备仿效当地其他大族，用一种不合法的大斗收租，他坚持不允许这样做，认为这是给佃户增加了额外负担，从而加剧他们的艰辛，以至于佃户难以承受。一天，一场大火烧光了整个程宅，没人幸免于难，但不可思议的是，火势在蔓延到程毓文的房间前却熄灭了。[1]李国昌用"知止寡营"的劝诫结束了他的功过格。他主张，一个善良的人应该安于上天赋予的任何经济条件或社会地位："知足者常乐，贪心者常悲。知足者常乐于贫贱，而贪心者于富贵亦常悲。"[2]陈锡嘏也非常明确地警告人们，不要一切向钱看：那些钱财富足、却总想多多益善而不助人的人，会得到他的"临财格"中最高的惩罚，即100 过；不行节俭而又聚敛不已的富人，得 50 过。（卷 5，第33 页上）

与保护甚至积累财富相关的行为中，节俭是功过格唯一提倡的美德——它是被作为一种"惜福"的方法而被提倡的。（卷 5，第 83 页下，第 30 页上）但是，积累财富的价值并不在于它是一种商业策略，而是因为它能让人行更多、更大的善。[3]实际上，功过格作者们坚定地反对为财富而积累财富。陈智锡警告说，为自己的子孙积累财富不是一个好想法——继承大笔遗产容易滋生懒惰和奢侈，从而导致家族的败落。他主张，财富只有传给其他人，才会对主人有利：

---

〔1〕 （清）李国昌：《崇修指要》卷 8，第 1 页下、第 5 页上—下。
〔2〕 同上，第 27 页上。
〔3〕 ［美］韩德琳：《同善会：明末清初时期慈善活动的重建》，第 324—325 页、第 330 页。对这个观点最清楚的陈述，见陈智锡《劝戒全书》：卷 8，第 3 页下—4 页上。

故世财如流水也。先已过多方，今及此方，少顷则又流于他方矣。未及我时，非我水也。及我而用以灌我田，以洗我污，我水也，不用而遽逝，又非我水矣。世财非我财，惟经我手。先曾已经过多人，乃今及我。亟用以敬天周人迁善，则我财也，匿而不用，旋属他人，岂我财哉？

富之美福，弗在保有，反在散用，不在得于我，反在离于我。世富者，譬之为荆棘也。或问曰："棘刺伤身，金钱娱心，两情不异乎？"曰："最不异也。"[1]

陈锡嘏在为那些花钱获取功德的人所写的格中，以一种相似的语气，建议那些钱财超过自己所需的人，应该先照顾他们的家人，然后就应延及"外人"——即用于造福乡梓的慈善行为。（卷 8，第 35 页上—下）

功过格作者们对积累财富的态度，再清楚不过地反映在他们所讲述的商人故事和针对商业行为的条规中。商人们应该凭慷慨或谨慎诚实而获得奖励，然而，这虽然很高尚，却常常很不利于做生意。例如，陈智锡提供了如下事例，以说明在商业活动中的同情心：

李文达公贤，父为富商，载棉花停邸寓。有临江三商以三百两易之。舍旁火发，延烧无遗。三商大恸曰："本罄难归，非死则行乞耳。"李闻则呼之曰："货未及舟，犹为我物，物失价存，理宜奉还。且我本尚厚，公等本薄，失之无以资生，吾不忍见也。"取三百金尽还之。

---

[1]　（明）陈智锡：《劝戒全书》卷 4，第 27 页上—下。

> 是夜夫人在家梦徘衣人，锡以玉童，明年发生，位至宰相云。[1]

李贤的父亲并未得到更多财富的奖励——也就是说，作为商人，他并未获得更大成功——但他所获的奖励是儿子的飞黄腾达，在文人眼里，这对经商之家是一个很有价值的目标。明显具有讽刺意义的是：人们热衷求官，至少部分是因为做官具有潜在的获利机会。因此，尽管财富本身并不被认为是一种合适的奖励，但只要它与"相应的"地位相连，它就具有被接受的合法性。

功过格的文人作者们怂恿商人行善，称行善会使商人受人轻贱的地位得到改善（但是很少获得商业上的利益）。陈智锡所讲的另一个故事清楚地反映了这种立场：

> 尹尚书旻，其先卖糕为业。拾遗金六百两，窖取而埋之，种柳为记。越数年，柳且拱矣。尹过其处，见一人伏地大恸，询之。曰："吾山西商也，向年行卖折本，止存六百两，思归家更业，不意至此偶憩，一时误失，不敢归见父母，遂流丐于外，迫思往事，不觉痛切。"尹氏询其月日相合。遂语之曰："勿恸。尔金在此柳下。"客果倒柳探之，遗金宛然。客惊喜复恸，拜请方取。尹笑曰："吾安贫卖糕度日，若贪不义之财，向何不全取之？"客乃叩谢而去。

---

[1] （明）陈智锡：《劝戒全书》卷6，第38页上—下。关于李贤，见富路特：《明代人物传》第1卷，第819—822页。

> 尹夜梦神曰："汝阴德厚矣。将贻汝贵子。"后生子
> 旻，为吏部侍郎，九年晋尚书，又九年，为大学士。

陈智锡随后又增加了一段启迪人心的评论："世间种种善念，
皆因轻财而发；种种罪业，皆由重财而造。财与药同，可生可
杀，只视善用与不善用耳。"[1]

他接着又举例说明怎样善用财富——主要用于慈善行为，
包括助贫、赈饥、助人嫁娶，等等。但是，他在承认金钱可能
具有道德价值的同时，也明确强调了商业和美德的不相容。

> 商人吸风食雪，惟利是图。货易而遇火，灾自人受，
> 庆幸不遑，谁肯悯其穷而弃三百金如敝蓰？商也，而有烈
> 士之心焉。此实难矣。然犹曰："赀本有余，抑贾人厚利
> 易获，或冀收之桑榆也。"市糕小业，本少利微。使非天
> 性淡泊，谁肯睹六百金而安乎义命，恬然掩覆，至数年外
> 仍付穷商者，岂非小人中真君子乎？吾虽为之执鞭，愿矣。
> 数人者，总之视财轻，故种德易，善有小大，心则惟一。
> 天佑善人，无不锡以贵胤，轻财之报，宁有异哉！[2]

这里传达的信息很清楚，即商人的职业与践行美德如果不是互
相排斥的话，也是不容易协调的：虽然某些特别的商人或许会
超越他们对商业利益的痴心，但一般来说，对之期望太高也是

---

[1] 陈智锡：《劝戒全书》卷6，第38页下—39页上，引自奥崎裕司：《中国乡
　　绅地主》，第464—465页。关于尹旻，参见《国朝耆献征录》，卷24第
　　50页上—51页下。
[2] 同上，第39页下—40页上。

不现实的。

这种态度在某种程度上也反映在功过格为商人所列的具体条规中。《汇纂功过格》的作者陈锡嘏叮嘱所有人在买卖时都要使用标准的度量衡；普通人一年可因此得到 10 功，而商人可得到 20 功，这反映了对商人应具有某种商业伦理的一般期望。商人会因为给村民和穷书生以公平价格而每年获得 30 功，而商人若经常与同乡人开诚布公地交易，且不因小利而支吾其辞，将获得 100 功。（卷 5，第 27 页上）《不费钱功德例》中的商贾格也强调公平经商："讨价不欺哄乡愚"，"出入不用轻重等秤，小大升斗"，"污秽肴馔不可欺人不见，仍卖人用"，等等。另外，还劝说商人从事与他们职业相应的慈善行为，诸如在为穷人兑换银子时要慷慨，免掉轻微的债务，穷人买衣物和其他基本必需品时应该降价。[1]这些规定都显示对商人的行为和标准的评价较低，商人的功德积累空间也相当有限。[2]

总之，17、18 世纪的功过格反映了一种对财富与善之间关系的矛盾情感。当然，功过格的思想逻辑显示，财富是对善的奖励，而功过格作者在把需要大量花钱（并且经常获得很高的功德分）的事例也收录进功过格时，他们实际上承认，对于富人来说，行善通常更容易。但在同时，他们又非常明显地怀疑富人的道德能力，特别是那些以商致富的人。商人行善便是奇迹，因为毕竟对于致力于牟利的人，我们不能期望太多。功过格当然并没有公开鼓励为了商业投资而积累资本，相反，只有当财富被投资到道德上，即用于积功时，才

---

[1] 熊弘备：《不费钱功德例》，见陈宏谋：《训俗遗规》卷 4，第 45 页下—46 页上。
[2] 相似的评论，参见酒井忠夫：《儒教与大众教育著作》，第 361—362 页。

是有价值的。[1]

况且，功过格作者们设想，只有那些与精英地位相联系的奖励——科举功名或官职，才能够吸引商人。这些才是中国社会中真正重要的功业，因而足以吸引大富商行善。商业上的收益应该被商人用来使他们跳出商人的地位——他们假设任何商人都想达到这个目标。按照功过格的建议，金钱可以为商人买得精英地位，但不是赤裸裸地购买功名与官位，而是通过投资在那些与士人精英相关的、有价值的事情和责任上，这是一种相对可以接受的方法。当然，这一方法在这个时期商人的传记中有具体的表达，这些传记经常描述商人如何通过向慈善组织和公共工程捐款，"买"到士绅地位。

对财富的重要性的认识和对商人地位的态度都有所改善，这是晚明和明清过渡时期的标志性现象，这在功过格作者这里也有表现，需要在这里继续加以讨论。[2]他们因其自身的原因而保留了传统儒家对商业和财富的怀疑，却又默认财富能够成为善的源泉。通过承认财富具有潜在的道德价值，他们为积累财富（虽然不是直接地）提供了辩护。公正地说，在17世纪的善书和功过格中，积累财富获得了新的合法性。但重要的是，要认识到这种合法性是有严格限制的：只有当财富被合乎道德地使用时，它才会起作用。为经济目的而积累财富——善书作者称之为"为财而财"——实际上仍被视为罪恶。财富，特别是它在商业上的表现，必须被导向"儒家"认可的方向，远离

---

[1]　[美]裴德生：《匏瓜：方以智及其对思想转变的促进》，第74—80页；[日]奥崎裕司：《明末清初的利殖规范——功过格的一个侧面》，特别是第259—260页。

[2]　参见［美］韩德琳：《同善会：明末清初时期慈善活动的重建》，第330—331页。

商业投资而转为行善举；只有这样，商人才有机会达成他最喜欢的目标——不再是商人，而是成为士大夫。

功过格的作者们仍然受制于那种保守的力量，该力量曾支配了他们处理主佃和主仆关系的态度：他们在某种程度上承认了不可避免的社会经济变化，其目的是保护身份等级制度。佃户和奴仆获得了更大的独立性，这使得主人在对待他们时必须更为宽容；在这里，因为 17 世纪商业财富显而易见的重要性，制定一些涉及将财富用于有价值的慈善活动的条规也是必须的。但是，在所有事例中，等级制度本身并未受到威胁：17 世纪功过格的作者们只是想把一些新的、有权势的社会和经济群体纳入到旧式的身份等级制度之中。

## 功过格的传布与使用

17、18 世纪的功过格包罗万象，如果说它们被设计成针对所有社会身份阶层的、全面的道德指南的话，那么它们的作者又为这些书的实际传播做了什么呢？他们又为践行他们的教诲的人提供了怎样的指导？谁会去读这些书，书里写的那些条规又是怎样被传授给那些不能读书的人的呢？

通常在一个冠以"教化"或"劝化"之名的章节中，功过格告诉我们，把善书中的条规和道德教训传布给其他人，是士绅的责任。他们要"扶持风化"，并且要向普通人作解释，所谓"遇下等人说因果"。[1]功过格条规本身就鼓励传播功过格：刊行和传布善书是一种可以获取功德的行为，如《汇纂功过

---

[1] 熊弘备：《不费钱功德例》，见陈宏谋：《训俗遗规》卷 4，第 43 页下、第 44 页下。

格》中说，这能够得 50 功。（卷 7，第 73 页下）《汇编功过格》
的引言中举了几个士人的例子，他们之所以获得奖励，部分就
是因为他们在传布善书过程中发挥了作用。阎王和斗母星君教
导昆山的刘聚要向世人传布《汇编功过格》[1]，而另一位昆山
学者朱岱也因为使用和刊行功过格而获得奖赏：

> 昆山士子朱岱，生泰宗，家贫，奉行《汇编功过格》
> 甚力，转劝印施，累百千部。康熙庚申，岁大饥。邑中设
> 厂施粥。朱念救济格中活人功最大，苦心劝救，死则募棺
> 埋葬。又劝行社仓，止溺女，孳孳好善不倦。
>
> 会得时症濒危，神游冥间，至一城中，遇白衣大士，
> 随一童子，手执册籍，语朱云："汝善士，亟脱危城。"因
> 逾城出，病渐愈。洞庭席氏敬朱德品，聘为师。劝席印施
> 是书二百部，为善益力。[2]

也有明显的证据证明，人们实际上的确曾努力传布这些文献。
例如，我们知道，云栖祩宏因为年轻时重印和传布《太上感应
篇》而得到奖励。[3] 一部清中期的善书表扬松江地区一个名叫
颜章敬的人，因为他资助刊行《丹桂籍》达 130 000 本，并在
全国到处散发。[4] 其他不太富裕的支持者们可能捐助的数量较
少；善书经常记录下这些捐助者的名单，大多数善书的捐助者
名单往往占到该书的一页或两页。[5]

---

〔1〕　胡溶时：《汇编功过格》，第 5 页下。
〔2〕　同上，第 6 页下。
〔3〕　云栖祩宏：《自知录序》，第 1 页上，《自知录》，《云栖法汇》第 15 册，第
　　　15 页。
〔4〕　《感应篇直讲》卷 1，第 6 页下。
〔5〕　例如，参见康熙版的陈锡嘏《汇纂功过格》，《捐梓姓氏》。藏于内阁文库。

功过格所使用的语言也说明它们是为尽可能广泛的读者群所写的。虽然它们大部分是用文言写作，但是在许多例子中，所使用的古汉语是很简单的，大多数例子中的语言比袁黄著作中的语言还要简单得多，以便任何对语言有初步知识的人都可明白。至少，粗通文墨的士人和老练的思想家及官员都能使用功过格。由于在中华帝国晚期，农民也确实有机会接受教育，学习一些非常基本的文言，所以他们可能至少能读懂功过格中某些较简单的部分。[1]

但是，普通人更可能通过公共场合的诵读和宣讲而对功过格的教训耳熟能详。功过格的结构清晰明白，这使得它们容易成为口头道德教化的手册：各种行为被清楚地分门别类，有充分的解释而且简单易懂；说明性的故事也讲述得非常明白而又具说服力。在复杂如《汇纂功过格》这样的书中，参考、引证了经书或其他哲学书，以说服学者型的读者或相对资深老练的听众，相信这种努力的有效性。但是，即使是这种长篇的善书，也很容易宣讲：具体的事例用粗大的字体印刷，以作区分，并且为了便于阅读，故事和解释也都清楚地做了标记。

实际上，在某些篇幅较长的善书中，确实有一些部分是用简单的白话写的，可能就是为了便于朗读或教给不识字的听众。例如，《劝戒全书》就包含了淮安李长科所写的、对圣谕六言的白话解释。[2]这部书中也包含一系列简易文言所写的歌谣，

---

〔1〕　［美］罗友枝：《问题与前景》，第 400 页；关于对普通人的识字能力的进一步讨论，见她的《清代中国的教育和大众识字能力》第 81—108 页、第 125—154 页。并非所有这些 17、18 世纪的功过格和善书都形式简单——例如，颜茂猷的《迪吉录》比之陈智锡的《劝戒全书》就难得多了。

〔2〕　陈智锡：《劝戒全书》卷 3，第 14 页上—32 页上。关于这种文献的讨论，参见［美］梅维恒：《〈圣谕〉普及本中的语言与思想》，第 325—359 页。

它们也许很容易传授给小孩或文盲。这些歌谣的主题体现了陈智锡所关注的社会的问题：书中有相对较难的《劝学歌》《读书乐歌》，以及描绘精英责任的歌谣；同时，也有非常简单的歌谣，它们反复解释报应的公正，宣扬安分守己的重要性。《陆平泉醒世歌》是一首相对较难的歌谣，它警告精英们不要滥用地位。例如，该歌的第一节就劝诫那些惹是生非的人：

> 巧，巧，巧，
> 惯使机关终日搅，
> 是人亏，只己饱，
> 阎罗拙算霎时来，
> 千般受用生前狡。[1]

这首歌谣接着又指出滥用权势和追名逐利的危险。更易理解的是《心命歌》，这是为教导人们修身的重要性而编写的：

> 心好命又好，
> 富贵直到老。
> 心好命不好，
> 天地也须保。
> 命好心不好，
> 中途夭折了。
> 心命俱不好，
> 贫贱受烦恼。
> 心乃命之源，

---

[1] （明）陈智锡：《劝戒全书》卷3，第49页下—51页上。

> 最要存仁道。
> 命乃形之本，
> 穷通未可料。
> 信命不修心，
> 阴阳恐虚矫。
> 修心一听命，
> 造物须相报。[1]

另外一首歌谣，在另一种思想层次上讲述了在社会中安分守己的价值：

> 安分，安分。
> 安分两字人皆敬。
> 安分待时来，
> 安分听天命。
> 安分干营生，
> 安分守本分。
> 安分且饶人，
> 安分莫争竞。
> 安分形似痴，
> 安分心常静。
> 安分过时光，
> 一生没忧闷。[2]

---

[1]（明）陈智锡：《劝戒全书》卷 3，第 47 页下—48 页上。传递的信息相同，但更加复杂的版本是《文文山正气歌》，《劝戒全书》卷 3，第 37 页下—38 页下。

[2]（明）陈智锡：《劝戒全书》卷 3，第 48 页下。

这里传递的信息明白无误；它采用了一种任何人，无论识字与否，都易于领会的形式。

因此，许多 17 世纪功过格的内容和语言都说明，作者力图确保它们能够获得尽可能多的读者。最重要的读者很明显是文人精英，其中既包括地位非常低的士人和商人，也包括显赫的高官。因为要指望这些人在修身齐家平天下的过程中使用善书，所以必须要说服他们相信善书的道德有效性——因此在功过格的序言中引用了儒家经典为报应作辩护。但是，还要指望这些读者在教育他人时使用这些善书——因此善书的写作中使用了各种各样或许对宣讲功过格价值有用的形式和风格。这样，功过格不仅作为精英行为的指南而发挥作用，而且也可作为精英的教师手册，便于他们向世人传布价值观。

在这些最重要的读者之下，有一个更难定义或衡量的读者群。正如前述，他们学过简单的文言蒙学读物，这可能让他们获得了足够的训练，使他们能够通晓某些功过格中文字简单的条规和故事。最后，甚至文盲，即使是相当间接地，也能理解功过格——他们可以从这些文献的读者那里听到故事，学会歌谣。因此，从理论上说，功过格以这种或那种方式，得以遍及中国社会的各个角落。功过格的条规覆盖面很广，其中包括为特定群体（奴仆、妇女、百工、富人，等等）所写的部分，这都表明它预设的读者群非常广泛。

有证据表明，这些善书实际上确曾广为流传。17—18 世纪的功过格作者对其他功过格知之甚详，因为他们广泛征引颜茂猷的《迪吉录》、陈智锡的《劝戒全书》，以及胡溶时的《汇编功过格》，同时也引用较早的、更为著名的善书，诸如《太上感应篇》和袁黄的《立命篇》。他们在编撰自己的著作时曾查阅参考过的一些善书和功过格，现在已不复存在了。李国昌在参观江苏宜兴的一座法藏禅院时，开始想到写功过格，他的朋友向他出示了自己的功过格，上面列有另外 14 部功过格的书名，但到今天却只有其中的 6 部为我们所知。[1] 虽然现存的17、18 世纪的功过格大多出自南方，但是到 18 世纪早期，至少有一部，即《广善篇功过格》，曾在满洲地区刊行。在南方，某部书也可能传播甚广，例如，《立命功过格》1747 年首次在江苏吴门（靠近苏州）刊行；然后 1754 年在浙江杭州刊行；在 25 年后传到云南。[2]

虽然在大多数情况下，不可能准确地揭示功过格怎样从一地传到另一地，但李国昌的经历——通过一个朋友学习功过格——可能提示了一个普遍的渠道。袁黄和李国昌都在禅院这样的地方转向使用功过格——并且其他一些寺院很明显也是善书传播的中心。[3] 当然，官员网络也是在全国范围内传播功过格的一种有效形式。袁黄在南京学习功过格，在他的家乡吴江首次完成自己的功过格，然后他来到北直隶的宝坻县，在那里，他用功过格来教导犯人改过自新。因此，那些担任官职的人很容易就能将这些善书传布到远离其南方发源地的地方。

功过格的作者和支持者们是不是真的相信应该使用这些善书呢？一些人觉得这些善书或它们的简本能够用于孩子们在家内或学校的道德教育。例如，理学家彭定求（1645—1719 年）小时

---

[1] 李国昌：《凡例》，第 1 页上—2 页上，《崇修指要》，参见〔日〕酒井忠夫：《中国善书研究》，第 383—385 页。

[2] 〔日〕酒井忠夫：《中国善书研究》，第 395 页。

[3] 例如，1702 年版的《汇编功过格》是由一座道观赞助的，可能这种机构也传播这种书。见《汇编功过格序》第 3 页下《崇修指要》。

候在家学习时，他的父亲给他一本《太上感应篇》作为教科书。[1] 长期以来，公开悔过，一直被视为教育学龄儿童践行孝、诚、守礼的一种方法[2]；功过格只是提供了一种形式，能更精确地确定和衡量过错，并强化积极正面的模范引导。一些功过格有专为教育孩子所写的条规（"小学"），并且还有一些功过格是专门为那些准备参加科举考试的年轻人设计的。刘麟长（1618 年中进士）在当浙江学政时撰写并传布了这样一本善书，即《圣公格》。虽然他的功过格全部是为学习和准备科举考试所写，但他对调教学生的日常行为也颇有兴趣。他向学生推荐朱熹为白鹿洞书院所立的规矩以及他自己功过格中的条规，让他们遵循，以便行为举止与他们在家庭等级结构内的各种身份角色相适应。[3]

清朝的教育家们也理解功过格和善书有教导性价值。崔学古建议，颜茂猷的《迪吉录》和功过格应该是学校生员在课余时间必读和加以讲解的书。我们知道这些书在某些学校里被用作教科书：李兆洛（1769—1841 年）就指出，在那个时代，许多教师用功过格和刘宗周的《人谱》代替曾流行一时的朱熹《小学》。清初，塾馆在为学生所拟的规则中经常仿效功过格的形式。[4] 陈宏谋（1696—1771 年）这位杰出的行省大僚和大学士，编纂了一种善书集成：《五种遗规》，这部集子部分是为乡

[1] （清）彭定求：《南畇文稿》卷 2，第 1 页上—6 页上，见《南畇全集》。参见 ［美］恒慕义：《清代名人传》，第 616 页，以及 ［美］韩德琳：《同善会：明末清初时期慈善活动的重建》，第 321 页。

[2] 吴百益：《传统中国的修身与悔过》，第 23—24 页。

[3] （明）刘麟长：《圣公格》，《浙学宗传》卷 8，第 8 页下—9 页下。这部功过格唯一留存下来的部分是"读书格"。参见酒井忠夫：《中国善书研究》，第 387—388 页。

[4] 梁其姿：《17、18 世纪长江下游地区的基础教育》，第 31 页。

塾而写的，其中包括了两种功过格：《大官格》和《不费钱功德例》。《不费钱功德例》按社会地位分类陈述了各等级的戒规，陈宏谋相信，那些很年轻的学生，其中甚至包括农民的儿子，都会从《不费钱功德例》中受益。[1]

功过格的教育对象绝不只限于孩子。社学、善会、乡约或公共讲演，被认为是宣讲功过格的主要舞台，其主要教育对象是成年人。在明朝前期，乡约就已经用这种思想来衡量甚至计算成员的善恶行径；吕坤的乡甲约就包括类似功过格的单子，上面列有善行和恶行，这些善恶行为定有很粗略的分值。[2]虽然明末清初的善会并不一定要求其成员使用功过格，但它们经常在公开的宣讲中包含功过格中的一般内容。例如，高攀龙劝告他善会的听众行善，因为这会给他们个人和整个乡里带来繁荣昌盛。陈龙正在自己同善会的宣讲中参考了《太上感应篇》和另外一部善书，即《为善阴骘》。[3]

其他一些地方会社实际上也可能要求成员使用功过格。颜茂猷正是这样一个会社，即平和县云起会，的创立者。这个会社是为了讨论各种各样的问题——儒学、经世济民、文学、历史、佛教、道教，以及玄学——并力行善举而建立的，它对该地各个社会、经济阶层的人开放。这个会社的规章要求讨论时使用的语言必须适合受教育水平不高的成员的能力，同时，对较穷的成员在缴纳会费方面可以有一定的弹性。云起会的名册

---

〔1〕 ［加］亚历山大·伍德赛德：《清中期一些流行学派的理论》，第11—14页。

〔2〕 吕坤：《实政录》《乡甲约》卷5，第22页上—25页上、第27页下—33页下，见《吕子遗书》。参见韩德琳：《晚明思想中的行动》，第198页。

〔3〕 陈龙正的同善会规章说明了要求宣讲者“用众人皆能听懂”的话宣讲善举的必要性。见酒井忠夫《中国史上的庶民教育与善书运动》，第305页。又见韩德琳：《同善会：明末清初时期慈善活动的重建》，第313—315页、第318—319页。

上只有少数几个人有功名：名册上所列的 37 人中，仅有颜茂猷一人是进士，另有 3 名举人。[1]

功过格构成了云起会的基础：想要入会的人必须提交一份列有做完 10 万件善事的功过簿，并且只有对这份报告调查核实之后，他才能被接纳为会员。然后，他必须坦白过去犯的所有错误，并且始终坚持使用功过格。还有一个精心设计的、互相检查的制度以确保成员的诚实：云起会被分为五个会，成员们备有"愿力簿"或"养志簿"。为了准确起见，每组的会首要检查这些记录，并且向全会报告。个人允许犯一些小过，只要他接受同伴的纠正，但是有严重违规行为者将被开除。[2] 云起会极大依赖使用功过格，它明显提供了一种在百姓中间、而不一定是在那些受过教育的精英中传布功过格的方法。但是，甚至是士人精英的组织，也依赖功过格或类似功过格的书；著名的哲学家李颙（1627—1705 年）为长安的关中书院制定规章，其中就要求每个成员保留一本"得失簿"，以便记录自己道德和学问的进展情况。[3]

到清初，宣讲《圣谕》是一种教化地方上的所有人行为端

---

[1] （明）颜茂猷：《云起集》第 12 册，第 1 页上—8 页下。参见 ［日］酒井忠夫：《颜茂猷的思想》，第 266—269 页。

[2] 同上，第 11 页上—下。参见 ［日］酒井忠夫：《颜茂猷的思想》，第 268 页。

[3] （清）李颙：《二曲集》，卷 13，第 14 页下；引自吴百益：《传统中国的修身与悔过》，第 25 页。

　　陈瑚也使用自己的功过格，即《圣学入门书》，作为他改善乡里道德的指南。作为一个从未获取任何官职的举人，陈瑚隐居在江苏昆山，从事耕作，并率领村民联合开筑沟堤、开荒、收获。通过一种非官方乡约，他教导人们保持和谐的家庭关系和乡里关系，他记录村民的善举恶行，正如吕坤在他的乡约规范中所说的，他在特定的日期记录善行，以作为向善和纠错的指导，并且诚心致知。参见《陈确庵先生状》，第 1 页上—4 页下，《圣学入门书》；也可见 ［日］酒井忠夫：《中国善书研究》，第 388 页。

正的方法，而不仅仅只是针对一些特定组织的成员或学校学生。善书的使用方式在很大程度上也是如此。《感应篇直讲》最初刊行于康熙时期，此后有清一代经常被重印，它除了用文言对《太上感应篇》稍加解释之外，还包括几条关于怎样宣讲这本书的建议。作者建议：

> 第讲时，必须有底本。向来注释多用文采，听者难解，则讲者亦不便。今仿宋儒语类，只如白话。拟此直讲以作我里晨钟。倘四方善士见收是编，讲时只消照文口念，略加申说，人人都晓，甚觉便易。[1]

然后这位无名作者列举了演说的各种不同场景：会中宣讲，市镇乡村宣讲，家内宣讲，在学校针对8—18岁的学生宣讲，劝人向善。[2]这些宣讲可以在任何地方——在邻里间，在集市，在居民小巷，在村庄，在任何听众面前进行。"士农工商，医卜星相，公门方外，人人都可演讲。"然而，作者又指出，乡村地区特别需要这种教导，因为这些地区的居民在很大程度上"善恶不分"。另外一些需要特别关注的对象是雇工和手艺人："倘有雇工及手艺等人，稀逢来听，更要讲几句切他本分说话，使他一生受用。"[3]

这些宣讲解释了《太上感应篇》（在《感应篇直讲》中有

---

[1] 《感应篇直讲》卷1，第4页上。我们有这本书的最早的版本是1777年的重印本，但酒井忠夫认为该书最初出现于康熙时期。参见他的《中国史上的庶民教育与善书运动》，第306—316页。
[2] 同上，第4页上—6页上，参见［日］酒井忠夫：《中国史上的庶民教育与善书运动》，第312—315页。
[3] 同上，第4页下。

抄录），并且还辅以一些来自真实生活的说明性故事和事例，以使人们信服。报应理论被认为是这一体系的主要支柱：它是帮助人们发展"善根"的方法。宣讲者被劝说经常使用一些奖惩事例，以便保持人们对这一体系的兴趣。[1] 实际上，宣讲者本人即被暗示会因其努力而得到奖励——例如，周篯由于热心于宣讲《太上感应篇》而长寿。[2]

很少有书能够像《感应篇直讲》一样给予如此详细的指导，但是，清朝的善书确实相当普遍地包括一连串关于传布方法的建议。乾隆时期（1736—1795 年）得以流传的《敬信录》列举了 14 种不同的传布方法，其中包括支付刊印和传布的全部或部分费用，通过出远门的商人或旅行者散发，以及劝告别人诵读。同时还列有背诵的 7 种不同场合：举例来说，比如在学校里学习其他的基本书籍如《孝经》时，求报酬或求后嗣时，期免烦扰疾病时。[3] 概言之，这些善书的文献中就包括使用和传布的实用建议。从 17 世纪起，希望把功德积累体系的教训传播给尽可能多的人，这成为一种与日俱增的、孜孜不倦的努力。

当然，关于善书和功过格传布的书面建议，几乎没有告诉我们功过格的实际应用情况。并且，因为刊行这些书本身就是一种获取功德的方法，所以不可能从已刊行的版次数来判定对

---

〔1〕 《感应篇直讲》卷 1，第 5 页上，参见 ［日］酒井忠夫：《中国史上的庶民教育与善书运动》，第 315 页。

〔2〕 同上，第 4 页下。周篯的故事在陈智锡的《感应篇灵验记》中也有，见《劝戒全书》卷 1，第 1 页上一下。

〔3〕 周鼎臣：《序》，第 2 页下—3 页下，《（增订）敬信录》。周鼎臣所作的《敬信录》的最初版本，可能刊行于 1749 年，并且在随后的 30 年内至少被重印了 2 次，一次是 1769 年，一次是 1779 年。参见 ［日］酒井忠夫：《中国史上的庶民教育与善书运动》，第 316—319 页。

它们的实际需求或使用。在当时的白话小说、戏曲以及短篇故事中，对积功思想的频繁暗喻（虽然不是功过格本身）表明这一体系宣扬的知识是被普遍接受的[1]；但是，这种知识又并不一定意味着功过格的实际使用。真正使用功过格的证据所见零星；正如前面已经讨论过的，明清时期大多数明确使用功过格的事例来自精英社会——并且是来自精英社会中地位较高的人——像袁黄、罗汝芳、周汝登、陶望龄以及陆世仪这样的人。在地方志中，也有关于不同层次的精英使用功过格的零散记录：这些使用者通常是身份比较模糊的本地学者，他们得到记录主要是因为他们的仁慈行为或卓越美德。[2]新的功过格数量激增、制定乡约的潮流和出版包罗万象的功过格的删节本，这些趋势提供了更为坚实的证据：即确实存在对这些善书的真正需求，特别是那些易于使用且便于携带的版本。

当然，17 世纪中晚期和 18 世纪的功过格很明显期望有尽可能广泛的读者，其中包括无知的农民、雇工以及工匠等，否则他们可能难辨对错。但是关于这些人对功过格到底有怎样的

---

[1]　据我所知，在明末清初的白话小说中，从来没有提到过功过格的名字或标题。但是报应的观念，以及更具体地说，记道德账的观念却肯定存在于这些著作中。《隋唐演义》（1675 年）的作者褚人获，实际上将自己的小说视为一种道德"账簿"。一些流行的善书——如《太上感应篇》以及《阴骘文》，在白话小说中曾被提及。参见小川阳一的《三言二拍与善书》与《西湖二集与善书》；大木康的《冯梦龙三言的编纂意图——劝善惩恶的意义》；何谷理：《17 世纪中国的小说》，第 204 页；卿希泰：《道教文化新探》，第 140—141 页；蒲松龄：《聊斋志异》，第 147—149 页、第 224—225 页、第 304—305 页、第 341 页—343 页；曹雪芹：《石头记》卷 1，第 231 页；伊维德：《中国白话小说：形成时期》，第 34—35 页、第 52—56 页；蒲安迪：《覆亡之后：〈醒世姻缘传〉与 17 世纪的中国小说》，第 575—579 页。

[2]　例如，参见《曲江县志》卷 14，第 42 页下，一个名叫吴中龙的地方士人（事见《儒林》）据说每天都记下自己的功过。我很感谢卜正民（Timothy-Brook）提醒我这个故事。

认识（假如它们为人们所知的话），或功过格怎样影响人们的
生活（假如它们确实影响了的话），在明末清初还不存在有说
服力的证据。[1]

　　在 17、18 世纪，功过格成为一种完全表达精英社会观的工
具。专注于提升自己的袁黄，毫不犹豫地接受了功德积累的理
论和方法，将之作为向上流动的一种途径；他真心诚意地按照
他的报应信仰行事，并且也劝其他人这样做。他的体系是为有
抱负的个人设计的，并且在一种虽然等级严格的、却保持了流

[1]　直到 20 世纪才有有力的证据证明，这些书在文人精英以下各阶层中持续被
　　　使用。日本观察者在 20 世纪 20 年代、30 年代以及 40 年代报道了这些书的
　　　广泛流行：橘朴在 1924 年访问东北地区后指出，在大连旅顺的大多数书店
　　　中，都有《太上感应篇》以及《太微仙君功过格》（参见橘朴：《中国社会
　　　研究》，第 552—558 页；以及服部宇之吉：《中国研究》，第 484—486 页。
　　　又见于君方：《佛教的更新》，第 287 页，注 9）。旗田巍认为，功过格是他
　　　进行调查时采访的华北村民中唯一的书籍（这个信息得自 1982 年 11 月 22 日
　　　东京大学文化研究会的公开讨论）。平野义太郎甚至认为这些书（特别是
　　　《太上感应篇》）在中国乡村组织中占据主导地位，并为他所称的农业生活
　　　的“共同体精神”提供了文献基础（平野义太郎：《华北村落社会》，卷 1，
　　　第 63—106 页）。1936 年，大规模的善书选集《福寿宝藏一百四十种》的出
　　　版，进一步证明了这些书的流行；由乐善社赞助出版的这部选集，包括了明
　　　清时代主要的善书和功过格。很明显，中国共产党也愿意在政治教育运动中
　　　采用功过格形式（只要不与宗教信仰挂钩）：“功过簿”的一部分于 1947 年
　　　由人民书店出版，保存在台湾档案调查局，封面上的口号（这部书留下来的
　　　唯一一部分）劝告使用者记录每天的功过，并且指望“以功洗过”，“重新作
　　　人”的那一天到来（很感谢周锡瑞提供这个信息）。
　　　　如今在台湾，仍有大量的善书和功过格出版。我在 1982 年去台湾的一
　　　次短期旅行中，通过去台北寺庙游览的机会，收集了几种袁黄著作的白话译
　　　本（大多冠以《了凡四训》的标题），例如黄智海的《了凡四训白话解释》
　　　（1962 年出版）以及一本针对女孩和妇女的功过格。台湾师范大学的郑志明
　　　写过一本部分是研究这些现代善书的书：《中国善书与宗教》（1988 年）。沈
　　　雅礼研究了台湾中部农业社区珠山的寺庙组织，他认为这些书在乡村宗教生活
　　　中有重要地位（见沈雅礼《一个中国村庄的寺庙组织》第 51—62 页）。

动性的社会制度内起作用。袁黄本人可以被视为一个彻底的功过格使用者——毕竟，"立命"就是他对自己应用这一体系获得成功的说明。

然而，在袁黄身后，功过格的形式虽然继续流行，却是缘于非常不同的关注。因为担心越来越糟的政治形势、各种各样的社会动乱，以及他们认为的价值观的商业化和风俗败坏，新的功过格作者在功过格中描述了传统的社会关系网络，他们认为这会使社会回归有序。像袁黄一样，他们接受基本的身份等级结构的合法性；但与袁黄不同的是，到 17 世纪中晚期和18 世纪，他们认为这种结构将会受到社会和经济变化的巨大威胁。结果，他们对于他们视为威胁身份等级制度的东西变得非常敏感。他们对地位阶梯的持久性和稳定性都产生了怀疑，也没兴趣鼓励个人沿着这个阶梯向上爬。他们采取了一种防御和保守的立场：必须加固等级制度，以抵抗起义的奴仆、不忠的佃户、贪婪的商人以及不负责任的士绅的"进攻"。

但是，在 17 世纪，怎样才能保护等级制度不受威胁呢？首先，对超自然报应的信仰为那些维护社会秩序的原理提供了强有力的支持。作为"士绅"自己来说，虽然他们可能相信某种"感应"体系的运作，但他们不可能将希冀奖赏作为道德行动的根据；希望得到奖赏是他们诱使庸人遵循功过格中的那些条规的手段。踏实安于命定的社会地位的人可以获得地位提升的奖励：功过格说，现在乐于接受命运之签，那么你（或者更可能是你的子孙）将在未来获得报偿。而且，超自然报应的教义能够支持社会等级制度：因为等级制度反映了最高的道德评判，而且它是来自上天和诸神的，因此不容易受到人类的挑战。

其次，功过格作者创制了许多条规，以努力适应当时的某些需要。他们重申了等级制度内部支配尊卑关系的家长制原则，强调这种关系将每个相互依赖的成员连结在一起。但是，由于认识到佃户和奴仆日益增长的经济力量和独立性，他们又强调地主和主人必须要善良和宽容。他们默认（甚至是无意识地承认），地主在这种关系中已经变得更加依赖别人，因而劝告地主要慷慨地对待奴仆和佃户，并且同时教导奴仆和佃户对主人保持忠诚以为回报。功过格作者在功过格中也给17世纪新兴的富商留有一席之地：功德可以通过金钱购买，甚至财富越多，被奖励的功就越多。

但是，尽管功过格作者对于明末清初的社会、经济变化提出了一些调整方案，他们的书主要还是一种保守的文献。说他们期望固化旧有的社会秩序，并且要从根本上消灭任何身份之间的变动，这是不确的，因为地位提升仍然是他们为善行提供的奖励之一。但是，与袁黄相反的是，这些作者并未将地位升迁视为使用功过格的最主要目标——毋宁说这是一种引导人们行善的"诱饵"。他们的功过格中的详尽条规，和他们鼓励不同身份的人应有不同性质的品行，这些都显示出他们更感兴趣的是抑制和禁止——或至少是非常严密地调整——等级制度内部的变动，而不是鼓励这种变动。他们的理想社会由一种互相连结的身份等级关系所构成，各种身份对应着具体的责任，精英成员——士人、官员和乡绅对其进行家长式的监督。

的确，在许多方面，这些作者似乎是某些东林思想家的继承人，后者主张地方领袖——文人、地主和士绅——的"乡权"。他们通过为百姓制定规矩，为穷人建立慈善机构，在饥荒时发起赈济等等，来确保他们乡里的秩序。当然，正如陈锡嘏的地方救助方案里所说的，他们也可以和地方官合作。但是，地方社会作为主体，被视为多少是独立的，由地方领袖特别是乡绅照顾和监督。维护理想的家长制尊卑关系的责任也主要在这些人身上。功过格作者们暗示道，假如他们不能完成上天和诸神赋予他们这个地位的人的职责，他们就会失去在中国社会中的特权地位。

# 结　论

　　功过格是这样一种文献，它通过特定形式表达出对道德和非道德行为及其后果的某种基本信仰。其中列有应遵循或应回避的具体事例，以此显示了对约定俗成的道德及善的信念，这种善通过实践许多不同的、价值各异的、单件的善行构成。作为一种承诺要惩恶扬善的书，功过格反映了对超自然报应的信仰，相信上天和（或）神鬼监督人们的行为、清醒地施予福祸报偿。在信仰这种高高在上的审判运作的基础上，功过格从道德上肯定了现状的合理性：人们得到保证，无论在他有限的此生中实际获得的赏罚看起来多么令人困惑，但一种合理的、由神支持的体系依然在起作用，确保每个人和每个家庭最终获得他们应得的东西。

　　所有功过格似乎都依赖这些基本的设想，它们对于功过体系的运作是必需的。值得一提的是，在南宋和清初之间，功过格这种形式虽然都受制于这一套共同的前提假设，但它还是具有相当的灵活性。功过格经过了一系列的转变，每一次都根据不同的情形，用不同的概念来解释其基本要点。

　　我们所知的最早的功过格是在一种宗教背景下运作的。1171年《太微仙君功过格》的出现可以被看成是一种积功"体系"长期发展的结果，这一发展过程，之前主要体现在古代道教和佛教各派系的经卷和伪经上。其奖惩主要发生在宗教领域和来世：成仙或通过转世升入高等，或者在地狱受苦、堕入低级的轮回。在此期间，这一体系大体侧重于预防和惩罚；从总体上说，更多的篇幅被用来警示人们因恶行而受的痛苦，而关于善有善报的结果，则说得相对较少。《太微仙君功过格》本身就是针对相对狭窄的读者群的，即许真君派的信众。书中所表达的价值观当然反映了这一教派的宗教关注和实践，但是，其中也包含更一般化的价值观——即对家庭、乡里甚至国家命运的保护。在政治压力增大、社会无序的时期，它们除了要求信仰本教之外，也敦促教派内部的合作互助。

12 世纪以后，几乎没有什么证据表明人们对使用功过格有持续的兴趣，到了 16 世纪早期，有一些士人的确使用功过格中的一部分——剔除了报应信仰内容的记过格——作为自己道德修养的指南。但是，在 16 世纪晚期，禅僧云谷及其弟子袁黄第一次重新诠释了形式完整的功过格，这一点意义重大。他们相信人的力量高于命运的偶然性，他们将功过格作为实现这一信念的手段；这些书也成为人们借以立命的方法，甚至可以让他们在现世决定自己的物质境遇。以前对功过格的使用主要是关注防御性和惩罚性的一面，但是这种使用功过格的新观念，则转向了强调人能通过恰当的内心修养获得道德的和物质上的实际收获。功过格使用者不再需要至死等待一种本质上是精神的奖励了；只要他一生以正确的心态积功，就可以指望得到科举功名、子嗣以及担任官职等一系列回报。用来为这一体系背书的最好的证据，莫过于古老的儒家经典。《太微仙君功过格》还只是模糊地声称有儒家圣贤的支持，而云谷和袁黄多次（以一种非正统的理解）用《尚书》、《诗经》、《易经》以及《孟子》，为他们的体系作权威辩护。儒家经典关于命运的所有讨论都是含含糊糊的，他们利用了这一点，坚持说积功体系事实上是儒家的，因此非常适合士人和官员使用。

新的功过格预期的读者群也有变化。《太微仙君功过格》主要是针对同一教派中不同社会地位的成员，而云谷和袁黄的体系主要是为有抱负的官员设计的。它不排除任何社会集团的人使用它；实际上，它在坚持个人有力量改变自己命运的同时，也鼓励人们在中国等级制度内部的升迁。但是，在为积功所提供的回报、甚至为用来说明回报过程的故事进行"儒家"辩护时，这一体系都体现出对"官方"定义的成功有更大的兴趣——这种成功只有那些至少受过儒家基本教育的人才能获得。

云谷和袁黄的功过体系构想流行于世，至少有一部分原因是因为它为人们努力跻身于士大夫阶层，提供了道德合法性。因此，它在当时就遭到较为保守的儒家思想家的猛烈攻击，这也就不足为奇了。功过格被视为对神圣的理学正统经典的一种威胁，因为它们暗示科举考试的成功依赖于神对功德积累的回报，而不仅仅依靠对儒家经典的学习和理解。更有甚者，功过格体系在宣称得到儒家经典和教义支持的同时，也大量依赖"非正统的"道教和佛教关于报应的思想——这当然和经典儒家教导人们为善而行善、非为利而行善相冲突。因此，它以一种看来可疑的方法为人们提供升迁的希望，威胁到士大夫精英设想的道德纯净与和谐。

那么袁黄的启示在实际上到底有怎样的破坏性呢？正如袁黄在《积善》一文中所说的那样，他力劝功过格使用者在进行道德选择时遵循内心的指示而非传统的俗见，他可能因此被视为企图损害公认的善的定义。他的一些说明性的故事里描写了一些善人，这些善人对上司的判决表示怀疑，或让功过体系的"阴律"影响官方政策（袁黄本人在宝坻任县令时就曾试图减轻赋税）。虽然袁黄宣称个人应该独立做出道德评判，但是他故事中的主人公们的行为却都相当保守，其功过格里的那些事例，对于传统道德和社会秩序的支持大于破坏。那些对上官的行为提出疑问的故事主角们，并未被描绘成不公正体制的叛逆者，而是被描绘成这样的人，他们是为了维护正确的官方行为准则的纯洁性，谴责了那些德不配位的人。

袁黄的功过格体系以自己的方式不仅不反对传统的道德规则，而且从根本上对现存体制和身份差别都予以支持。用袁黄自己的话说，通过宣称"科第全凭阴德"，他重申科举制度的价值就在于为官僚机构识别优秀的接班人。通过将令人困惑的科举落第的事例解释为缺乏个人道德（特别是解释为缺乏诚心），它为理解文官制度的运作提供了一个合理的道德基础——事实上，它甚至暗示，神会直接插手科举官僚体系的运作。

况且，云谷和袁黄的功过格体系和此前的《太微仙君功过格》一样，至少是从整体上暗示了对现存身份结构的支持。贫穷的农民"应得"低贱的地位，因为他继承了罪过，或因为他有坏的"业"，或因为他在积功时并不诚心。同样，富有的官员"应得"他们在社会中的地位，假如不是因为他们自己的美德，就是因为他们祖先美德的余荫。通过界定那些据称是能引导人进入精英行列的事例，功过格承认了公认的社会道德标准的正确性，并且通过相对安全并对社会有益的积功渠道，引导那些不满自己地位的、有野心的人，使其服从于这些标准。

因此，尽管云谷和袁黄遭到攻击，他们却没有被视为是企图有意挑战中国社会等级制度基础的人。他们的体系的确通过极力主张人能立命来鼓励个人地位晋升，但是它从未怀疑社会结构作为一个整体的合理性。不同社会阶层之间有变动的可能性，这是中国社会组织中本已存在的原则，云谷和袁黄只是强调了这种变动在社会功能上、道德上都具有必要性。由于身份集团并非封闭，因此对于较低地位的人来说，沿着地位阶梯上升虽然困难，却一直以来都是可能的；现在，云谷和袁黄说，这是一种道德义务，因为地位的提高反映了道德境界的提升。的确，很难设想有比这个更为乐观的思想了，它从道德上肯定了社会等级制度的合法性，同时肯定向上的社会流动的益处：这二者完美反映了儒家圣贤以及佛道诸神共同支持的道德秩序。

毫不奇怪，如果身处一个社会竞争激烈、地位变化急速的时代，袁黄的功过格就会变得非常流行：它提供给个人一种可行的、并且声称是儒家的指南，用以引导他自己（以及他的家人）的生命航船安然度过生活中的大风大浪。我们可以理解，为什么袁黄的体系能在泰州学派的思想家中获得最有力的支持：袁黄将人心或道德意愿视为人之命运的源泉，这与泰州思想家认为人心具有伟大的创造力不谋而合。

随着社会、政治形势以及思想潮流的变化，17 世纪出现了新的功过格。虽然有可能是受到云谷和袁黄的功过格大获成功的激励，但毫无疑问，它们之间不论在形式上还是在核心问题上都迥然不同。它们现在主要是作为终生行善的道德指南和手册，是为不同的场合、背景和身份不同的人所写的社会规章，长篇大论、事无巨细。这些书是由一些思想上同情理学正统教条的学者所写的，因此它们与其说是赞扬人心的变革性力量，还不如说是在建议要小心履行老生常谈的美德教条。

当然，这些功过格仍然以信仰报应为基础，也即是说，相信神会赏善罚恶。但是，现在很难听到功过格作者对报应的赞扬了。他们宣称，报应对于督促庸常之人去行善是必要的。然而，真正的君子为善而行善，不需要这种"廉价的"激励。这是对袁黄功过格体系中潜藏的自私、求利动机的回应，但在这一过程中，功过格变成了这样一种文献，它在某种程度上是为了形塑大众的行为而设计的，它诱惑或恐吓无知的人遵循士人精英设定的行为规则。

即使在那些事例中，功过格作者自己似乎相信超自然报应运作——的确，几乎没有人直率地否认报应的力量——这一体系的社会含义也变化了。现在，报应首先被解释为一种肯定现状的信仰。袁黄虽然接受现存的社会等级制度，但他也鼓励其内部的向上流动。但是，在 17 世纪，功过格传达的信息是，它力图维持社会结构内各个层级在"此时此刻"的状态，也就是现状。袁黄和他的后继者们也许都会同意，每个人的地位是他（及他的家人）的道德价值的反映，但是，袁黄从这个原则中发展出来的教训是，人越好、地位升得越高，他的后继者却关注于一种完全不同的解释：他们说，如果每个人的地位是其道德的反映，那么他就应该接受他的地位，谦恭地遵循与此相关的道德和社会规则，尽力把握好他的道德命运以及上天给定的命运之签。因此，17、18 世纪功过格的作用是控制或阻止社会流动，或至少是通过表明神要求人们诚心顺从功过格中所列善行的严格规定，以此来严密管理这种流动。功过格的使用者，像在袁黄的体系中说的那样，将因为顺从而被赐予地位的上升，他的奖赏很可能是某种形式的世俗"拯救"——子孙的科举功名或官位，可能是死后的封谥，并非所有东西都能在此生享用。而且，袁黄偏爱许诺关于身份升迁的报偿和奖励，但在这些后来的功过格中，回报的类型丰富了很多，现在功过格使用者可能被报以成神或精神上的救赎，这些奖赏可能不会提高其现世的社会地位。

　　这里所分析的功过格含义的转变从未被公开承认过，并且可能从未被稍晚的 17—18 世纪的善书作者们认识到。他们声称，他们继承了袁黄的工作，并且在他们的著作中，经常视袁黄为这一体系的主要诠释者。他们接受袁黄关于正确使用功过格的建议，并且在解释积功时依赖许多袁黄使用过的、相同的故事和引文。他们写的书仍然是功过格，它们以相信神的报应为思想基础，包含列有许多行为条规的单子。

　　较晚的功过格中所列的行为条规，其表达的具体的价值观几乎没有变化。虽然较晚的功过格比袁黄的功过格开列了更多的条规，但它们在任何方面都未与早期功过格中的伦理价值观相冲突，或对它们造成损害。实际上，纵观所述功过格历史的各个阶段，我们几乎发现不了功过格表达的价值观的具体导向有什么变化。当然，不同的功过格表达了不同作者的关注——例如《太微仙君功过格》和云栖袾宏的《自知录》，一个强调道教，另一个则强调佛教的实践，这是毫不令人奇怪的。[1] 但是，功过格中的事例从整体上反映了中国社会内部普遍接受的社会和道德价值观——对五伦关系的维护，个人修养方面的自我约束、节俭以及谦逊的品质，敬鬼神，接受等级制的社会关系，行善，等等。

---

〔1〕　于君方：《佛教在中国的更新：袾宏与晚明圆融》，第 120 页。

后来 17、18 世纪的功过格与袁黄功过格的区别在于对功过格的观念发生了变化，对道德实践与社会地位之间关系的构想发生了变化。虽然它们都肯定中国社会等级制度的道德合理性，但是袁黄劝说要通过道德修养来提高地位，而较晚的功过格作者却鼓励履行命定的职责，使每个人处于静止状态。对袁黄来说，通过行善使地位上升，这种可能性的存在，反映了身份制度的道德特征。而对于他的后继者来说，和谐来自每种身份的人都履行自己的职责，而这些职责正体现了作为这一体系基础的道德理性。

当然，夸大任何一条信息背后的社会意识形态含义都会犯错误。无论袁黄的著作多么使保守派学者不安，他只是为个人和家庭成功提供指南，而非促成广泛的社会变革甚或是道德转变。另一方面，他的后继者们也不能被简单地贬斥为守旧派，仅仅是在致力于打击那些身份低微而心怀抱负的人。这些功过格的作者对道德基础的败坏和广泛的社会剧变感到不安，他们提出的补救措施就是强化社会等级制度，功过格可以界定各种不同身份差别，因此可以控制或者严格管理社会的流动性。假如他强调奴仆和佃户要服从主人和地主、并且平静地接受上天为他们安排的社会地位，他们就更要强调，精英——士大夫和大富翁——的责任更为重大，他们要确保那些社会地位比他们卑下的人能有安康的生活。事实上，的确有人会指望维护家长制，他们看到诸多问题，并因此而指责他们的同辈，把解决这些问题的重担放到精英肩上。他们的功过格可以被解读为是对地方精英的社会意识形态全面而具体的表达，这种意识形态在解释现实的地位分层时把精英捧得高高的，同时还以地位下降作威胁，激励精英成员从事慈善活动。

　　毫不奇怪，这种功过格思想的变化发生于明清交替时期，它大致随着当时精英的关注点和兴趣的发展大势而变化的，在很大程度上也反映了 17 和 18 世纪的思想趋势和社会焦点。袁黄在 16 世纪晚期宣传他的功过格体系，而这刚好对应着明朝思想繁荣时期的结束。诸如东林党成员的"清流"确实越来越关注中央政治能力的败坏和被视为阳明后学之末流的猖狂和道德腐化。但是，泰州学派和大众教育运动依然生机勃勃。由于被"人皆可为圣贤"（或更为世俗的说法，即人皆可当官）的思想所吸引，许多思想家，特别是那些同情泰州学派主张的人，愿意接受功过格，将其作为"成圣"或在激烈竞争的文官制度中谋取官位的指南。

　　但是随着时间的流逝，被宦官和贪官掌握的政治秩序日益腐化，经常爆发的民众起义导致社会秩序不稳，这些引起越来越多仕宦精英的注意。东林书院的建立或许向泰州学派提出了最大的思想挑战和政治挑战。从 17 世纪初开始，当时居主导地位的思想家——诸如顾宪成、高攀龙以及刘宗周——即使不是要求回归理学正统所严格限定的所有教义，也至少要求回归与正统相连的、更为严格的道德教条。

　　这时日益衰落的朝廷证明自己已经无力回天，它首先遭遇了各处爆发的小规模暴力事件，后来则面临着李自成和张献忠农民大起义，地方精英开始介入一些地区秩序的恢复。在缺乏有效的中央控制时，某些地方精英为了在一定程度上恢复秩序，开始了"经邦治国"的实践，例如立乡约、组织地方救济、倡导照顾孤贫的善会，以及管理地方公共工程等。这些致力于地方的领袖，特别是与东林党人有关的人，经常利用报应信仰的观念——感应理论——鼓励这种地方行为。因此，陈龙正在勉励他的慈善会社成员时，曾暗示精英地位是上天对人的善"行"的一种"应"。

大多数流传下来的 17、18 世纪的功过格正是在这种氛围下被创作出来的。与袁黄的个人努力相比，17、18 世纪的功过格是地方的、几乎是集体性的成果。这些新的功过格经常是私人学者所写，但在编辑上和财力上得到当地居民，经常是功名不显或背景不详的人，的帮助。官方对功过格也仍然有兴趣，这主要表现为某些官员的赞助，因为他们经常是功过格作者的朋友。他们为功过格写作序言，在其中通常强调功过格日益深入人心的影响，也强调了它们作为教科书的价值在于定义了不同身份者的行为。

明朝于 1644 年灭亡之后，士人和官员们更努力地去寻找保持政治和社会稳定的办法。他们指责晚明的人，诸如袁黄和李贽，鼓励了道德散漫和社会政治腐败，认为这是导致明朝灭亡的原因，他们还逐渐转向程朱理学更为保守的道德教育，将之视为恢复社会秩序的希望。他们决心重建一种稳定的体系，一种相互紧密连接的身份等级制度，它由既定的、"传统的"价值观所支配、并因而能抵抗社会的解体。功过格再一次成为达到这种目的的工具之一。有一些人，其政治和思想观点比较保守，这意味着在攻击袁黄的功过格这一点上，他们也许站在刘宗周这一边，但他们却成了新的功过格的拥护者，当然这种功过格所传递的信息与袁黄的有很大不同。功过格形式的变化，即从简陋的、列有条规事例的单子，发展到适用于各种情况和职业、社会等级的全面论述，反映了他们的兴趣是教育民众恪守支持社会稳定的价值观。

在明清易代的过程中，功过格从地位晋升的指南发展为全面的道德和社会引导手册，这也显示了精英信仰、甚至是精英意识形态具有较大的灵活性和多样性。功过格中表达的报应信仰，其价值和意义不断变化，没有什么能比这个更清晰地反映了上述性质了。袁黄声称，他相信（主要是佛教的）神明能调整报应的数量，他支持的这种信仰在最严格的理学家心中，是与"非正统的"佛教和道教学说、与大众迷信相结合的。然而很明显，袁黄决不是第一个、或者说唯一一个持有这种信仰的士人；我们已经看到，《太上感应篇》和《太微仙君功过格》中所提到的超自然报应思想，在南宋时就不乏一些相当有名的儒家学者的支持。而且我们很容易就能发现，与袁黄同时期的士大夫也相信由神界的官僚体制所操纵的报应。[1]

因此，如果将袁黄的著作，特别是他的《立命篇》，视作"大众"迷信（即超自然报应的信仰）和精英价值观（即渴望获取科举成功，以及从经典中为任何信仰体系寻找支持的需要）的粗糙混合物，这就太简单化了，并且具有误导性。袁黄所描述的这种报应并非只是保护普通人。这种特殊的信仰长期以来都是精英传统的一部分；在被正统理学所否定的概念中，它居于一个非常暧昧不清的位置。由于士人和官员们的一切依赖于精通理学正统，正统思想自然就在他们的著作和策略中占据了显著的位置。但是很明显，它也从未凌驾于其他信仰之上，对许多学者来说，认同孟子关于士绅行善而不考虑奖励的正统要求，同时也信仰神界操纵报应，这似乎已经变得非常容易接受。袁黄著作的新奇之处、或许也有点惊人之处就在于，他试图将这两种信仰等同起来，并且在实际上暗示孟子本人也

---

[1]　例如，可参见吴百益：《传统中国的修身与悔过》，第22—38页。

同时具有这两种信仰。

当然，袁黄的工作并不是真的像某些批评者力图使我们相信的那样是错误的，两种最流行的儒家经典，即《论语》和《孟子》，的确都劝人们不要相信报应。但是其他经典文献——实际上，有许多其他的经典文献——接受、甚至强调超自然报应的存在。袁黄完全有权力、有理由引用《诗经》、《尚书》、《易经》以及《春秋》来支持他对报应的信仰。当然，《左传》中也充满了反映超自然报应信仰的例子。因此，儒家传统的丰富内涵在某种程度上允许信仰的多样化，尽管它们并不总是明确被文官正统体制所支持。

那些保守的学者与袁黄构想的报应体系决裂，但是，甚至他们也相信某种作用于天地之间的感应循环。正如我们所见，这些人接受了一种自然主义的宇宙报应形式：只要人行动或思想，他的"气"就会运动，自然而然地就会感应或影响他周围的气。通过这种"气"不间断的运动，最初的想法或行为的结果并不是回到这个人本身，而是回到他的周遭。因而上天以一种自然主义的方式，不依靠鬼和神的必要干预，"回应"了人的行为。在此，不诚心的善行由于天国官僚的粗心和腐败而错误地获得奖励，这种错误是不可能发生的。这种"不信神的"报应是自动的，而且是完全客观的。个人的自私不受鼓励，因为这种积功体系并不总是用具体的物质利益来奖励善良的个人；因为激发了气的善的、"正向的"运动，它最多会确保乡里的普遍繁荣。这种特定的报应观强调，个人的道德责任对社会普遍得到改善的重要性：由于个人不能期望得到立竿见影的、具体到个人的奖励，因此他行善时只能期望使有利的气回归他周遭的环境，尤其是期望给他的世界带来秩序（当然，这里说的世界包括了他和他的家庭）。虽然明显与袁黄所构想的那种个人化的、可以精确衡量的报应不同，但这种观念毫无疑问也确实宣称，上天会根据善行而回报以物质利益，而且诸如高攀龙和陈龙正等人也用这种观念鼓励慈善活动。这种宇宙感应观是精英社会思想的基础，这正是在明末清初的功过格中详细表述出来的。

在中国宗教史和思想史上，对报应的信仰可以看成是一个连续的光谱，光谱的一端是相信报应精确、可计量，由咄咄逼人的神界"官员"组成的庞大官僚体制所掌控；光谱的另一端是仅仅接受基本上不可测量的、多少有些抽象的宇宙感应过程。然而，将这连续体中的任何一点对应到中国社会中的任何特定人群，都是不可能的。例如，相信精细计算的超自然报应，经常被贴上"大众"的标签，意即"普通人的信仰"。然而，正如我们所见，精英成员，比如袁黄，也热情地接受了这种信仰。而且，正如袁黄本人很快就指出的，在许多"精英的"儒家经典文献中也能发现对这种信仰的支持。因此，用"大众的"与"精英的"这样的词来描述信仰和思想，基本上是无意义的。也就是说，几乎没有什么信仰可以排他性地与社会等级制度中的任何等级联系起来。

"大众的"和"精英的"分类也不能正确地说明信仰与思想的社会起源。我们或许很想假设，《太上感应篇》中提出的那种对三台、斗母星君以及三尸神的"迷信"源于"民间佛教和民间道教"。然而，在中国最早的史书——精英为精英所写的书——的天官部分中就能发现这些神灵信仰，它们被认为是天国官僚体制的组成部分。当然，这些文献也不能毫无疑问地被拿来证明这种信仰的最终来源；毕竟，一本"精英"文献中记录的信仰或思想，并不一定能说明这种信仰或思想就是精英的创造。在这种情况下，并且实际上在许多别的情况下也一样，我们对于一种信仰的真正起源了解得非常不够，难以将它确切地与"大众"或是"精英"相联系。

至少是在此项研究中，用文化"占用"的说法去思考这个问题似乎是更为合理的，也就是说，集中关注对同一种思想——在这里指报应信仰——的不同解释和不同利用，而不要试图将这种思想本身僵硬地（和太准确地）与任何一个社会群体相联系。[1] 袁黄首先占用这种信仰，将它重新解释为对地位晋升的支持。他的泰州学派支持者们出于略微不同的理由接受了它——因为它强调个人内心的力量，并且这种力量是一种变革性的力量。东林派思想家们再一次占用了这个概念，并且将感应的运作当成地方改革的推动力。最后，17、18 世纪的功过格作者们虽然将报应思想作为一种"流行的"错误观念加以排斥，但他们在努力促使社会稳定时无疑又极度依靠它。假如有

---

[1] 这个概念来自法国历史学家罗杰·夏蒂埃，他将"占用"这个概念的价值解释如下："它使我能避免仅仅根据对应于每个群体的事物、信仰或行为的类型，定义各种文化层次。即便在旧制度时期的社会里，这些方面中的许多元素都各为不同社会群体所共享，虽然他们的用法各有不同。反思社会学一直认为，不平等的物质资料分配是文化差别的首要标准。在这里，这种理论要让步于一种新的方法，这种方法集中关注对同样的物品、思想和行动所做的不同利用和多元占用。这样的视野并不忽视差异——甚至是基于社会性的差异——而是转向了认同问题。它对用社会性的术语来描述一个物质的全体是不太感兴趣的（比如，把出版于特鲁瓦、由小贩售卖的书定义为"流行"文学）；它旨在描述当文化在一个给定的社会内部传播时，那些区分文化、对文化进行带有强烈个性特征地应用的行为实践。"〔法〕夏蒂埃：《近代早期法国对印刷的文化利用》，第 6—7 页。在中国史领域中，总的来说，华琛对天后的研究和杜赞奇对关帝的分析应用了相同的研究路径。见华琛：《神的标准化：华南沿海对天后的尊崇》；杜赞奇：《铭刻象征：中国的战神关帝的神话》。

足够的证据说明，明末清初非精英阶层对功过格的回应和使用，我们毫无疑问还会发现对报应概念的全新的、不同的占用、解释和运用。

这种方法也使我们可以更清楚地看到儒家思想传统的吸纳力和相对灵活性，这有助于解释这一传统的持久性和力量。功过格在16、17世纪的历史可以被解释为最初基于"非正统"的佛道信仰体系逐渐进入儒家传统的过程。[1]在这个过程中，它从一种鼓励变化和社会地位上升（并且因而可能扰乱社会秩序）的体系，转化成为一种支持社会稳定、甚至社会的静态平衡的体系。到17世纪晚期，曾经在起源和使用方面都相当可疑的功过格，已经全面反映了精英的社会秩序观。功过格的作者在转变过程中的每一步，都通过参考儒家传统教义来证明自己的正当性，他们可以参考早期儒家经典中的报应观念、儒家关于感应的思想、甚至可以参考儒家对精英的领导责任和教化方法的观点，即"士绅"可以用奖惩说服那些道德和智力不足的人，以使他们言行得当。

---

[1]　虽然对报应的不同诠释和使用确实引起了一些明末清初知识分子的反对，但从总体上看，他们容忍了差异。尽管张履祥关注科举考试学习的纯洁性，但没有士人因为保有功过格而受到任何形式的惩罚。甚至袁黄这位最著名的、宣扬报应的"迷信"观点的精英，虽然他肯定没有被尊为儒家学者，却也从未因他的信仰而受迫害。奥崎裕司曾认为，1593年袁黄被控告，部分是因为他被指控非正统（见《中国乡绅地主研究》第176—179页），但是，在这一指控中，他使用功过格这一点究竟扮演了什么角色，却不很清楚。

# 附录 现存 17、18 世纪的善书与功过格

下面这个单子并不打算罗列穷尽，它按大致的年代顺序给出了我所参考过的善书与功过格。[1]其中带 * 号的是功过格，其余是包含有功过格的善书。

《立命篇》（写于 1600 年，1607 年首次刊行）[2]，袁黄（1533—1606 年；1586 年进士）著。

*《自知录》（1606 年序），云栖袾宏（1535—1615 年）编。[3]

《迪吉录》（写于 1622 年左右，1631 年首次刊行），颜茂猷（1634 年中进士）编。

《榖诒汇》（1634 年序），陶珽和陶珙编。

《日乾初揲》（刊行于 1631—1641？年间）。[4]

---

[1] 这里的大部分信息来自 [日] 酒井忠夫：《中国善书研究》，第 378—398 页；及他的《功过格研究》第 59—76 页。

[2] [日] 奥崎裕司：《中国乡绅地主研究》，第 314 页。

[3] 于君方：《佛教的更新》，第 118—124 页。

[4] 参见 [日] 酒井忠夫：《中国善书研究》，第 382 页。

《劝戒全书》（写于 1639 年，1641 年序），陈智锡编。

*《崇修指要》（序于 1666 年和 1667 年），也称《广功过格新篇》，李国昌编（由其子李元行完成）。

*《汇编功过格》（1671 年序），胡溶时（1695 年去世）编。

*《汇纂功过格》（写于 1671 年到 1687 年间，1688 年序），陈锡嘏（1634—1687 年；1676 年中进士）编。

*《圣功格》（刊行时间不详），刘麟长（1618 年中进士）编。[1]

*《圣学入门书》（刊行时间不详），陈瑚（1613—1675 年，1642 年中进士）编。

*《不费钱功德例》（17 世纪晚期），熊弘备编。[2]

*《醉笔堂三十六善》（17 世纪晚期），李日景编。

《丹桂籍》（1703 年序），颜正、颜云麓编。

*《同善录》（1706 年序），作者不详。

*《功过格辑要》（1717 年序），李士达编。

*《广善篇功过格》（1721 年序），陆旦明（?）编。

*《文昌帝君功过格》（1724 年序），作者不详。

*《御虚阶功过格》（1734 年序），黄正元编。

*《立命功过格》（1747 年、1748 年序），徐本（1718 年中进士）编。

《敬信录》（1749 年序），周鼎臣编。

《晨钟录》（1763 年序），江文澜编。

---

[1] 这部功过格未能完整保留下来，只有关于学习的部分保存至今。

[2] ［日］酒井忠夫：《儒教与大众教育著作》，第 348 页。

# 征引文献

秋月观暎：《中国近世道教的形成——净明道的基础研究》，东京：创文社，1978 年。

秋月观暎：《净明道教学管见——儒佛道三教关系》，《东方宗教》第 35 期（1970 年），第 20—35 页。

荒木见悟：《明末宗教思想研究——管东溟的生涯与思想》，东京：创文社，1972 年。

Atwell, Williams. "From Education to Politics: The Fu She." In *The Unfolding of NeoConfucianism*, edited by William Theodore de Bary, New York: Columbia University Press, 1975.（威廉·阿特维尔：《从教育到政治：复社》，载狄百瑞编《理学的展开》第 333—367 页，纽约：哥伦比亚大学出版社，1975 年。）

Atwell, Williams. "Notes on Silver, Foreign Trade, and the Late Ming Economy," *Ch'ing-shih wen-t'i*, 3.8（December 1977）：1—33.（威廉·阿特维尔：《白银，对外贸易与晚明经济札记》，《清史问题》第 3 卷第 8 号（1977 年 12 月），第 1—33 页。）

《稗乘》，1618 年，《百部丛书集成》，台北：艺文印书馆，1967 年。

《宝坻县志》，1745 年。

钱仪吉编：《碑传集》，1983 年。

Berling, Judith, "Religion and Popular Culture: The Management of Moral Capital in The Romance of the Three Teachings." In *Popular Culture in Late Imperial China*, edited by David Johnson, Andrew Nathan, and Evelyn Rawski. 88—218. Berkeley and Los Angeles: University of California Press, 1985. （茱蒂丝·A. 贝林：《宗教与大众文化：〈三教搜神大全〉中的道德资本管理》，载姜士彬、黎安友、罗友枝编《中华帝国晚期的大众文化》，第88—218 页，伯克利与洛杉矶：加利福尼亚大学出版社，1989 年。）

Birdwhistell, Anne D. *Transition to NeoConfucianism: Shao Yung on Knowledge and Symbols of Reality*. Stanford: Stanford University Press, 1989. （包安乐：《转向理学：邵雍论现实与象征》，斯坦福：斯坦福大学出版社，1989 年。）

Bodde, Derk. *Essays on Chinese Civilization*, edited by Charles Le Blanc and Dorothy Borei. Princeton: Princeton University Press, 1981. （卜德：《中国文明论集》，白光华和包蕾编，普林斯顿：普林斯顿大学出版社，1981 年。）

Bokenkamp, Stephen R. "Sources of the Ling pao Scriptures." In *Tantric and Taoist Studies in Honour of R. A. Stein*, edited by Michel Strickmann. 434—486. Brussels: Institut Belge des Hautes Etudes Chinoises, 1983. （柏夷：《灵宝经的来源》，司马虚编《密宗与道教研究·斯坦因纪念文集》第 2 卷，第 434—486 页，布鲁塞尔：比利时中国高等研究院。）

Boltz, Judith. *A Survey of Taoist Literature, Tenth to Seventeenth Centuries. China Research Monograph*. Berkeley: Institute of East

Asian Studies，University of California，1987. （鲍菊隐：《10 至 17 世纪的道教文献考》，《中国研究专论》第 32 期，伯克利：加利福尼亚大学东亚研究中心，1987 年。）

Brokaw，Cynthia J. "Yuan Huang （1533—1606） and the Ledgers of Merit and Demerit." *Harvard Journal of Asiatic Studies.* 47.1（June 1987）：137—195. （包筠雅：《袁黄（1533—1605 年）与功过格》，《哈佛亚洲研究杂志》，第 47 卷第 1 号（1987 年 6 月），第 137—195 页。）

Busch，Heinrich. "The Tunglin Academy and Its Political and Philosophical Significance." *Mounmenta Serica* 14（1949—1955）：1—163. （卜恩礼：《东林书院及其政治和哲学意义》，《中国古事》第 14 期（1949—1955）第 1—163 页。）

曹雪芹：《红楼梦》第 1 回，大卫·霍克斯（David Hawk）译，巴尔的摩：企鹅出版公司，1973 年。

Carus，Paul，and D. Z. Suzuki，trans. *T'ai Shang Kan-Ying P'ien.* 1906. Reprint. LaSalle，III.：Open Court Publishing Company，1950. （保尔·卡路斯与铃木大拙译：《太上感应篇》，1906 年重印，拉萨尔：开放庭院出版公司，1950 年。）

Chan，Albert. *The Glory and Fall of the Ming Dynasty.* Norman：University of Oklahoma Press，1982. （陈伦绪：《明代的光荣与衰落》，诺曼：俄克拉荷马大学出版社，1982 年。）

Chan，Wing-tsit. *A Source Book in Chinese Philosophy.* Princeton：Princeton University Press，1963. （陈荣捷：《中国哲学》，普林斯顿：普林斯顿大学出版社，1963 年。）

Chang，Carson. *The Development of Neo-Confucian Thought.* New York：Bookman Associates，1962. （张君劢：《新儒家思想史》二

卷本，纽约：出版商联合公司，1962 年。)

Chartier, Roger. *The Cultural Uses of Print in Early Modern France*. Princeton：Princeton University Press，1987.（罗杰·夏蒂埃：《印刷术在近代早期法国的文化利用》，普林斯顿：普林斯顿大学出版社，1981 年。)

陈瑚：《圣学入门书》，苏源生编《记过斋丛书》第 1 册，同治版。

陈坚：《太上感应篇图说》，1324 年，丁丙辑《武林往哲遗著后编》第 76 册，1875—1900 年。

陈龙正：《几亭全书》，1665 年。

陈垣：《南宋初河北新道教考》，北京：中华书局，1962 年。

陈锡嘏：《汇纂功过格》，1828 年。

陈智锡：《劝戒全书》，1641 年，藏于内阁文库。

Chü Tung-tsu. *Law and Society in Traditional China*. Paris：Mouton and Company，1961.（瞿同祖：《中国法律与中国社会》，巴黎：穆东出版社，1961 年。)

Coyle, Michael. "Book of Rewards and Punishments." In *Chinese Civilization and Society：A Sourcebook*，edied by Patricia Ebrey. 71—74. New York：The Free Press，1981.（迈克尔·科伊尔：《太上感应篇》，载伊佩霞编《中国的文明与社会》第 71—74 页，纽约：自由出版社，1981 年。)

《道藏》，上海：商务印书馆，1923—1926 年。

贺龙骧和彭瀚然编：《道藏辑要》，成都：二仙庵，1906 年，1971 年台北考证书局重印。

《道藏子目引得》，哈佛燕京学社汉学索引丛书第 25 号，北京：哈佛燕京学社，1935 年。台北成文出版公司，1966 年影印。

de Bary, William Theodore. "Individualism and Humanitarianism in Late Ming Thought." In *Selfand Society in Ming Thought*, edited by William Theodore de Bary and the Conference on Late Ming Thought. 145—127. New York: Columbia University Press, 1970. （狄百瑞：《晚明思想中的个人主义与人道主义》，《明代思想中的自我与社会》，狄百瑞及晚明思想研讨会编，第 145—247 页，纽约：哥伦比亚大学出版社，1970 年。）

—— "NeoConfucian SelfCultivation and the Seventeenth Century 'Enlightenment.' " In *The Unfolding of Neo-Confucianism*, edited by William Theo-dore de Bary. 141—216. New York: Columbia University Press, 1975. （狄百瑞：《理学中的修身和 17 世纪的 "启蒙"》，《理学的展开》，狄百瑞编，第 141—216 页，纽约：哥伦比亚大学出版社，1975 年。）

Dennerline, Jerry, *The Chia-ting Loyalists: Confucian Leadership and Social Change in Seventeenth-Century China*. New Haven: Yale University Press, 1981. （邓尔麟：《嘉定忠臣：十七世纪中国士大夫之统治与社会变迁》，纽黑文，耶鲁大学出版社，1981 年。）

Dimberg, Ronald. The Sageand Society: The Life and Thought of Ho Hsiyin. *Monographs of the Society for Asian and Comparative Philosophy*. Honolulu: The University Press of Hawaii, 1974. （丁博：《圣人与社会：何心隐的生活与思想》，《亚洲社会与比较哲学论文集》第 1 辑，火奴鲁鲁：夏威夷大学出版社，1974 年。）

董场：《刘子年谱》，刘宗周《刘子全书》卷 40，第 1 页上—52 页下（第 6 册，第 3487—3722 页）。

董仲舒：《春秋繁露》17 卷，四部备要版。

Doré, Henry. *Researches into Chinese Superstitutions*. 13 vols. Translated by M. Kennelly and L. F. McGreal. Shanghai: T'usewei Printing Press, 1914. Reprint. Taibei: Ch'eng-wen Publishing Company, 1966—1967.（禄是遒：《中国民间崇拜》，13 卷本。甘沛树和 L. F. 迈克格利尔译。上海：翠微印书馆（音译），1914 年，台湾成文出版公司 1966—1967 年重印。）

Duara, Prasenjit. "Superscribing Symbols: The Myth of Guandi, Chinese God of War." *Journal of Asian Studies*. 47.7(November 1988): 778—795.（杜赞奇：《铭刻象征：中国战神关帝的神话》，《亚洲研究杂志》第 47 卷，第 4 号（1988 年 11 月），第 778—795 页。）

Dunstan, Helen. "The Late Ming Epidemics: A Preliminary Survey." *Ch'ing-shih wen-t'i*. 3.3(November 1975): 1—59.（邓海伦《晚明流行病初探》，《清史问题》第 3 卷第 3 号，第 1—59 页，1975 年 11 月。）

Eberhard, Wolfram. *Guilt and Sin in Traditional China*. Berkeley and Los Angeles: University of California Press, 1967.（艾伯华：《传统中国的罪与过》，伯克利和洛杉矶：加利福尼亚大学，1967 年。）

Ebrey, Patricia. *Family and Property in Sung China: Yuan Ts'ai's Precepts for Social Life*. Princeton: Princeton University Press, 1984.（伊佩霞：《宋代中国的家庭与财产：袁采的家训》，普林斯顿：普林斯顿大学出版社，1984 年。）

Elman, Benjamin A. *From Philosophy to Philology: Intellectual* and Social Aspects of Change in Late Imperial China. Harvard East Asian Monographs. No.110. Cambridge：Council on East Asian Studies, Harvard University, 1984. （本杰明·埃尔曼：《从理学到朴学：中华帝国晚期的思想与社会变化面面观》，《哈佛东亚研究专刊》第 110 期，剑桥：东亚研究会，哈佛大学，1984 年。）

Elvin, Mark. The Pattern of the Chinese Past. Stanford：Stanford University Press, 1973. （伊懋可：《中国历史的模式》斯坦福：斯坦福大学出版社，1973 年。）

冯从吾：《善利图说》，《少墟集》，四库全书真本，第 5 函，台北：商务印书馆，1974 年文渊阁影印本。

Fisher, T. S. "Accommodation and Loyalism：The Life of Lü Liu liang（1629—1683），" parts 1, 2 and 3. Papers on Far Eastern History. no.15（March 1977）：97—104；no.16（September 1977）：107—145；and no.18（September 1978）：1—42. （费思堂：《妥协与忠节：吕留良的一生（1629—1683）》，第 1、2、3 节，见《远东史论文》第 15 号（1977 年 3 月），第 97—104 页；第 16 号（1977 年 9 月），第 107—145 页；第 18 号（1978 年 9 月），第 1—42 页。）

Franke, Herbert, ed. Sung Biographies. Weisbaden：Franz Steiner Verlag GMBH, 1976. （傅海波编：《宋代名人传记辞典》，4 卷本，威斯巴登：弗朗茨·斯坦纳出版社有限公司，1976 年。）

Freeman, Michael D. "From Adept to Worthy：The Philosophical Career of Shao Yung." Journal of the American Oriental Society 102.3（July-October 1982）：477—492. （迈克尔·D. 弗里曼：《从专家到名士：邵雍的哲学生涯》，《美国东方学研究杂志》

第 102 卷第 3 号，第 477—492 页（1982 年 7—10 月）。）

傅衣凌：《明代江南市民经济初探》，上海：上海人民出版社，1963 年。

傅衣凌：《明清时代商人及商业资本》，北京：人民出版社，1956 年。

《福建通志》，1871 年。

夫马进：《同善会小史——明末清初在中国社会福利史上的地位》，《史林》第 65 卷第 4 号 1982 年，第 37—76 页。

Fung Yu-lan. *A History of Chinese Philosophy*. 2 vols. Translated by Derk Bodde. Princeton：Princeton University Press，1952. （冯友兰：《中国哲学史》2 卷本，卜德译，普林斯顿：普林斯顿大学出版社，1952 年。）

《福寿宝藏一百四十种》，乐善社编，上海：大中书局，1936 年。

《福州府志》，1876 年。

《感应篇直讲》，1856 年，1925 年重印。

高攀龙：《高子遗书》，陈龙正编，1876 年。

Gernet, Jacques. *China and the Christian Impact*：*A Conflict of Cultures*. Translated by Janet Lloyd. Cambridge：Cambridge University Press，1985. （谢和耐：《中国与基督教：中西文化的首次撞击》，珍妮特·劳埃德译，剑桥：剑桥大学出版社，1985 年。）

Goodrich, L. Carrington, and Chaoying Fang, eds. *Dictionary of Ming Biogra-phy*，*1368—1644*. 2vols. （富路特、房兆楹编：《明人传记辞典（1368—1644）》2 卷本，纽约：哥伦比亚大学出版社，1976 年。）

Graham, Angus Charles. *Two Chinese Philosophers*：*Ch'eng Ming-tao and Ch'eng Yi-ch'uan*. London：Lund Humphries，1958.（葛瑞汉：《两位中国哲学家：程明道和程伊川》，伦敦：伦德·汉弗莱斯出版社，1958 年。）

Greenblatt, Kristin Yü. "Chu-hung and Lay Buddhism in the Late Ming." In *The Unfolding of Neo-Confucianism*，edited by William Theodore de Bary，93—140 New York：Columbia University Press，1975.（于君方：《晚明的袾宏与世俗佛教》，载狄百瑞编《理学的展开》，第 93—140 页，纽约：哥伦比亚大学出版社，1975 年。）

Grove, Linda, and Joseph Esherick. "Form Feudalism to Capitalism：Japanese Scholar ship on the Transformation of Chinese Rural Society." *Modern China*. 6.4（October 1980）：397—438.（顾琳、周锡瑞：《从封建制度到资本主义制度：日本学界关于中国农村社会变迁的学术研究》，《近代中国》第 6 卷第 4 号（1980 年 10 月），第 397—438 页。）

顾宪成：《顾端文公遗书》，1694—1698 年。

顾炎武：《天下郡国利病书》，《四部丛刊选编》，多卷本，第 279—328 页。

管志道：《从先维俗议》，影印明版，见俞庆恩编《太昆先哲遗书首集》，1928 年。

归有光：《震川先生集》，康熙年版，上海：上海古籍出版社，1981 年。

陈梦雷、蒋廷锡编《古今图书集成》，上海：古今图书集成局，1884 年。

《国语》，四部丛刊本。

李桓编《国朝耆献类征（初编）》，1890 年。

焦竑编《国朝献征录》，1616 年，台北学生书局复印，1905 年。

滨岛敦俊：《明代江南农村社会研究》，东京：东京大学出版会，1982 年。

班固：《汉书》，北京：中华书局，1962 年。

Handlin, Joanna. *Action in Late Ming Thought: The Reorientation of Lü K'un and Other Scholar-Officials*. Berkeley and Los Angeles: University of California Press, 1983.（韩德琳：《晚明思想中的行动：吕坤和其他士大夫的再定位》，伯克利和洛杉矶：加利福尼亚大学出版社，1983 年。）

——. "Benevolent Societies: The Reshaping of Charity During the Late Ming and Early Ch'ing." *Journal of Asian Studies* 46.2（May 1987）: 309—337.（韩德琳：《同善会：明末清初时期慈善活动的重建》，《亚洲研究杂志》，第 46 卷第 2 号，第 309—337 页，1987 年 5 月。）

憨山德清：《憨山大师梦游集》，通炯和刘起相编，1895 年，香港：香港佛经流通处，1965 年重印。

Harrell, Stevan. "The Concept of Fate in Chinese Folk Ideology." *Modern China* 13.1（January 1987）: 90—109.（郝瑞：《中国民间思想中的命运概念》，《近代中国》第 13 卷第 1 号，第 90—109 页，1987 年 1 月。）

服部宇之吉：《中国研究》（《支那研究》），东京：明治出版社，1917 年。

Hegel, Robert. *The Novel in Seventeenth-Century China*. New York: Columbia University Press, 1981.（何谷理：《17 世纪中国

的小说》，纽约：哥伦比亚大学出版社，1981 年。）

Henderson, John. *The Development and Decline of Chinese Cosmology*. New York: Columbia University Press, 1984. （约翰·汉德森：《中国宇宙论的发展与衰落》，纽约：哥伦比亚大学出版社，1984 年。）

平野义太郎：《华北村落社会：惯行调查报告》第 1 卷，东京：东亚研究所油印本，1944 年。

Ho, P'ing-ti. *The Ladder of Success in Imperial China*. New York: Columbia University Press, 1971. （何炳棣：《中华帝国晚期的成功阶梯》，纽约：哥伦比亚大学出版社，1971 年。）

细野浩二：《明末清初江南的主仆关系——从家训中看到的新成果》，《东洋学报》第 50 卷第 3 号，第 1—36 页，1967 年 12 月。

Hou Ching-lang. *Monnaies d'offrande et la notion de trésorie dans la religion chinoise*. Paris: College de France, Institut des hautes etudes chinoises, 1975. （侯锦郎：《中国宗教中的捐赠与财富观念》，巴黎：法兰西学院汉学研究所，1975 年。）

范晔：《后汉书》，北京：中华书局，1965 年。

侯外庐、赵纪彬和杜国庠：《中国思想通史》5 卷本，北京：人民出版社，1960 年。

Hsi, Angela Ning-jy Sun. "Social and Economic Status of the Merchant Class of the Ming Dynasty, 1368—1644." Ph. D. diss, University of Illinois at Urbana-Champaign. （孙凝芝：《明代（1368—1644）商人的社会经济地位》，伊里诺斯大学香槟分校博士论文，1974 年。）

胡溶时：《汇编功过格》1702 年，1885 年重印。

华允诚：《高忠宪公年谱》，载高攀龙《高子遗书》第 8
册，第 1 页上—36 页下，1876 年。

Huang Chin-shing. "The Lu-Wang School in the Ch'ing
Dynasty：Li Mu-t'ang." Ph. D. diss, Harvard University, 1983.
（黄进兴：《清代的陆王学派：李穆堂》，哈佛大学博士论文，
1983 年。）

Huang, Ray. *1587, A Year of No Significance：The Ming Dy-
nasty in Decline.* New Heaven：Yale University Press, 1981.（黄仁
宇：《万历十五年》，纽黑文：耶鲁大学，1981 年。）

——. "The Lung-ch'ing and Wan-li Reigns, 1567—1620." In
*The Cambridge History of China. Volume 7：The Ming Dynasty,
1368—1644*, Part 1, edited by Frederick W. Mtle and Denis Twit-
chett. Cambridge：Cambridge University Press, 1988, pp. 511—
584.（黄仁宇：《从隆庆朝到万历朝：1567—1620》，《剑桥中国
史》第 7 卷，《明代（1368—1644）》第一部，第 511—584
页，牟复礼、崔瑞德主编，剑桥：剑桥大学出版社，1988 年。）

Huang Tsung-hsi（Huang Zongxi）. *The Records of Ming Scholars
by Huang Tsung-hsi.* Edited by Julia Ching, with Chaoying Fang.
Honolulu：University of Hawaii Press, 1987.（黄宗羲：《明儒学
案》英文版，房兆楹、秦家懿编，火奴鲁鲁：夏威夷大学出版
社，1987 年。）

黄正元：《御虚阶功过格》，1734 年。

黄智海：《了凡四训白话解释》，台北：台湾印经处，
1962 年。

黄宗羲：《明儒学案》2 卷本，四部备要本，台北：中华书
局，1960 年重印。

惠栋：《太上感应篇注》，《粤雅堂丛书》1853 年，台北：华文书局复印，1965 年。

Hummel, Arthur. *Eminent Chinese of the Ch'ing Period*. Washington, D. C.: U. S. Government Printing Office, 1943.（恒慕义：《清代名人传》，华盛顿特区：美国政府出版局，1943 年。）

霍韬：《霍渭涯家训》，《涵芬楼秘笈》第 2 函，今汲古阁版，上海：商务印书馆，1917 年。

Hymes, Robert. "Not Quite Gentlemen? Doctors in Sung and Yuan." *Chinese Science* 8（1987）：9—76.（韩明士：《不是纯儒？宋元时期的医生》，《中国科学》第 8 期，第 9—76 页，1987 年。）

——. *Statesmen and Gentlemen: The Elite of FuChou, Chianghis in Northern and Sorthern Sung*. Cambridge: Cambridge University Press, 1986.（韩明士：《官僚与士绅：两宋时期江西抚州的精英》，剑桥：剑桥大学出版社，1986 年。）

Idema, Wilt. *Chinese Vernacular Fiction: The Formative Period*. Leidon: E. J. Brill, 1974.（伊维德：《中国白话小说：形成时期》，莱顿：博睿出版社，1974 年。）

稻畑小一郎：《司命真相的揭示》，《中国文学研究》第 5 期，第 1—15 页，1979 年 12 月。

井上进：《复社之学》，《东洋史研究》第 44 卷第 2 号，第 40—70 页，1985 年 9 月。

石川梅次郎：《阴骘录》，东京：明德出版社，1970 年。

Jan, Yun-hua. "A Comparative Study of 'No-Thought' ('Wu-Nien') in some Indian and Chinese Buddhist Texts." *The Journal of Chinese Philosophy*. 16.1（March 1989）：37—58.（冉云华：《印度

和中国佛教文献中无念思想的比较研究》，《中国哲学》第 16 卷第 1 号，第 37—58 页（1989 年 3 月）。）

江文澜：《晨钟录》，1763 年，藏于内阁文库。

经君健：《关于清代奴婢制度的几个问题》，《经济研究集刊》第 5 期，第 60—178 页，1983 年。

Julien, Stanislas. *Le Livre des Récompenses et des Peines*. Paris：Oriental Translation Fund，1835.（儒莲：《太上感应篇》，巴黎：东方翻译基金会，1835 年。）

Kasoff, Ira. The Thought of Chang Tsai（1020—1077）. Cambridge：Cambridge University，1984.（葛艾儒：《张载（1020—1077）的思想》，剑桥：剑桥大学出版社，1984 年。）

Keightley, David N. *Sources of Shang History：The Oracle-Bone Inscriptions of Bronze Age China*. Berkeley and Los Angeles：University of California Press，1978.（吉德炜：《商代史料：中国青铜时代的甲骨文》，伯克利和洛杉矶：加利福尼亚大学出版社，1978 年。）

窪德忠：《中国的三尸信仰与日本的庚申信仰》，《东方学论集》第 3 期，第 1—54 页，1955 年 9 月。

窪德忠：《道教史》，东京：山川出版社，1977 年。

窪德忠：《庚申信仰与北斗信仰》，《民族学研究》第 21 卷第 3 号，第 21—27 页，1957 年 8 月。

Lau, D. C., trans. Confucius：The Analects. New York：Penguin Books.（刘殿爵译：《孔子论语》，纽约：企鹅出版社，1979 年。）

——. Mencius. New York：Penguin Books, Ltd.，1970.（刘殿爵译：《孟子》，纽约：企鹅出版社，1970 年。）

Legge, James, trans. *The Chinese Classics*. Hong Kong: Hong Kong University Press, 1960. （理雅各译：《中国经典》5 卷本，香港：香港大学出版社，1960 年。）

——. "The Thai Shang Tractate of Actions and Their Retributions." In *The Sacred Books of the East*, edited by Max Muller. r, vol39, 233—246. Oxford: Oxford University Press, 1980. （理雅各译：《太上感应篇》，麦克思·穆勒编《东方圣书》第 39 卷，第 233—246 页，牛津：牛津大学出版社，1980 年。）

Leung, Angela Ki-Che. "Elementary Education in the Lower Yangtze Region in the 17th and 18th Centuries." Paper presented at the Conference on Education and Society in Late Imperial China, Montecito, California, June 8—14, 1989. （梁其姿：《17 和 18 世纪长江下游地区的基础教育》，1989 年 7 月 8—14 日在加利福尼亚蒙特奇托的"中华帝国晚期的教育与社会研讨会"上提交的论文。）

——. "Organized Medicine in Ming-Qing China: State and Private Medical Institutions in the Lower Yangzi Region." *Late Imperial China* 8.1(June 1987) 134—166. （梁其姿：《明清时期的医疗组织：长江中下游地区的官立和私立医药机构》第 8 卷，第 1 号，第 134—166 页，1987 年 6 月。）

李邦华：《皇明李忠文先生集》，1726 年。

李日景：《醉笔堂三十六善》，王晫和张潮编《檀几丛书二集》，1697 年。

李绂：《穆堂初稿》，1740 年。

李国昌：《崇修指要》，1667 年序，内阁文库藏。

李石：《方舟集》，四库全书真本。

李石:《乐善录》,《今印四部善本丛刊》绍定本,台北:1977 年影印本。

李士达:《功过格辑要》,1717 年。

李心传:《(建炎以来)朝野杂记》,金简编《武英殿聚珍版书》,第 208—218 页,乾隆版。

李颙:《二曲集》,1694 年,台北:商务印书馆,1973 年复印。

李渔:《李渔全集》15 卷本,马汉茂编,台北:成文出版社,1970 年。

李渔:《资治新书二集》,1667 年。

李贽:《藏书》,2 卷本,北京:中华书局,1959 年。

李贽:《续焚书》,北京:中华书局,1959 年。

Liang Fang-chung. *The Single Whip Method of Taxation in China*. Translated by Wang Yü-ch'üan. Cambridge: Chinese Economic and Political Studies, Harvard University, 1956. (梁方仲:《一条鞭法》,王毓铨译,剑桥:哈佛大学,中国经济和政治研究所,1956 年。)

梁汝元(何心隐):《何心隐集》,北京:中华书局,1981 年。

凌锡祺:《尊道先生年谱》,见陆世仪《陆桴亭先生遗书》第 1 册,第 1 页上—19 页下,1889 年。

刘麟长:《圣功格》,《浙学宗传》,1638 年,藏于内阁文库。

Liu Ts'un yan. "Yuan Huang and His 'Four Admonitions.' " *Journal of the Oriental Society of Australia* 5.1 and 2 (December 1967): 108—132. (柳存仁:《袁黄及其"四训"》,《澳大利

亚东方社会研究杂志》第 5 卷第 1 和第 2 号，第 108—132 页；1967 年 11 月。）

刘宗周：《刘子全书》，《中华文史丛书》第 57 号，1824 年，台北：华文书局，1968 年复印本。

陆旦明（？）：《广善篇功过格》，1721 年。

吕坤：《吕子遗书》，王庆麟和栗毓美编，1827 年。

吕留良：《吕晚村先生四书讲义》，1686 年。

陆世仪：《桴亭先生文钞》，《陆陈二先生文钞》，1876 年。

陆世仪：《陆桴亭先生遗书》，1889 年。

《论语引得》，哈佛燕京汉学索引补编 16 号，北京：哈佛燕京学社，1940 年，台北成文出版公司 1966 年影印。

McDermott, Joseph. "Bondservants in the T'ai hu Basin During the Late Ming：A Case of Mistaken Identities." *Journal of Asian Studies* 40.4( August 1981)：675—701. （周绍明：《晚明时期太湖流域的奴仆：被误解的身份一例》，《亚洲研究杂志》第 40 卷第 4 号，第 675—701 页，1981 年 8 月。）

Mair, Victor. "Language and Ideology in the Written Popularizations of the Sacred Edict." In *Popular Culture in Late Imperial China*, edited by David Johnson, Andrew Nathan, and Evelyn Rawski. Berkeley and Los Angeles：University of California Press, 1985. （梅维恒：《〈圣谕〉普及本中的语言与思想》，载姜士彬、黎安友、罗友枝编《中华帝国晚期的大众文化》，第 325—359 页，伯克利和洛杉矶：加利福尼亚大学出版社，1985 年。）

Martinson, Paul Varo, "Pao Order and Redemption：Perspective on Chinese Religion and Society Based on a Study of the Chin P'ing Mei." Ph. D. diss., University of Chicago, 1973. （保罗·瓦罗·

马丁逊：《报应和赎救：中国宗教社会——基于〈金瓶梅〉研究》，芝加哥大学博士论文，1973 年。)

Maspero, Henri. *Taoism and Chinese Religion*. Translated by Frank A. Kierman, Jr. Amherst: University of Massachusetts Press, 1981. (马伯乐：《道教与中国宗教》，小弗兰克·A. 基尔曼译，阿默斯特：马萨诸塞大学出版社，1981 年。)

Matsuda, Shizue. "Li Yu: His Life and Moral Philosophy as Reflected in His Fiction." PhD. diss., Columbia University, 1978. (松田静枝：《李渔：其文学作品中反映出来的生平和道德哲学》，哥伦比亚大学博士论文，1978 年。)

《孟子引得》：哈佛·燕京学社汉学索引丛书补编第 17 号，北京：哈佛—燕京学社，1941 年台北：成文出版公司 1966 年影印。

《明史》，张廷玉等编纂，北京：中华书局，1974 年。

《明代敕撰书考附引得》，哈佛燕京学社汉学索引丛书补编第 3 号，北京：哈佛燕京学社，1932 年；台北：成文出版公司，1966 年影印。

《明人自传文钞》，杜联喆，台北：艺文印书馆，1976 年。

沟口雄三：《东林派人士的思想——前近代时期中国思想的展开（上）》，《东洋文化研究所纪要》，第 75 期，第 111—341 页，1978 年 3 月。

Mori Masao. "The Gentry in the Late Ming—An Outline of the Relations between the Shih-ta-fu and Local Society." *Acta Asiatica*, no.38(1980): 31—53. (森正夫：《晚明的缙绅——对士大夫与地方社会关系的概述》，《亚洲学报》第 38 号，第 31—35 页，1980 年。)

森正夫：《16—18 世纪的荒政与主佃关系》,《东洋史研究》第 27 卷，第 4 号，第 69—111 页，1964 年 3 月。

森正夫：《奴变与抗租》，名古屋，1980—1981 年。

中村元：《因果》,《佛教思想》第 3 期，佛教思想研究会编，东京：平乐寺书店，1978 年。

《南丰县志》，1873 年。

《南浔志》，1923 年。

Needham, Joseph, and Wang Ling. *Science and Civilization in China.* Vol.2：History of Scientific Thought. Cambridge：Cambridge University Press, 1956. （李约瑟、王玲：《中国的科学与文明》第 2 卷，《科学思想史》，剑桥：剑桥大学出版社，1956 年。）

西村かずょ：《明代的奴仆》,《东洋史研究》第 38 卷，第 1 号，第 24—50 页，1979 年 7 月。

西泽嘉朗：《阴骘录研究》，东京：八云书店，1946 年。

Nivison, David. *The Life and Thought of Chang Hsueh-ch'eng (1738—1801).* Stanford：Stanford University Press. （倪德卫：《章学诚的生平与思想（1738—1801）》，斯坦福：斯坦福大学出版社。

小川阳一：《三言二拍与善书》,《日本中国学会报》第 32 期，第 183—195 页，1980 年。

小川阳一：《西湖二集与善书》,《东方宗教》第 51 期，第 16—34 页，1978 年。

冈田武彦：《张杨园与陆桴亭》，*Teoria*《理论》第 9 期，第 1—30 页（1965 年 12 月）。

——. "Wang Chi and the Rise of Existentialism." In *Self and Society in Ming Thought*, edited by William Theodore de Bary. New

York：Columbia University Press，1970. （冈田武彦：《王畿与存在主义的兴起》，狄百瑞编《明代思想中的自我与社会》，第121—144 页，纽约：哥伦比亚大学出版社，1970 年。）

大木康：《冯梦龙三言的编纂意图——劝善惩恶的意义》，《东方学》第 69 册，第 105—118 页（1985 年）。

奥崎裕司：《中国乡绅地主研究》，东京：汲古书院，1978 年。

奥崎裕司：《中国明代下层民众的生活方式——善书中的一个侧面》，《专修史学》第 13 期第 22—50 页，1981 年 4 月。

奥崎裕司：《明末清初的利殖规范——功过格的一个侧面》，《（佐久间重男教授退休纪念）中国史·陶瓷史论集》，东京：燎原，1983 年。

小野和子：《东林派的政治思想》，《东方学报》第 128 期，第 249—282 页，1958 年 3 月。

Oyama Masaaki. "Large Landownership in the Jiangnan Delta Region during the Late Ming-Early Qing Period." In *State and Society in China：Japanese Perspectives on Ming-Qing Social and Economic History*, Edited by Linda Grove and Christian Daniels. 101—163. Tokyo：Tokyo University Press，1984. （小山正明：《明末清初江南三角洲地区的大土地所有制》，《中国的国家与社会：日本人对明清社会经济史的透视》，顾琳和唐立编，第 101—163 页，东京：东京大学出版社，1984 年。）

小柳司气太：《老庄思想与道教》，东京：森北书店，1942 年。

Peele, Thomas Benjamin, Jr. "Liu Tsung-chou's Jenpu." M. A. thesis, University of California at Berkeley，1978. （小托马

斯·本杰明·皮尔：《刘宗周的〈人谱〉》，加利福尼亚大学伯克利分校硕士论文，1978 年。)

彭定求：《南昀文稿》，《南昀全案》，1881 年。

彭绍升：《居士传》，琉璃经房版，1775 年，台北影印本。

Peterson, Willard. *Bitter Gourd: Fang I-chih and the Impetus for Intellectual Change.* New Heaven: Yale University Press, 1979.（裴德生：《匏瓜：方以智及其对思想转变的促进》，纽黑文：耶鲁大学出版社，1979 年。）

皮锡瑞：《经学历史》，台北：河洛图书出版社，1973 年。

Plaks, Andrew. "After the Fall: Hsing-shih yin-yuan chuan and the Seventeenth-Century Chinese Novel." *Harvard Journal of Asiatic Studies.* 45.2（December 1985）: 543—580.（蒲安迪：《坠落之后：〈醒世姻缘传〉与 17 世纪的中国小说》，《哈佛亚洲研究杂志》第 45 卷第 2 期，1985 年 12 月，第 543—580 页。）

蒲松龄：《聊斋志异》，翟理斯译，伦敦：托马斯·拉若出版社，1925 年。

钱穆：《朱子新学案》5 卷本，台北：三民书局，1971 年。

《钱塘县志》，1718 年。

卿希泰：《道教文化新探》，成都：四川人民出版社，1988 年。

《青浦县志》，1781—1785 年。

《泉州府志》，1763 年。

《曲江县志》，1638 年。

Rawski, Evelyn. *Agricultural Change and the Peasant Economy of South China.* Cambridge: Harvard University Press, 1972.（罗友枝：《中国南方的农业变化和农村经济》，剑桥：哈佛大学出版

社，1972 年。)

——. "Economic and Social Foundations of Late Imperial Culture." In *Popular Culture in Late Imperial China*, edited by David Johnson, Andrew Nathan, and Evelyn Rawski. Berkeley and Los Angeles: University of California Press, 1985. (罗友枝:《晚期帝国文化的经济和社会基础》,《中华帝国晚期的大众文化》,姜士彬、黎安友和罗友枝编,第 3—33 页,伯克利和洛杉矶:加利福尼亚大学出版社,1985 年。)

——. *Education and Popular Literacy in Ch'ing China*. Ann Arbor: University of Michigan Press, 1979. (罗友枝:《清代中国的教育和大众识字能力》,安娜堡:密歇根大学出版社,1979 年。)

——. "Problems and Prospects." In *Popular Culture in Late Imperial China*, edited by David Johnson, Andrew Nathan, and Evelyn Rawski. Berkeley and Los Angeles: University of California Press, 1985. (罗友枝:《问题与前景》,《中华帝国晚期的大众文化》,姜士彬、黎安友及罗友枝编,第 399—418 页,伯克利和洛杉矶:加利福尼亚出版社,1988 年。)

《日乾初揲》,晚明版,内阁文库藏。

Robinet, Isabelle. *La Révélation du Shangqing dans l'Histoire du Taoisme*. 2 vols. Publications de l'Ecole Francaise d'Extreême Orient 137. Paris: Ecole Prancaise d'Extreme-Orient, 1984. (贺碧来:《道教史中上清派的启悟》2 卷本,法国东方学研究院丛书第 137 号,巴黎:法国东方学研究院,1984 年。)

——. "Original Contributions of Neidan to Taoism and Chinese Thought." In *Taoist Meditation and Longevity Techniques*, edited by Livia Kohn in cooperation with Yoshinobu Sakade. 297—330. Ann

Arbor： Center For Chinese Studies， University of Michigan，1989.（贺碧来：《内丹对道教及中国思想最初的贡献》，《道教思想与长寿术》，孔丽维与坂出祥伸，第 297—330 页，安娜堡：密歇根大学中国研究中心，1989 年。）

Ropp, Paul S. *Dissent in Early Modern China： Ju lin wai shih，and Ch'ing Social Criticism.* Ann Arbor：University of Michigan Press，1981.（罗溥洛：《近代早期中国的异端：〈儒林外史〉与清代社会批评》，安娜堡：密歇根大学出版社，1981 年。）

《瑞安县志》，1809 年。

佐伯有一：《明末董氏之变——兼论所谓"奴变"的性质》，《东洋史研究》第 16 卷第 1 号，第 26—57 页，1957 年6 月。

酒井忠夫：《中国善书研究》，东京：弘文堂，1960 年。

酒井忠夫：《中国史上的庶民教育与善书运动》，《中世纪教育史研究》，多贺秋五郎编，第 294—323 页，东京：图书刊行会，1980 年。

——. "Confucianism and Popular Educational Works." In *Self and Society in Ming Thought*, edited by William Theodore de Bary. 331—366, New York：Columbia University Press, 1970.（酒井忠夫：《儒教与大众教育著作》，《明代思想中的自我与社会》，狄百瑞编，第 331—366 页，纽约：哥伦比亚大学，1970 年。）

酒井忠夫：《颜茂猷的思想》，《镰田博士还历纪念历史学论丛》，第 259—273 页，东京：图书刊行会，1969 年。

酒井忠夫：《关于明末清初社会中的大众说书人与善书·序言》，《道教综合研究》，酒井忠夫编，第 370—393 页，东京：图书刊行会，1977 年。

酒井忠夫：《阳明学与明代善书》，《阳明学大系》第 1 卷，第 341—363 页，东京：明德出版社，1971 年。

Seaman，Gary. *Temple Organization in a Chinese Village.* Taibei：Orient Cultural Service，1978.（沈雅礼：《一个中国村庄的寺庙组织》，台北：东方文化部，1978 年。）

Shih，Chin. "Peasant Economy and Rural Society in the Lake Tai Area，1368—1840." PH. D. diss.，University of California at Berkeley，1981.（石锦：《1368—1840 年间太湖地区的农业经济和乡村社会》，伯克利：加利福尼亚大学博士论文，1981 年。）

岛田虔次：《中国近代思维的挫折》，东京：筑摩书房，1949 年

清水泰次：《明代宗教融合与功过格》，《史潮》第 6 卷第 3 号，1936 年 10 月，第 29—55 页。

纪昀等编《四库全书总目》，台北：艺文印书馆，1957 年。

Soymié，Michel. "Notes d'iconographie chinoise：les acolytes de Ti-Isang," parts 1 and 2. *Arts Asiatiques.* 14（1966）：45—78；and 16（1967）：141—170.（苏远鸣：《中国肖像画札记：地藏神谱》，第 1、2 部分，《亚洲艺术》第 14 期，第 45—78 页，1966 年，及第 16 期，第 141—170 页，1967 年。）

Stein，Rolf A. "Religions Taoism and Popular Religion from the Second to Seventh Centuries." In *Facets of Taoism：Essays in Chinese Religion*，edited by Holmes Welch and Anna Seidel. 53—81. New Heaven：Yale University Press，1979.（石泰安：《2 至 7 世纪的道教与民间宗教》，载尉迟酣和石秀娜编《道教面面观：中国宗教论文集》，第 53—81 页，纽黑文：耶鲁大学出版社，1979 年。）

Strickmann, Michel. Le *Taoisme du Mao Chan : Chronique d'une Révélation*. Paris : Callege de France Institut des hautes études chinoises, 1968. （司马虚：《茅山志》，巴黎：法兰西学院汉学研究院，1968 年。）

Sung, Z. D. *The Text of the Yi King and Its Appendixes*. Translated by James. Legge. Shanghai : China Modern Education Company, 1935. （沈仲涛：《华英易经》，理雅各译，上海：中国现代教育公司，1935 年。）

《苏州府志》，1883 年。

橘朴：《道教与神话传说——中国的民间信仰》，东京：改造社，1948 年。

橘朴：《中国社会研究》（支那社会研究），东京：日本评论社，1941 年。

《太仓州志》，1919 年。

高雄义坚：《明代达到顶峰的功过格》，《龙谷大学论丛》第 244 期，第 12—25 页，1922 年 7 月。

Tanaka Masatoshi. "Popular Uprisings, Rent Resistance, and Bondservant Rebellions in the Late Ming." In *State and Society in China : Japanese Perspectives on Ming-Qing Social and Economic History*, edited by Linda Grove and Christian Daniels. 165—214. Tokyo : Tokyo University Press, 1984. （田中正俊：《晚明的民众起义，抗租和奴仆反抗》，《中国的国家和社会：日本人对明清社会经济史的透视》，顾琳和唐立编，第 165—214 页，东京：东京大学出版社，1984 年。）

T'ang Chün-i. "The T'ine-ming [Heavenly Ordinance] in Pre-Ch'in China." *Philosophy East and West* 11. 4 ( January 1962 ) :

195—218; and 12.1(April 1962): 29—49. (唐君毅:《中国先秦的"天命"》,《东西方哲学》第 11 卷第 4 号, 第 195—218 页, 1962 年 1 月, 及第 12 卷第 1 号, 第 29—49 页, 1962 年 4 月。)

唐君毅:《中国哲学原论·导论篇》, 九龙: 新亚书院研究所, 1966 年。

陶珽和陶琪:《榖诒汇》, 清初版, 内阁文库藏。

陶望龄:《功过格论》, 抄本, 无年代和页码, 国会图书馆藏。

Tjan, Tjoe Som, trans. *Po Hu T'ung: The Comprehensive Discussions in the White Tiger Hall.* 2 vols. Leiden: E. J. Brill, 1949. (曾祖森:《白虎通: 在白虎观中的大辩论》2 卷本, 莱顿: 博睿出版社, 1949 年。)

Tong, James. "Collective Violence in a Premodern Society: Rebellions and Banditry in the Ming Dynasty ( 1368—1644 )." PH. D. diss., University of Michigan, 1985. (汤维强:《前近代社会的集体暴力: 明朝的反叛与盗匪行为 (1368—1644)》, 密歇根大学博士论文, 1985 年。)

《同善录》, 1718 年。

Tsurumi Naohiro. "Rural Control in the Ming Dynasty." In *State and Society in China: Japanese Perspectives on Ming-Qing Social and Economic History*, edited by Linda Grove and Christian Daniels. 245—277 Tokyo: Tokyo University Press, 1984. (鹤见尚弘:《明代的乡村控制》,《中国的国家与社会: 日本人对明清社会经济史的透视》, 顾琳和唐立编, 第 245—277 页, 东京: 东京大学出版社, 1984 年。)

屠隆：《鸿苞集》，1610 年。

Tu, Wei-ming. *Neo-Confucian Thought in Action*：*Wang Yang-ming's* （1472—1509）. Berkeley and Los Angeles：University of California Press, 1976.（杜维明：《在行动中的理学思想：王阳明（1472—1509）》，伯克利和洛杉矶：加利福尼亚大学出版社，1976 年。）

——. "Subjectivity in Liu Tsung-chou's Philosophical Anthropology." In *Individualism and Holism*：*Studies in Confucian and Taoist Values*, edited by Donald J. Munro. 215—238. Ann Arbor：Center for Chinese Studies, University of Michigan.（杜维明：《刘宗周人学中的主体性》，《个人主义与整体主义：儒家与道家价值观的研究》，孟旦编，第 215—238 页，安娜堡：密歇根大学中国研究中心，1985 年。）

内山俊彦：《汉代的报应思想》，《东京支那学报》第 6 期，第 17—23 页，1960 年 7 月。

Van Gulik, Robert. *Sexual Life in Ancient China*. Leiden：E. J. Brill, 1974.（高罗佩：《中国古代的性生活》，莱顿：博睿出版社，1974 年。）

Von Glahn, Richard. "Community and Welfare：Zhu Xi's Community Granary in Theory and Practice." Paper for the Workshop on Sung Dynasty Statecraft in Thought and Action, Scottsdale, Arizona, Jaunary 5—12, 1986.（万志英：《社区与福利：朱熹的社会理论和实践》，宋代治国的思想与行动工作坊论文，1986 年 1 月 5—12 日，亚利桑那，斯科茨代尔。）

Wakeman, Frederic, Jr. "China and the Seventeenth-Century Crisis." *Late Imperial China*. 7.1（June, 1986）：1—26.（魏斐德：

《中国与 17 世纪的危机》，《帝制晚期中国》第 7 卷第 1 号，第 1—26 页，1986 年 6 月。）

——. "The Price of Autonomy: Intellectuals in Ming and Ch'ing Politics." *Daedalus.* Spring 1972. 35—70. （魏斐德：《自治的代价：明清政治中的知识分子们》，《代达罗斯》春季号，第 35—70 页，1972 年。）

Waley, Arthur. *Ballads and Songs from Tun-huang.* London: George Allen and Unwin, 1960. （亚瑟·威利：《敦煌歌谣集》，伦敦：乔治·阿兰与安文出版社，1960 年。）

——. trans. *The Book of Songs.* New York: Grove Press, 1960. （亚瑟·威译：《诗经》，纽约：格罗夫出版社，1960 年。）

王安石：《重建旌阳祠记》，《逍遥山万寿宫志》，金桂馨和漆逢源编，卷 15 第 6 页下—7 页上，1878 年。

Wang Ch'ung（Wang Chong）. *Lun-heng: Miscellaneous Essays of Wang Ch'ung.* 2 vols. Translated by Alfred Forke. New York: Paragon Book Gallery, 1962. （王充：《论衡：王充哲学文集》2 卷，佛尔克译，纽约：佳作书局，1962 年。）

汪道昆：《太函副墨》，1633 年，台北国立中央图书馆藏。

王夫之：《读通鉴论》，北京：中华书局，1975 年。

王艮：《王心斋全集》，1468 年。

王畿：《王龙谿先生全集》，1882 年。

王畿：《袁参坡小传》，袁黄编《袁氏丛书》，万历本，内阁文库藏。

王明：《抱朴子内篇校释》，北京：中华书局，1980 年。

王阳明：《传习录》，《阳明全书》，四部备要本。

——. *Instructions for Practical Learning and Other Neo-*

*Confucian Writings by Wang Yang-ming.* Translated and edited by Wing-tsit Chan. New York: Columbia University Press, 1963. （王阳明:《传习录及其他理学著作》，陈荣捷编译，纽约：哥伦比亚大学出版社，1963 年。）

———. *The Philosophical Letters of Wang Yang-ming.* Translated and edited by Julia Ching. Columbia: University of South Carolina Press, 1972. （王阳明:《王阳明哲学通信》，秦家懿编译，哥伦比亚：南卡罗来纳大学出版社，1972 年。）

Watson, Burton, trans. *The Complete works of Chuang-Tzu.* New York: Columbia University Press, 1968. （华兹生译:《庄子全书》，纽约：哥伦比亚大学出版社，1968 年。）

Watson, James. "Standardizing the Gods: The Promotion of T'ien Hou ("Empress of Heaven") Along the South China Coast." In *Popular Culture in Late Imperial China*, edited by David Johnson, Andrew J. Nathan, and Evelyn Rawski. 292—324. Berkeley and Los Angeles: University of California Press, 1985. （华琛:《神的标准化：华南沿海对天后的尊崇》，《中华帝国晚期的大众文化》，姜士彬、黎安友和罗友枝编，第 292—324 页，伯克利和洛杉矶：加利福尼亚大学出版社，1985 年。）

Webster, James, trans. *The Kan Ying Pien.* Shanghai: Presbyterian Mission Press, 1918. Reprint. Taibei: Ch'eng Wen Publishing Company, 1971. （詹姆斯·韦伯斯特译:《感应篇》，上海：长老会出版社，1918 年；台北：成文出版公司，1971 年重印。）

韦庆远、吴奇衍、鲁素:《清代奴婢制度》，北京：中国人民大学出版社，1982 年。

Welch, Holmes. *Taoism: The Parting of the Way.* Boston: Beacon Press, 1957. （尉迟酣：《道教：道的分离》，波士顿：灯塔出版社，1957 年。）

《文昌帝君功过格》，台北：1938 年。

Whitaker, P.K. "A Buddhist Spell." *Asia Major*, n.s.10, part 1（1963）：9—22.（P.K.怀塔克尔：《一个佛教经咒》，《亚洲学》新系列第 10 卷第 1 部分，第 9—22 页，1963 年。）

Wiens, Mi Chu. "Lordand Peasant: The Sixteenth to the Eighteenth Century." *Modern China*. 6.1（January 1980）：3—39.（居蜜：《16—18 世纪的地主和农民》，《近代中国》第 6 卷第 1 号，第 3—39 页，1980 年 1 月。）

——. *Socioeconomic Change during the Ming Dynasty in the Kiangnan Area*. PhD. diss. Harvard University, 1973.（居蜜：《明代江南地区的社会经济变化》，哈佛大学博士论文，1973 年。）

Woodside, Alexander. "Some Mid Qing Theories of Popular Schools." *Modern China*. 9.1（January 1980）：3—36.（亚历山大·伍德赛德：《清中期一些流行学派的理论》，《近代中国》，第 9 卷，第 1 号，第 3—36 页，1983 年 1 月。）

Wu, Pei-yi. "Self Examination and Confession of Sinsin Traditional China." *Harvard Journal of Asiatic Studies*. 39.1（June 1979）：5—38.（吴百益：《传统中国的修身与悔过》，《哈佛亚洲研究杂志》第 39 卷第 1 号，第 5—38 页，1979 年 6 月。）

伍袁萃：《漫录评正》，万历本。

《吴江县志》，1747 年。

谢国桢：《清初农民起义资料辑录》，上海：新知识出版社，1956 年。

谢肇淛：《五杂组》，万历本。

熊弘备：《不费钱功德例》，陈宏谋编《五种遗规》卷4，第43页上—51页上，四部备要本。

徐本：《立命功过格》，1770年本。

徐阶：《世经堂集》，万历本。

徐珂：《清稗类钞》，上海：商务印书馆，1928年。

许仲琳（被认为是）：《封神演义》2卷本，香港：中华书局，1976年。

山本命：《明代儒学的伦理学研究》，东京：理想社，1974年。

Yamane Yukio. "Reforms in the Service Levy System in the Fifteenth and Sixteenth Centuries." In State and Society in China：Japanese Perspectives on Ming-Qing Social and Economic History, edited by Linda Grove and Christian Daniels. 279—310. Tokyo：Tokyo University Press, 1984.（山根幸夫：《15和16世纪赋役制度的改革》，《中国的国家与社会：日本人对明清社会经济史的透视》，顾琳、唐立编，第279—310页，东京：东京大学出版社，1984年。）

山井湧：《明清时期研究》，东京：东京大学出版会，1980年。

山井湧：《朱子思想中的"气"》，见小野泽精一、福永光司、山井湧等编《气的思想——中国自然观与人间观的展开》，东京：东京大学出版会，1978年。

Yampolsky, Philip B. The Platform Sutra of the Sixth Patriarch. New York：Columbia University Press, 1967.（菲利浦·B. 扬波斯基：《六祖坛经》，纽约：哥伦比亚大学出版社，1967年。）

颜茂猷：《迪吉录》，1886 年本。

颜茂猷：《云起集》，明末版，内阁文库藏。

颜正、颜云麓：《丹桂籍》，赵松一编，1749 年。

杨东明：《山居功课》，1624 年。

Yang Lien-sheng. "The Concept of Pao as a Basis for Social Relationships in China." In *Chinese Thought and Institutions*, edited by John King Fairbank. 3—23. Chicago：University of Chicago Press, 1957.（杨联陞：《作为中国社会关系基础的"报"的概念》，见费正清编《中国的思想与制度》第 3—23 页，芝加哥：芝加哥大学出版社，1957 年。）

扬雄：《扬子法言》，《四部备要》本。

《鄞县志》，1877 年。

吉冈义丰：《道教研究》，京都：法藏馆，1952 年。

吉冈义丰：《道教与佛教》第 2 卷，东京：丰岛书房，1970 年。

Yü, Chün-fang. The Renewal of Buddhism in China：Chu-hung and the Late Ming Synthesis. New York：Columbia University Press, 1981.（于君方：《佛教在中国的更新：袾宏与晚明的圆融》，纽约：哥伦比亚大学出版社，1981 年。）

Yü, Ying-shih. "Life and Immortality in the Mind of Han China." *Harvard Journal of Asiatic Studies*. 25（1964—1965），80—122.（余英时：《汉代思想中的生与不朽》，《哈佛亚洲研究杂志》第 25 卷（1964—1965），第 80—122 页。）

袁黄：《两行斋文集》，1924 年。

袁黄：《了凡先生四书删正兼疏意》，明代本，内阁文库藏。

袁黄：《立命篇》，1607 年。

袁黄：《祈嗣真诠》，《丛书集成初编》。

袁黄编：《袁氏丛书》，万历本，内阁文库藏。

袁衷：《庭帏杂录》，钱晓编，《丛书集成初编》。

《余杭县志》，1808 年。

云栖袾宏：《自知录》，《云栖法汇》，南京：金陵刻经处，1897 年。

查继佐：《罪惟录》，四部丛刊本。

张履祥：《杨园先生全集》2 卷本，桃琏、万斛全编，1818 年，台北：环球书局 1964 年重印。

章学诚：《章氏遗书》，1922 年，台北：汉声出版社 1973 年重印。

《漳州府志》：1796 年。

真德秀：《西山先生真文忠公文集》，四部丛刊初编印本，卷 68。

郑志明：《中国善书与宗教》，台北：台湾学生书局，1988 年。

周鼎臣：《（增订）敬信录》，1749 年，文馨堂 1779 年重印。

周汝登：《东越证学录》，1605 年。

《周易引得》，哈佛燕京学社汉学索引丛书第 10 号，北京：哈佛燕京学社，1935 年，台北成文出版公司 1966 年影印。

朱国桢：《湧幢小品》，《笔记小说大观》。

朱熹：《四书集注》，四部备要本。

朱熹：《朱文公政训》，《丛书集成初编》。

朱熹：《（御纂）朱子全书》，李光地编，1714 年。

朱熹：《朱子遗书》，台湾大学图书馆藏康熙版复印本，台北：艺文印书馆，1969 年。

朱熹：《朱子语类》，黎靖德编，北京：中华书局，1986 年。

《庄子引得》，哈佛燕京学社汉学索引丛书补编第 20 号，北京：燕京大学出版社，1947 年，剑桥：哈佛大学出版社1956 年重印。

# 译后记

　　2020 年初，上海人民出版社高笑红编辑问我是否可以修订重译《功过格》一书的时候，我毫不犹豫地答应下来。20 多年前，初译该书的过程中，那种深感力有不逮，却必须勉而为之的记忆，仍然挥之不去。我也深知旧译本留下了太多遗憾，此次能有机会补过，我心怀感激。

　　近年来，包筠雅教授关于清代书籍史的研究专著被介译到中国，产生了广泛的影响。本书是包教授较早年的作品。在 20 世纪后半期，海外的中国史研究领域中，社会文化史研究兴起。在这一史学潮流中，民间信仰、书籍、戏剧、仪式等成为热点；它所提倡的从社会经济的角度解读大众文化，并关注不同人群的多元文化解释和互动的研究取向，在此后影响了一大批海内外的中国史研究者。包筠雅教授的这本《功过格》就是这一史学潮流中具有代表性的著作。在修订译本的过程中，我还发现，在本书出版并被介译到中国之后的这 20 多年中，中国学界就"功过格"或"善书"这一主题产生了大量的研究成果，就在 2020 年还有多篇研究袁黄、《太微仙君功过格》《人谱》等相关内容的论文发表，其中绝大部分都受到包筠雅教授的研究的启发，足可见该书的影响力，以及这个研究主题的生命力。

　　对于我个人而言,《功过格》是我接触到的第一本相关研究主题和方法的书。不论是它的研究对象,还是其将社会史、思想史相结合的研究方法,都让我大开眼界。它不仅打破了我对于儒释道壁垒分明的错误的刻板印象,让我体会到思想观念在不同时代和不同社会经济背景的人中的传承、诠释和使用,而且通过这本书我第一次知道了"文化占用"的概念和当时海外明清社会文化史研究的大量成果,可以说正是这本书的翻译帮我打开了一扇了解明清史研究的新窗。后来我在研究中时时反思自己的思路,总是能发现这本书对自己的深刻影响。

　　无法想象在 20 世纪末,这本书的旧译稿还是手写誊抄在400 字的稿纸上,由我利用寒假返乡的机会带到出版社的。相比 20 多年前,这次修订重译《功过格》要顺利得多。这主要得益于网络发展所带来的学术资源和资讯获得的便利性。除了改正旧版中一些明显的翻译错误,将之前生硬的、拗口的语句拆解重组以外,利用各种古籍数据库能够较为容易地核对每一条引文,书中涉及的大量海外学者的研究著作,近年来已经为学界所熟知,这些作品和海外学者的中文译名也已基本统一、标准化。

　　在本书修订本出版之际,我要再次感谢包筠雅教授和赵世瑜教授,当年给我这个机会翻译本书,赵老师还在初译时做了大量的校订工作,也要感谢合作者张林当时承担了一半的工作量。在这次修订中,贺喜、朱晓罕、孙竞昊、佐藤仁史、菅野智博等诸位师友都提供了资讯上的帮助。尽管我无比珍惜这个改正补过的机会，但由于学力所限，翻译中仍难免会有不足和错漏，这些责任都由我承担。

杜正贞

2021 年 4 月 25 日

**图书在版编目(CIP)数据**

功过格:明清时期的社会变迁与道德秩序/(美)
包筠雅著;杜正贞,张林译. —上海:上海人民出版
社,2021
书名原文:The Ledgers of Merit and Demerit:
Social Change and Moral Order in Late Imperial
China
ISBN 978-7-208-17045-2

Ⅰ.①功⋯　Ⅱ.①包⋯　②杜⋯　③张⋯　Ⅲ.①社会变
迁-关系-社会公德-研究-中国-明清时代　Ⅳ.
①K248.07②D691.9

中国版本图书馆 CIP 数据核字(2021)第 085018 号


**责任编辑**　高笑红
**封面设计**　赤　徉

*论衡*

**功过格:明清时期的社会变迁与道德秩序**

[美]包筠雅　著

杜正贞　张　林　译

出　　版　上海人&出版社
　　　　　（201101　上海市闵行区号景路 159 弄 C 座）
发　　行　上海人民出版社发行中心
印　　刷　常熟市新骅印刷有限公司
开　　本　889×1194　1/32
印　　张　10.25
插　　页　5
字　　数　225,000
版　　次　2021 年 8 月第 1 版
印　　次　2022 年 2 月第 2 次印刷
ISBN 978-7-208-17045-2/K·3072
定　　价　75.00 元